自殺防治

有效的短期治療取向

Treating Suicidal Behavior: An Effective, Time-Limited Approach

M. David Rudd
Thomas Joiner
M. Hasan Rajab ◆著
李錦虹 ◆總校閱
李錦虹、劉同雪、陳坤虎、
葉在庭、王鵬智 ◆譯

Treating Suicidal Behavior

An Effective, Time-Limited Approach

M. DAVID RUDD
THOMAS JOINER
M. HASAN RAJAB

目錄

作者簡介

M. David Rudd

M. David Rudd 博士是經美國專業心理學委員會（ABPP）認證之心理學家，也是貝勒大學（Baylor University）的心理學教授及臨床培訓中心主任。他於德州大學奧斯汀分校（University of Texas at Austin）完成了博士培訓，於費城的貝克學院（Beck Institute）完成博士後培訓。除培訓之外，他也從事兼職私人執業。他已撰寫了超過六十篇的論著，其中大多數都致力於解決自殺的問題，他的作品已被美國自殺學協會（1999 年榮獲 Edwin Shneidman 獎）及德州心理學會（1998 年榮獲傑出科學貢獻獎）認可。同時他亦擔任德州心理學家考試委員會的主席。

Thomas Joiner

Thomas Joiner 博士是佛羅里達州立大學（Florida State University）的心理學教授及心理診所中心的主任。他於德州大學奧斯汀分校完成博士培訓，撰寫了超過一百篇有關憂鬱症、飲食失調及自殺的論著。這些作品對其領域的影響使 Joiner 博士獲得廣泛的讚譽，包括 1997 年榮獲美國心理協會臨床心理組的 David Shakow 青年學者傑出科學貢獻獎，及 2000 年榮獲美國心理協會精神病理學研究青年學者獎。

M. Hasan Rajab

M. Hasan Rajab 博士是德州農工健康科學中心（Texas A&M Health Science Center）的精神病學及行為科學副教授，他於德州農工大學完成生物統計的博士培訓，並且撰寫了一些方法學及生物統計的文章。

總校閱及譯者簡介

李錦虹　博士（第三、四章，總校閱）

現任：前輔仁大學醫學院臨床心理學系副教授
專長：臨床心理學、質性研究、醫學教育
教學：心理病理學、心理治療、PBL 教學、自我成長
研究興趣：焦慮與憂慮、同理心、醫學倫理

劉同雪　博士（第七、八章）

現任：輔仁大學醫學院臨床心理學系副教授
專長：認知行為治療、認知—人際模式
教學：認知行為治療深論、認知行為治療深論與實作、性格心理學、社會心理學、普通心理學、專業倫理
研究興趣：憂鬱症患者之認知—人際循環、認知行為治療歷程與療效研究

陳坤虎　博士（第九、十章）

現任：輔仁大學醫學院臨床心理學系教授
專長：兒童與青少年臨床心理學、認知行為治療、自我認同發展、介入方案
教學：普通心理學、心理衡鑑、心理測驗、兒童與青少年臨床心理學、正向心理學、團體心理學、發展病理學、兒童青少年認知行為治療、兒童偏差行為、人際關係
研究興趣：自我認同與心理健康、青少年個別與團體介入方案、正向心理學、兒童與青少年生活品質、發展病理學、學業成就與自我概念、積極因應與心理健康

葉在庭　博士（第一、二章）

現任：輔仁大學醫學院臨床心理學系教授兼學生輔導中心主任

專長：憂鬱症心理病理與治療、臨床神經心理學、情緒社會認知與心理病理

教學：情緒取向心理治療、變態心理學、老人心理學、高等心理衡鑑

研究興趣：憂鬱症與邊緣性人格心理病理與治療、情緒社會認知

王鵬智　博士（第五、六章）

現任：輔仁大學醫學院臨床心理學系副教授

專長：臨床心理學、健康心理學、老人心理學、認知行為治療法、敘事治療法、精神醫學

教學：心理治療理論與實務、認知行為治療、身心醫學、健康心理學、行為矯治、高等健康心理學

研究興趣：老人失智照顧、認知行為治療歷程與療效研究、醫病關係

前言

vii 自殺的治療：簡單回顧

過去十年來，自殺行為的評估與治療在日常醫療中日益受到重視，這個趨勢可能來自下列因素：

1. 住院自殺病患與門診自殺病患處置不當的案例急速增加（如 Jobes & Berman, 1993）。
2. 關於處理自殺病患所需的訓練、臨床經驗及次專科的倫理準則出現了（如 Bongar, 1992; Bongar & Harmatz, 1989; Kleespies, 1993）。
3. 有關自殺學在應用與研究之學術用語的修改（O'Carroll et al., 1996）。
4. 有關初次門診與住院病患照護標準的書籍文獻紛紛問市（Bongar, Maris, Berman, & Litman, 1992; Bongar, Maris, Berman, Litman, & Silverman, 1993; Silverman, Berman, Bongar, Litman, & Maris, 1994）。

這些變化造成的結果有三個主要的涵義：第一，臨床工作者對於處理臨床個案在診療、倫理以及法律方面的複雜性增加了敏感度；第二，認識
viii 治療自殺患者所需的特定評估與診療方式，且了解這些專業不因心理治療取向之不同而有別；第三，臨床工作者更強烈的察覺到現有自殺研究之局限，很多目前常常在臨床評估與治療中被使用的做法，並沒有得到太多實證研究的支持。此種缺乏更凸顯出我們非常需要針對自殺發展出一個清晰合理，而且具有組織的心理治療取向。

過去十年來對於自殺的關注，是伴隨著健康照護系統本質的巨幅變化。管理式醫療照護也大幅改變原本的心理治療方式（亦即實際的治療方式、治療的頻率、持續治療的時間架構等），即便是最難處理的案例亦然。由於自殺案例並沒有下降的趨勢（尤其在 10 歲到 44 歲之間），因此已成為

公共衛生的威脅與隱憂。自殺是 10 歲以上群體的重大死因之一，嘗試自殺的次數介於 8 至 25 之間（National Institute of Mental Health, 1998）。以傳統的觀點來看，對某些人來說長期治療已經是過去式了（如 Nathan, 1998; Seligman, 1996）。

我們多數人是在一個常規的基礎下治療自殺病患，資源很少，並且時間很有限。療效研究的缺乏極為明顯，且缺少共識（見本書第一章）。本書旨在提供一個短期的治療手冊，此乃因應 21 世紀心理治療實務上之限制應運而生的特色。

在討論適當的風險評估、管理、診療時，諸如時間、金錢與療效成果等議題變得比以往更重要。現今臨床工作者發現他們時常問自己：「我如何在被分配給我的時間內，安全而有效地治療患者？」臨床工作者也發現自己會問：「我如何知道這個治療是行得通的？」為了回應這些問題，有些人會依治療手冊按圖索驥，以適應在緊湊時間下要處理複雜臨床個案所伴隨的壓力。至於這是否為一個好的做法，正反兩方都有熱烈的討論。

自殺的治療手冊之意涵

使用治療手冊（treatment manual）於自殺患者並不常見。實際上，除了 Linehan（1993）對於邊緣性人格異常使用辯證性行為治療之外，並沒有
其他針對自殺的治療手冊。雖然關於治療手冊所衍生的爭論點，有些部分 *ix*
也一樣會出現在本書中，但是，一般仍認為其優點遠多於缺點。我們相信我們提供給臨床工作者非常特別之處在於：這是一本以實證資料為主的治療手冊，並且具有穩固的理論架構，在治療中可以彈性運用，可以因著臨床工作者的判斷、技能及專業而做有效的發揮。我們希望這本書，能夠協助回答每天在實務工作中會遇到的基本問題，包括自殺病患所展現出的複雜的診斷與人際問題：

- 問題的本質是什麼？（亦即，診斷與風險評估）
- 需要做什麼？（亦即，臨床介入）
- 何時最適合做這件事情？（亦即，治療順序與時機）
- 如何得知這是否有效？（亦即，療效評估）

這裡所提出的治療取向是一種結構化的、手冊式的取向，我們也相信它是獨特的。第一，我們提供了一個穩固、具理論基礎的治療方式，並有實證資料支持，可應用於時間有限下的情境；第二，讀者將會在本書中發現，對於臨床工作者在日常工作中常遇到的複雜而具有挑戰性的共病患者，此取向也能提供足夠的彈性，因此很適合進行療效研究，而可用以補足和平衡初期控制式與相關療效研究的問題，這是眾所期待的（如 Seligman, 1996）；第三，此治療模式指出且強調在處理自殺問題中，治療關係與特殊的治療者變項的重要性；第四，它也指出人際互動過程在此群體行為改變中的重要性；第五，此處提供的治療架構依賴於小心的風險與療效之監控，與其他心理治療者對於系統性監測之重要性的描述是一致的（如 Lambert & Okiishi, 1997）。

總而言之，我們相信此治療手冊橫跨所有治療自殺行為的各層面，尤其適用於當前的治療環境。雖然是為短期治療而設計，也可應用於長期治療。它雖然極具結構，卻又巧妙的富有彈性，可以為處理自殺問題的臨床工作者，提供一個有關評估、管理以及心理治療的整合式架構。

x 治療手冊的架構

我們將本書劃分為兩部分。第一部分鋪陳出理論與實證基礎；第二部分則涵蓋有關評估與治療的特殊做法。我們試著納入許多層面以求完整：案例概念化、風險評估、危機介入、治療計畫與特定治療目標以及療效監控。我們也論及一些特殊主題的考量，例如團體治療的角色、藥物治療、病患選擇，以及治療終止等。我們希望讀者對於如何在時間有限的情況下處理自殺行為，能獲得更豐富的知識，在此同時，也能夠發現這個取向可以隨著個人氣質、臨床創意，以及不同層次的技巧、訓練與經驗而自由變通。

M. David Rudd
Thomas Joiner
M. Hasan Rajab

總校閱者序

處理自殺行為，是所有助人者的挑戰。由於自殺現象太複雜，平常的處理就不容易，緊急時更容易措手不及，甚至令助人者感到灰心洩氣。然而，憂鬱症與自殺現象的增加，使得預防與治療工作更顯得急迫，在專業上精熟一套短期而且有效的介入方法，對助人者而言是非常重要的。

當初乍看此書就深受吸引，心裡充滿一種豁然開朗的喜悅。作者以嚴謹的標準篩選出被研究支持為有效的治療方法，讓讀者更有信心埋首其中。這本書清晰易懂，主要原因是它有合乎邏輯的治療理念，以及實際好用的方法。作者對於自殺先提出一個理念基礎，在該基礎下清楚訂定各階段的治療目標，然後逐次介紹治療的重點與具體技巧，生動的實例說明及實用的工具示範令人印象深刻。此外，本書是以眾所熟知的認知行為治療取向為基礎，讀起來並不陌生。它同時也涵蓋了許多治療取向皆會強調的重點，尤其是治療關係。作者將移情概念以一種清晰易懂，且容易處理的方式融入整體治療計畫中，讓治療者在個案脆弱的時刻，知道如何經營與維繫治療關係。

本書的五位譯者都是輔仁大學醫學院臨床心理學系的老師，各自負責的章節依序如下：葉在庭（第一、二章），李錦虹（第三、四章），王鵬智（第五、六章），劉同雪（第七、八章），陳坤虎（第九、十章）。五位譯者都具有認知行為治療的專長，在忙碌之餘，齊心撥空翻譯此書，期望能站在前人經驗與學術成果的恩惠上，略盡一己之力，讓辛勤的助人工作者能經歷更多的成功，更多的欣慰與快樂。

輔仁大學臨床心理學系

李錦虹

2011 年 7 月

第一篇

建立治療的基礎

第一章

文獻回顧：我們對治療自殺了解多少？*

我們對於治療自殺了解多少？換句話說，那是在什麼情況下，對誰進 3
行何種工作？為了能正確回答這個問題，我們需要以科學文獻的資料來回答，不論文獻的探討有多深、多廣。否則，我們只能依據「推測」和「想像」下結論，而此兩者是現今心理治療實務中應該避免的。較之以往，現在的臨床醫生被要求以少量的資源做大量的工作，並且在有限的時間內治療複雜的疾病。在此情況下，臨床工作的實證基礎必須是安全、有效，且適當的處理方式，尤其是對於有自殺意圖的病人。簡單地說，我們需要對於復原有**合理的**預期。最重要的部分，是確定合理的預期、必要的治療目標和最短的治療期間，因此，有關實務的挑戰只能經由科學研究來回答。

有些慢性及嚴重的自殺個案無法在短期內有效地被治療，科學上對此現象並沒有一致的答案；而某些個案則進步相當多，不再試圖自殺，縱使
再出現自殺風險提高的現象，通常也能夠有效解決。同樣的，對於為何有 4
此現象，科學上亦難以得到一致的說法。

在回顧自殺的心理治療處理文獻時，以下幾個問題是相當重要的：

- 對於自殺行為，最有效的處理方式是什麼？
- 在已知的治療中，是否有**核心的介入方式**能帶來正向的結果？

---

*註：本章部分內容收錄於 Rudd（2000），Copyright 2000 by The Guilford Press。

- 在已知的治療中，是否有某治療法因帶來較差的結果，而**不該**被使用？
- 高自殺風險的病人，在門診的治療方式下是否能被安全**且**有效地治療？
- 特定的治療方式是否會有一些讓人卻步的特點，像是收費過高、治療期間太長、治療次數太頻繁、治療強度過強、治療風險高，或有太多副作用？
- 是否該考慮病人在特定治療取向的流失率？
- 治療場所是否影響治療結果（即：住院病人、門診病人、部分住院治療、住宿治療、日間照護）？
- **延遲**治療（即：從自殺危機到開始治療的那段時間）是否能預測治療結果？
- 治療期間長短是否與結果有關？也就是說，短期治療與長期治療的有效性是否不同？
- 特定子群體（例如：多次嘗試自殺者）是否需要特定的治療取向？
- 治療效果是否持久？也就是說，觀察到的復發率有多少？
- 是否有取向是特別針對復發者？同樣地，預防再復發的計畫是否有效？
- 共病是否影響治療方式的選擇、預後或結果（即：配對處理）？

在接下來的回顧中，我們僅能回答有關治療自殺的最基礎問題，所得的答案也只是暫時的。儘管如此，它們提供一個問題解答的實證資料。其他答案則仰賴於臨床自殺學、學術界的研討，及心理治療的創新與不斷的改革。

可獲得的文獻：有限的資料庫

雖然自殺文獻以及案例、理論性文章和沒有比較組或控制組的研究有
5 很多，許多文獻包含不完全的隨機控制，但是我們只回顧那些在方法上具
有隨機分配或具有控制組的研究，以與我們最初的目標一致：將現有的科

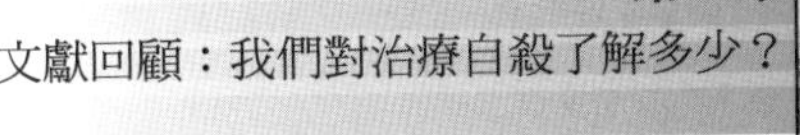

學與實務結合，能說明清楚及了解現今科學中的限制。藉此，我們可以將實證取向與臨床工作連結，適當地承認此領域科學研究的限制，並確認有待回答的問題。

經由回顧文獻（*PsycINFO* 資料庫與 *MEDLINE* 資料庫）獲得二十五篇針對自殺、採取隨機分配或具有控制組的研究（見 Rudd, 2000，有研究的詳細摘要），雖然包含一些年紀較大的青少年（即十七至十九歲）和較年輕的成人，但未特別針對青少年做研究。在這些研究中，包含介入研究和治療研究；被歸類為介入研究者（有六篇），是指未能提供任何心理治療形式的研究，這些研究使獲取傳統心理治療的程序改變，同時也探索導致自殺意圖下降的改變因素。值得注意的是，這些研究面臨相當多的混淆因素干擾，不過均註記為非心理治療處理。在這些研究回顧中，介入方式大致可分為以下幾種：(1)自願工作者支援個案管理（Termansen & Bywater, 1975）；(2)對於拒絕治療者採取信件及電話追蹤（Motto, 1976）；(3)合併家庭訪問和更密集的追蹤（Litman & Wold, 1976; Van Heeringen et al., 1995）；(4)短期住院醫療照顧（以非精神醫學方式）（Waterhouse & Platt, 1990）；(5)二十四小時急診服務以緩和其嚴重度（Morgan, Jones, & Owen, 1993）。

在這二十五篇研究中，由於我們的焦點在心理治療，因此有三篇探索自殺之藥物治療被排除在回顧範圍之外（Hirsch, Walsh, & Draper, 1983; Montgomery & Montgomery, 1982; Montgomery, Roy, & Montgomery, 1981）。有趣的是，那三篇藥物研究都完成於二十年前，是在診斷的精神疾病使用藥物治療發展之前，特別是選擇性血清素再吸收抑制劑（selective serotonin reuptake inhibitors, SSRIs）。這顯現出一個研究自殺科學的普遍問題：證明一些自殺形式因其高風險的本質，通常被排除於臨床試驗外，包含藥物及心理治療。在排除三篇藥物研究後，剩下二十二篇針對自殺治療的控制或隨機研究，這與 Linehan（1997）提供的一篇結果研究一致；其中也納入三篇非先前回顧的研究（即 Joiner, Rudd, & Rajab, 1998b; Lerner & Clum, 1990; Rudd, Rajab, et al., 1996b）。因此，最後包含了六篇純粹的**介入**研究及十六篇心理治療研究，六篇介入研究並沒有處理更複雜的心理治療議題，因而

6 凸顯出這十六篇心理治療文獻是非常關鍵的回顧，在任何科學領域中，這是驚人的發現，因為自殺主題是如此充滿爭議和重要性。

介入研究的關鍵回顧：單純改變程序是否會造成差異？

在介入研究的回顧中，三篇有正面的發現，但每一篇都有其明顯的限制，其中有一些是值得注意的。Termansen 與 Bywater（1975）的研究是進行企圖自殺個案的後續三個月追蹤，他將從事自殺防治的義工，描述為**密集個案管理**（intensive case management）。研究者指出「在常規精神醫學常識中〔義工〕並非治療的角色，而是在個案所處的環境狀況中，表達出關心且願意協助的角色」（p. 29）。該研究發現，接受密集個案管理關心的組別相對於沒有接受追蹤照顧組，在三個月的追蹤後顯示，接受密集個案管理關心的組別，其自殺企圖明顯減少；此研究包含四個情況，每一個有不同性質的初始評估和後續監測。第一組在自殺未遂後被送到急診室評估，亦接受心理衛生工作者三個月的後續介入；第二組亦在自殺未遂後被送至急診室評估，但未接受密集介入，然而若有需要，危機中心會提供他們後續追蹤；第三和第四組沒有接受任何的後續照顧且為對照組，第三組在急診室接受初步晤談介入，第四組則沒有初步晤談介入。

該研究對於「介入」的定義不足，使其內容和應用性大打折扣，實際上在研究中，什麼因素導致改變引發了爭論，其介入是否為**心理治療**亦具爭議性。再者，實驗組和對照組在入院時無法比較，導致對於結果的解釋充滿疑問，而且追蹤期非常短，使結果的實用價值受到限制。最後，未使用標準化結果測量、有較高的流失率（37%）、在一開始隨機化之前並未評估自殺意圖，且沒有關於排除（exclusion）的準則說明。由於追蹤期限過短和相關的方法學問題，Termansen 與 Bywater（1975）所報告之結果在效用及實務應用上是值得存疑的。

和 Termansen 與 Bywater（1975）的研究目標相似，Van Heerignen 等人（1995）探索在社區照護中使用家庭訪問是否能增加企圖自殺者對遵守醫

囑的順從性，並減少後續自殺嘗試，該研究比較社區照護與**一般門診照護**（即沒有進行家庭訪問）的差異。其介入的本質是清楚單純的，描述如下：「在家庭訪問中，評估為何個案無法遵守醫囑、個案是否需接受治療，並且為個案鑑定他所適合的門診治療」（p. 964）。結果顯示實驗組有較佳的 7 治療順從性，雖未達顯著，但一年後的自殺企圖有減少的趨勢（$p = .056$）；儘管流失率是 24%，但因其測量目的清楚，且未有嚴重的方法學問題，相對而言是設計良好的研究。但是，此研究排除高風險的個案，限制了研究結果的應用。此外，家庭訪問的**運作機制**為何，該文獻並未提供具體的解釋，也未提供在家庭訪問時「介入」的理論依據、標準執行程序，且缺乏介入過程與相關資料蒐集的標準評估。因此，結論可以說家庭訪問增加個案對於醫囑的順從性，至於是如何或為什麼，則只能猜測。

若以測量目的來看，相對較佳的研究是 Morgan 等人（1993）所進行的，他們比較接受一般管理組與實驗組，第一次自殺未遂後追蹤一年期間，實驗組使用二十四小時急診服務，其後續自殺嘗試顯著減少（即從精神科住院病人轉診回一般醫療門診）。在較好的狀況下，藉由給病人一張有急診號碼的「綠色卡片」，鼓勵他們在面臨危機時早點到急診室、打電話或緊急入院尋求服務，這個步驟緩和了自殺的危險性。研究的目標是針對第一次自殺未遂者中，其治療順從性較低之個案的特定問題。有趣且矛盾的是，此簡單程序的改變，降低實驗組個案的治療服務需求，這個研究的主要限制也許是其針對首次嘗試自殺者，排除了高危險群個案，也就是那些多次嘗試自殺，且經歷慢性自殺企圖者。

介入研究中，也有負面的結果，Motto（1976）發現簡單追蹤信件和訪問電話對於拒絕治療者，並沒有減少其四年追蹤期的自殺率；這個結果並不令人意外。事實上，令人驚訝的是四年後研究者注意到一個鼓舞人心的趨勢：接受簡單追蹤信件與訪問聯繫的人其自殺率下降。Litman 與 Wold（1976）發現從事危機處理義工的電訪、家庭訪問和**友善接觸**（即所謂的「持續維持關係」），儘管增加了個案的生活品質，卻沒有減少實驗組二十四個月內嘗試自殺的頻率。Litman 與 Wold（1976）特別提醒，「此服務非心理治療」（p. 531）。雖然結果是負面的，Litman 與 Wold（1976）報

告的結果卻有相當多方法上的問題，因此對於結果存疑。其問題在於：(1)介入種類、持續時間、內容、頻率和監控的定義不足；(2)實驗和控制情境
8 有相當多的重疊性，使其結果接近等值或無效；(3)參與介入組的個案是否提供心理治療似乎不清楚；(4)沒有定義如何納入標準化篩選高風險個案的條件；(5)沒有排除條件的準則；(6)缺乏成效評量標準。

如前所述，Waterhouse與Platt（1990）報告的負面結果也是有問題的。此研究的主要目的是評估非精神科人員施行簡單、短期住院醫療（即不提供任何種類的精神照護），在後續四個月中對於減少自殺嘗試的有用性。控制組在家中執行；實驗組的平均住院期間少於一天（即十七小時），因此，對於兩組間沒有觀察到後續自殺嘗試的差異並不驚訝。這兩組基本上是類似的。此外，研究僅針對低風險者（即進一步的自殺風險低），在臨床實務上的應用將大有問題。

對臨床工作的意義

由先前的討論得知，現有可得的介入研究，僅限於心理治療處理及自殺個案臨床管理有關之介入的暫時性推論。當討論對最高風險者（即慢性多次嘗試自殺者）的幫助時，這些文獻出現相當多的限制；這時候，我們完全不知道何種介入對此群體有效。以下是這些研究支持的推論：

1. 密集的追蹤、個案管理、電話聯絡、信件或家庭訪問也許能增進低風險個案在短期內的醫囑順從性。
2. 增進緊急服務的易獲得性（即明確的危機計畫）可能可以減少後續自殺嘗試和第一次自殺嘗試者的服務需求。

心理治療研究的重要回顧：認知行為治療的新趨勢

現有處理自殺傾向的心理治療研究（有十六篇）可被分為兩大類：提供短期治療（即少於六個月，有十四篇）及提供長期治療（即六個月或更久，有兩篇）。整體而言，其結果是憂喜參半，治療效能得到正面的結果 9
的有八篇，六篇則為負面的結果。無論如何，在正面發現中，其結果相當一致。在短期研究中，多數（十篇）提供一些認知行為治療（cognitive-behavioral therapy, CBT）的不同面向，但是均以「問題解決」作為一**核心介入元素**。在短期形式中，CBT也許是最禁得起考驗的取向，這並不令人驚訝。整個 CBT 研究的治療期間是多樣化的，從最短只有十天（Liberman & Eckman, 1981）到最長三個月（Gibbons, Butler, Urwin, & Gibbons, 1978）。值得注意的是，在這些研究中，有兩篇使用相同的樣本（Joiner et al., 1998b; Rudd, Rajab, et al., 1996），導致最後是九篇為自殺傾向 CBT 獨立樣本研究（即具有問題解決的**核心**成分）的效能探討。

另外四篇研究屬於短期治療類別，三篇探索什麼最能描述治療的**附加元素**，也就是說，某類的密集追蹤照顧而不是特定心理治療取向（Chowdhury, Hicks, & Kreitman, 1973; Hawton et al., 1981; Welu, 1977）。這些研究並未被分類為介入研究，因為不可能從心理治療區分出介入因子，因其兩者密不可分。另一篇探索後續自殺嘗試**持續照護**的衝擊（Moeller, 1989）。van der Sande、Rooijen、Buskens、Allart、Hawton、van der Graaf 與 Van Engeland（1997）的研究有**附加特徵**（即改善緊急服務的可取得性與必要時的家庭訪問），但主要的目的是為了測試**企圖自殺者危機介入取向**，一種整合問題解決訓練的心理治療工具，因此，它已被分類為短期治療研究。

這些研究探討什麼是短期治療的必需附加元素（即更多密集追蹤），結果是負面的。這兩項研究針對密集短期追蹤結合家庭訪問、電話聯絡及更頻繁且具彈性的常規治療，發現這些附加元素對於六至十二個月期間後續自殺未遂沒有明顯的作用（Gibbons et al., 1978; Hawton et al., 1981）。

Hawton 等人（1981）發現相較於接受每週門診者，家庭訪問確實增進對於醫囑的順從性。但是順從性增加並不表示在十二個月的追蹤期間後續自殺嘗試減少達到顯著（即接受家庭訪問者的後續自殺嘗試為 10%，而傳統門診者為 15%）。同樣地，Chowdhury 等人（1973）發現家庭訪問、頻繁的門診預約，及緊急服務的使用增加相較於**一般的治療**，並未減少多次自殺未遂者後續自殺嘗試的比率。無論如何，接受實驗介入者報告其**精神和社會狀態**改善。此外，Moeller（1989）發現在住院前後，藉由分配相同臨床醫師，以增進**醫療照護的持續性**，對於自殺未遂者一年的追蹤期間並無明顯的作用。

相反地，Welu（1977）在一設計良好的研究中，發現越密集的追蹤使用家庭訪問、電話聯絡及較頻繁的常規治療（即使用廣泛的治療取向）確實減少實驗組四個月追蹤期間的自殺企圖；然而，由於後續監控的短期性質，此結果有其限制。有趣的是，三篇研究顯示較密集追蹤是一般治療的**附加元素**，其中兩篇得到負向結果的研究，均故意排除高風險病人（即由自殺未遂紀錄、積極心理治療或診斷、共病問題等因子加以界定）。另外一篇針對高風險個案的研究，是由 Welu（1977）所進行，其結果說明更密集的門診治療對於由精神疾病診斷、自殺嘗試史或共病狀況定義為高風險的病人，不論任何心理治療方法，都是最適當且有效的。

長期治療研究中，有一篇在評估辯證行為治療（dialectical behavior therapy, DBT; Linehan, Armstrong, Suarez, Allmon, & Heard, 1991）的效能，和評估貫穿多重治療取向之**密集長期**追蹤照顧的角色，而非特定治療模式（Allard, Marshall, & Plante, 1992）。總之，在十四篇研究心理治療結果的研究中，實際上僅有八篇評估一種特定心理治療的效能。

如前所述，評估短期認知行為取向效能的研究，整合了**核心**問題解決元素，有十篇是正面的發現，其中七篇其結果非常一致。雖然在自殺嘗試方面並沒有找到預期中的差異，結果指出在為期三個月至一年的追蹤期間，自殺意念減少（Joiner et al., 1998b; Liberman & Eckman, 1981; Salkovkis, Atha, & Storer, 1990），且與憂鬱（Lerner & Clum, 1990; Liberman & Eckman, 1981; Salkovkis et al., 1990）、無望感（Lerner & Clum, 1990; Patsiokas

& Clum, 1985）和孤獨感（Lerner & Clum, 1990）的症狀有關。只有一個單一研究（McLeavey, Daly, Ludgate, & Murray, 1994）發現在治療後十二個月自殺嘗試減少。然而，此發現受到許多方法學問題的威脅，包含樣本數少、未包含大範圍的自殺嘗試者，且最重要的是，有目的地排除高風險的病人。有趣的是，幾篇短期心理治療研究特別針對高風險個案，也就是多次自殺嘗試者（Joiner et al., 1998b; Liberman & Eckman, 1981; Rudd, Joiner, & Rahab, 1996; Salkovkis et al., 1990）。此外，Salkovkis 等人（1990）所進行的研究發現在六個月後自殺嘗試減少，但是此發現並未提及一整年的追蹤。

負向結果的研究有三篇，研究發現在九至十二個月的追蹤期間，自殺 11
嘗試並沒有減少（Gibbons et al., 1978; Hawton et al., 1987; van der Sande et al., 1997）。其他研究皆排除最高風險的自殺嘗試者。這些研究的問題包括不完整的心理治療定義、沒有使用標準程序。實際上，在 Hawton 等人（1987）的研究中，實驗組真正完成治療者少於 50%，但之後的統計樣本卻包括**非參與**者及**流失者**，嚴重地混淆研究結果。未成功完成治療者應該較接近控制組的狀態，因此，其結果的解釋性大受懷疑。同樣地，van der Sande 等人（1997）的研究進行參與心理治療意願的分析，該研究沒有提供實際完成治療的實驗組人數，及未定義何謂治療完成。很有可能許多實驗組的人沒有完成心理治療，該研究中的高流失率可支持此可能性。

在長期治療研究中，結果是不一致的。Linehan 等人（1991）證明 DBT 在一年的追蹤期中減少後續自殺嘗試、住院日數，及增進治療順從性的效能。但是，關於憂鬱、無望感、自殺意念或生存的理由在 DBT 和一般治療之間無差異。她的研究結果，以及 Rudd、Rajab 等人（1996）的研究結果，提出為高自殺風險的門診病人安排急性住院，不但安全而且是有效的。相對地，Allard 等人（1992）在二十四個月沒有發現自殺嘗試減少，但該研究使用混合的治療取向，一如特定療法的本質問題，無法提供一致的臨床應用。基本上，所有受試者是否皆接受一致的介入及治療模式，應該在這類研究中評估，並對其結果進行合理的解釋。

對臨床工作的意義

如同介入研究的回顧，現有的治療結果報告僅能獲得少許結論。雖然如此，這些結論是重要的，且能為自殺治療提供新興的科學基礎。以下的結論在現有的文獻中有充分的支持：

1. 密集、長期治療對於由多次自殺嘗試、精神病史和共病診斷而被辨識為高風險者，是最適當且有效的。
2. 短期認知行為治療結合問題解決訓練作為**核心介入**，在長達一年的期間中，對於減少自殺意念、憂鬱和無望感是有效的。但是這樣的短期取向對於在較久的時間內減少自殺嘗試是無效的。
3. 減少自殺嘗試需要長期治療，並且針對特定技巧缺乏給予治療，例如情緒調適、不良的痛苦忍受力（即衝動性）、憤怒管理及人際自信，以及其他持續存在的問題，像是人際關係、自我形象混亂（即人格疾患）。
4. 若能緊急住院治療，高自殺風險病人以門診方式處理可以是安全且有效的。

處理自殺的治療關係：依附、希望和存活

有豐富的證據顯示：治療關係和同盟是預測不同治療取向成功結果的關鍵變項（如 Gaston, Thompson, Gallagher, Cournoyer, & Gagon, 1998）。雖然不可過度誇大與自殺病人一同從事心理治療工作的治療關係之重要性，事實上，由於本章及後續章節提出的議題（例如：評估及處理自殺個案固有的挑戰、害怕失去病人、有關醫療事故賠償責任的焦慮，以及時間限制等），堅固的關係和強大的同盟需求也許更與自殺病人的成功治療有密切

關係（Jobes & Maltsberger, 1995）。實際上，Bongar、Peterson、Harris 與 Aissis（1989）強調治療同盟的品質是評估自殺風險及預測治療結果最顯著的因子之一。同樣地，Simon（1988）、Maltsberger（1986）、London（1986）以及 Shneidman（1981, 1984）皆強調堅固的治療關係對成功治療自殺是**必要的**。沒有這個關係，病人甚至連繼續治療都完全不可能，更不用說是為了困難的和有成效的改變投入必需的精神與時間。

Motto（1979）創造了專有名詞「積極關聯」（active relatedness）來形容臨床工作者與接受治療者間，需要促進依附與同盟行為，例如：緊急可用性（emergency availability）、更頻繁且更長時間的會談、迅速回電話。Shneidman（1981, 1984）指出，為了促進醫護人員與接受治療者間的初始依附，臨床工作者促成病患的依賴關係通常是必需的，然而，一旦進入長期治療，臨床工作者就要小心謹慎，尤其在與嚴重人格疾患患者一同進行治療時。同樣地，Linehan（1993）指出為了治療成功，提出「形成 DBT 核心的有效性」（p. 221），就是「與自殺病人建立一段強大、正面的關係絕對是必要的」（p. 514）。她確定三個心理治療中處理關係議題的策略：接 13
受關係、關係問題解決與關係的類化（generalize）。接受關係純粹指**接受**患者的**原樣**；關係問題解決指積極討論在治療晤談中和其他諮詢時（即與臨床工作者），與治療關係有關的特定問題；而關係的**類化**指在治療背景外，病人努力於與其他人建立類似的正向關係。

與這樣的病人一同工作的挑戰是，可能會引起臨床工作者的非治療性反應（例如：害怕、怨恨、厭惡、「移情恐懼」、討厭、焦慮和擔心），而形成一種以畏避或恐懼為基礎的治療形式，這並非對病人有益的治療。事實上，Maltsberger 與 Buie（1974, 1989）已提到治療者的**反移情之恨**（countertransference hate）在自殺病人的治療中會造成破壞及惡性反應，若不覺察，會導致對病人情緒幸福感的不利影響，不用說，對臨床工作者本身也是如此。Linehan（1993）談及**治療師的干擾性治療行為**，包含的行為很廣泛（例如：在會談中遲到、提早結束晤談、在治療中飲食、在治療中講電話或瀏覽網頁，以及睡著）。由 CBT 的核心觀點來看，Burns 與 Auerbach（1996）談到進行心理治療時往往缺乏**治療的同理心**，他們提供一個**同**

理心訓練計畫以處理此問題，整合所謂的傾聽技巧〔即解除武裝（disarming technique）、思想同理、感覺同理和詢問〕以及自我表達技巧（即「我感覺……」的句子，安撫個案）。

幸運的是，臨床自殺學的訓練與知識可以形成相對開放性和臨床信心，所以臨床工作者可以透過同理、不屈不撓、一致性、誠實和毅力建立一種具有療癒的關係。重要的是透過這種關係，自殺病人可自他們嚴重的絕望感中經驗到一種真實的抒解，在深沉的內在孤單中感受到一種存活的氣息（Jobes & Maltsberger, 1995）。能夠建立這樣的關係加以維持、監控，並定期嚴密的評估，以評論的目光定期評估它，是處理自殺的心理治療之基石。

對臨床工作的意義

簡言之，我們得到幾個結論。第一，治療關係對有效治療自殺是必需的。能在最恰當的時機萬無一失得以運用的最佳技巧畢竟有限，若真有的話，適當的治療關係和治療同盟的重要性也不會如此受到重視。與自殺病人一同工作，治療關係的性質至少在最初階段會有顯著的依附（attach-
14 ment）現象。分離是治療過程後期要處理的議題。在治療自殺中，依附的品質往往決定之後的治療成功。治療關係中的信任讓病人願意冒必需的風險，做一些不同的事，在緊急與痛苦脆弱時向外求救，並經驗新技巧，這些對進展與復原都是必要的。有時，治療中的依附將是病人唯一可依靠的，在特定嘗試自殺的時刻和早期危機期間，都能給予他們希望，帶來一線生機。

第二個結論是，可以採取特定的具體步驟，以發展、增進、評估和維持此關係。如果治療關係是可辨識的治療目標，那麼可以有目的地使用介入，且策略性地促發、增進、監控和評估。第三也是最後一個結論是，治療關係在處理自殺時，可以達到多種目的；它本質上是支持、仿效、接納、信任、教育、依附和最終分離與成長的機制或工具。它是**改變的工具**，是導致個案改變的核心因素，尤其是對那些表現慢性自殺和多次自殺嘗試者，因為對於絕大多數多次自殺嘗試者，人際議題是他們自殺的核心。

有待解答的問題：前方的挑戰

在前面提到的三類研究：介入研究、短期治療和長期治療，其中兩篇研究因其嚴重的方法學缺陷而無法解釋。其他四篇研究提供次於方法學問題的存疑結果。二十二篇研究中，十六篇以完好的設計提供可解釋的結果。以自殺的日常治療及進行中的臨床管理涵義來看，這些結果應用於實務中相對而言仍是有限制的。

如本章先前所述，我們僅能回答少數關於自殺治療最基礎的問題。在短期治療和長期治療中，似乎呈現與 CBT 效能有關的新趨勢。看來以整合問題解決為**核心介入**的 CBT，對於減少短期內的自殺意念和相關症狀是有效的。減少自殺嘗試需要長期且較密集的治療，尤其要著重於技巧的缺失與相關人格失功能的問題。很明顯的，最困難的科學工作仍然橫亙在前，前面所提到的問題，仍需要更明確的答案。無論如何，CBT 確實提供自殺的心理治療處理相當多承諾，很可能是其聚焦於認知和相關技巧缺失所發揮的作用。建基於此實證基礎，第二章提供一個應用於自殺的 CBT 模式，可以幫助實務工作者完成有用和高效能治療的多重任務。

第二章

自殺的認知行為模式

自殺行為的現有理論模式概述 15

自殺和自殺行為的研究已從各種不同且常常互競的理論和實證模式進行探討，然而實證的結果如何應用於臨床仍然有一段距離，包含臨床相關及應用方式；相同的，臨床觀察如何形成實證研究以獲取科學證據，並在每日實務工作中操作出來，同樣有待後續的努力。我們希望第一章已澄清此爭論，尤其是與臨床實務有關的實證結果。

一般而言，研究者將焦點放在理論，執業臨床工作者則被迫使用短期和長期的心理治療取向，但幾乎沒有任何實證支持其功效。令人吃驚的是，自殺中最常使用的治療介入——住院——仍然沒有一個關於其效能、差異效果或建基於診斷表現的嚴重度或複雜性的單一控制研究（Linehan, 1997）。僅有少量的控制研究，由於樣本太小，以及其他嚴重方法學問題，因此自殺治療文獻中並未存有強大的實證研究根基（如 Chowdury et al,, 1973; Gibbons et al., 1978; Hawton et al., 1981; Hawton et al., 1987; Lerner & Clum, 1990; Liberman & Eckman, 1981; Linehan, 1993; Linehan et al., 1991;
McLeavey, Daly, Ludgate, & Murray, 1994; Motto, 1976; Patsiokas & Clum, 16
1985; Salkovkis et al., 1990; Rudd, Rajab et al., 1996; van der Sande et al., 1997）。

到目前為止，許多理論已驅動了臨床實務和實證研究；自殺傾向最常

引用的理論取向如下：(1)流行病學（如Dublin, 1963）；(2)哲學（如Battin, 1982）；(3)社會文化（如 Hendin, 1964）；(4)社會學（Durkheim, 1897/1951）；(5)精神病學（如 Kraeplin, 1883/1915）；(6)心理動力學（如 Freud, 1917/1957）；(7)心理學（如 Shneidman, 1985）；與(8)生物學（如 Bunney & Fawcett, 1965）。當然，每一取向對於自殺或自殺行為都強調不同的特徵、觀點或特色，經常有目的地排除其他取向。

流行病學取向（epidemiological approach）聚焦於人口統計學的特點；哲學的理論試圖回答有關生活的性質與目的的問題；社會文化和社會學的研究者則強調社會及文化變項扮演的關鍵角色。同樣地，精神病學、心理動力學和生物學的研究者分別強調心理疾病、潛意識衝突、情緒歷程、心理上的痛苦、未獲得滿足的心理需求、生物化學失衡的重要性。在自殺學中，近來才有一個關於自殺學的理論整合方向（Maris, Berman, Maltsberger, & Yufit, 1992）。儘管有豐富且廣大的文獻資料，大部分理論取向狹窄的焦點大大地限制其臨床和實際效用。因此，實務者常難以將研究結果以一有意義的方式應用在與自殺病人的臨床工作中，而是選擇使用多重理論典範去了解、解釋及治療單一病人不同方面的表現；儘管有很大的可能性會違反理論取向發展和依據的基本假設原則，此現象依然發生。

實證引導的模式也容易受到限制，或只針對特定的焦點。很多憂鬱症模式雖不是特別針對自殺問題，但卻整合了很多自殺的成分。研究者發現憂鬱研究包含許多變數，包括歸因風格（如 Abramson, Metalsky, & Alloy, 1989）、無望感（Beck, Brown, Berchick, Stewart, & Steer, 1990）、問題解決（Nezu, Nezu, & Perri, 1989）、人際關係和社會增強（如 Lewinsohn, 1975），以及認知僵化和扭曲（如 Beck, Rush, Shaw, & Emery, 1979）。大多數的模式主張特定的自殺和自殺行為基本上是由 Schotte 與 Clum（1982,
17 1987）提出的「素質－壓力－無望感」典範的變化。由壓力誘發的素質（diathesis）或脆弱性背後的諸多變項已被確認，包含急性與慢性兩種。在這之中最常被指出的素質是失功能假說（Beck, Steer, & Brown, 1993; Bonner & Rich, 1987; Ellis & Ratliff, 1986; Ranieri, Steer, Lavrence, Rissmiller, Piper, & Beck, 1987）、認知扭曲（Prezant & Neimeyer, 1988）、人際問題解決缺損

（Linehan, Camper, Chiles, Strosahl, & Shearin, 1987; Orbach, Rosenheim, & Harry, 1987; Rotheram-Borus, Trautman, Dopkins, & Shrout, 1990; Rudd, Rajab, & Dahm, 1994; Schotte & Clum, 1982, 1987），以及認知僵化（Neuringer, 1968; Neuringer & Lettieri, 1971）。

預測自殺的靜態與動態變項

許多預測自殺意念、自殺嘗試（包括單一和多次）的變項已經被發現。也許藉由區辨靜態變項（即那些描述性和持久性的變項）與動態變項（那些急性且可變的、對病人而言意義不同、強烈且隨著時間發生的變項）來概述現有文獻是最容易的。靜態變項包含：(1)年齡（即隨年齡增加，風險上升，特別是超過四十五歲之後）（Buda & Tsuang, 1990; Patterson, Dohn, Bird, & Patterson, 1983）；(2)性別（即相對於女性，男性有較高風險）（Berman & Jobes, 1991; Garrison, 1992）；(3)先前的精神診斷（第一軸或第二軸）（Fawcett et al., 1990; Murphy & Wetzel, 1990; Tanney, 1992）；(4)自殺行為史（Rudd, Joiner, & Rajab, 1996）；(5)自殺或自殺行為的家族史（Roy, 1992）；以及(6)受虐史（性的、身體的和情緒的）、家庭暴力或懲罰性養育的歷史（如 Linehan, 1993）。

這些急性且可變的變項（有些變項是慢性或週期發生的，它們會隨著時間而有強度上的變化，對病患的意義也不同，但可能具有惡化的性質）如下所示：(1)有特定聚焦於失落（即失去工作、財務狀況、人際關係、認同感和生理或認知能力）（如 Hatton, Valente, & Rink, 1977; Yufit & Bongar, 1992）和健康問題（DiBianco, 1979; Yufit & Bongar, 1992）的壓力源；(2)具有第一軸精神科診斷，並聚焦於情感性疾患、物質濫用和精神分裂症，以及與第一軸共病等問題（Fawcett et al., 1990; Murphy & Wetzel, 1990; Rudd, Dahm, & Rajab, 1993; Tanney, 1992）；(3)具有第二軸診斷，特別是邊緣性人格疾患的診斷（如 Linehan, 1993; Rudd, Joiner, & Rajab, 1996）；(4)情緒低落或症狀嚴重度的表現，包括憤怒、憂鬱、無望感、無助感、罪惡感、焦

18 慮／恐慌、情感缺乏、失眠及注意力－專注力衰退（如 Fawcett et al., 1990; Rudd, Joiner, & Rajab, 1996; Weissman, Fox, & Klerman, 1973）；(5)認知僵化和問題解決能力不足或因應能力受損（Patsiokas, Clum, & Luscomb, 1979; Rudd et al., 1994; Schotte & Clum, 1982, 1987）；(6)社會孤立和有限的社會支持（如 Rudd, 1993）；(7)衝動控制問題像是物質濫用、攻擊行為、冒險或性表現（sexual acting out）（如 Brown, Markku, Linnoila, & Goodwin, 1992）；以及(8)活躍的自殺想法和相關行為（如 Clark & Fawcett, 1992）。

不管什麼取向或理論定位，在研究憂鬱和自殺的結論中，發現「無望感」扮演決定性的角色，此結論是相當一致且清楚的。在探討自殺意念、自殺嘗試和自殺完成的臨床樣本研究中，也同樣確認「無望感」扮演了中介變項的角色（Beck, Brown, Berchick, Stewart, & Steer, 1990; Beck, Kovacs, & Weissman, 1975; Rudd, Joiner, & Rajab, 1996）。雖然結果在非臨床樣本和青少年身上較不明顯，但本章乃特別聚焦於成人的自殺傾向，在這個領域中，無望感的重要性是毋庸置疑的，因為它總是存在著，且具有相當重要的預測力。

理論與實證結果在治療上的應用

理論以及由實證導引出的模式只能聚焦於有限的範圍，這是可以理解也是完全可接受的。好的科學在理論、研究及應用上，皆有其特殊性。與自殺病人一對一進行理論的討論和澄清對臨床工作者有很大的增益，然而，實務者嘗試使用此模式於治療中的一個主要難題是，**臨床相關性**（clinical relevance）受限的問題。通常在個案治療過程中，好的理論很難應用於處理個案所呈現細微卻重要的差別。大多數臨床工作者同意自殺病人是他們見過診斷最複雜且最具治療挑戰性的病人（如 Pope & Tabachnick, 1993），雖然在實證研究上，有關生活壓力、問題解決、無望感和情緒調適的研究結果是一致的（Rudd, 2000），但是，自殺本身是由許多複雜因素交織而成的結果，且因人而異。

因此，治療的本質在所有自殺個案中的臨床處置也有不同。不可否認地，不同變項有不同意義，且在臨床實務中不同變項的重要性對不同病人亦不同。有時候，實務者面臨與預測變項似乎完全不同的情況，且與自殺相關的變項並未以一種連貫的方式可以應用於不同的病人。 19

至今，想要應用現有的自殺學理論和實證文獻於臨床情境，已產生了幾個明顯的問題。第一，先前討論有限的觀念焦點，在個案與個案之間和同一個個案內皆造成麻煩和不精確的應用。雖然許多理論模式的有限聚焦在解釋自殺**特定觀點**時，提供相當多的深度和細節，但應用於臨床時，模式往往矛盾地過度單純化。因此，儘管提供臨床工作者治療的一般觀念指南，但並未提供病人一個富意義且綜合的解釋性框架。要認定病人和病人間的內在差異是困難的，而且要以一明確且富意義的方式、使用現今可用的概念去模塑病人也是困難的。實務者使用多重典範以解釋和處理單一病人表現（如第一軸和第二軸共病）的不同面向，這種情形並不少見。例如，無望感也許從認知觀點著手，使用標準技巧和介入方法。相反地，顯著的憂鬱症狀也許進行生物性解釋和說明，而以藥物為主要的治療介入。潛在與第二軸元素一致的問題，如持續的情緒焦躁、死亡的慢性渴望和人際衝突，可能以心理動力的觀點解釋和治療。結果往往造成典範間的衝突與不一致，卻很少有研究指出理論基礎、基本假設的不一致，及其對治療過程、期程及結果的影響。

第二個問題是病人有潛在的疑惑和不明白，究竟治療的對象是什麼、如何解釋這些治療，以及改善如何發生。混合和配對典範或問題會造成與病人間的溝通無法完整與一致。第三，如前所示，許多模式在**所有**人類功能領域中缺乏明確可辨識的治療目標，包含認知、生物、情緒、行為和人際（即情境和環境）。而且，有些理論由於焦點狹小，因此隔離了針對一些關鍵的變項。此傾向引起第四個問題：監控綜合治療的結果有困難，因而缺少可以對病人明確指出治療成功或進步的因素。若治療取向的焦點是排他且狹窄的，無論多麼顯著，在另一領域的進步可能完全被忽視。同樣地，使用多重典範會導致分類廣泛和混淆，無法指向特定的治療目標。

最終，妥協是需要的；我們需要一個具有包容性的概念架構，好讓所 20

有**特定**領域功能（即認知、情緒、生理、行為和人際）的實證結果能做直接的臨床應用。這種模式會處理與實證相關的廣泛因子，加入第一軸和第二軸的診斷要素。如同其他學者已討論過的，認知理論和治療為這樣的整合提供一個獨特的基礎（Alford & Beck, 1997）。目前一致的看法是，理論和實證研究提供了自殺的整合認知－行為模式需要的基礎，因其有足夠的彈性以進行日常的臨床工作並有強力的實驗研究基礎。如第一章的回顧，有關 CBT 短期及長期治療自殺的效能研究慢慢出現。在有限的療效研究中，它是一個可以觀察到的趨勢。

認知理論與治療的基本假設：對自殺的意涵

在應用認知理論於自殺之心理病理與後續心理治療中，必須覺察運作其中的基礎假設。基本上，其內含的假設引導臨床工作本身的性質、決定治療的內容、後續的應用性質、之後的治療過程，以及對於治療結果和有關監控的定義與概念化。Clark（1995）將認知治療的基本假設總結為以下幾點：(1)個體主動地參與自己的現實建構；(2)認知治療是一中介理論；(3)認知是可知（knowable）及可觸及的（accessible）；(4)認知改變是人類改變過程的中心；以及(5)認知治療採用現在的時間框架。這些假設相當廣泛，但可以為認知理論與自殺的應用提供一個概念框架。

在 Alford 與 Beck（1997）對認知理論的正式說明中，其遠遠超出了由 Clark（1995）總結的基本假設。他們提供了以下十項相當詳細的基本原則：

1. 心理功能或適應力的中央路徑包括稱為「**基模**」的形成意義的認知結構。〔……〕
2. **意義分配**（meaning assignment）的功能（包含自動的和熟思的層面）乃在控制多樣的心理系統（如行為、情緒、專注和記憶）。〔……〕
3. 認知系統和其他系統間的影響是相互作用的。

4. 每一類型的意義皆有轉換為情緒、注意力、記憶和行為特定形式的 21
涵義，此稱為**認知內容特異性**（cognitive content specificity）。
5. 雖然意義是由個人所建構，而不是先存的真實成分，其是否正確和特定脈絡或目標有關。當**認知扭曲**或**偏誤**發生，其意義是失功能或適應不良的。認知扭曲包括認知內容（意義）、認知過程（意義闡述）或兩者的錯誤。
6. 個體傾向於產生特定的錯誤認知建構（認知扭曲）。此對特定扭曲的傾向稱為**認知脆弱性**（cognitive vulnerability）。特定認知脆弱性使個體容易得到特定症候群；認知特異性和認知脆弱性是相關的。
7. 心理病理肇因於與其對自我、環境脈絡（經驗）以及未來（目標）相關的適應不良之意義建構，合稱為**認知三角**（cognitive triad）。每一個臨床症候群有特有的、與認知三元素有關的適應不良意義。〔……〕
8. 意義有兩個層面：(a)事件客觀的或**公開的意義**，也許對個體有一些顯著涵義；以及(b)**個人的或私人的意義**。不像公開的意義，私人的意義包括來自一事件的暗示、意義或從事件得出的結論。〔……〕
9. 認知有三個層次：(a)前意識的、無意的、**自動的**層次（「自動化想法」）；(b)意識層次；和(c)後設認知層次，包含「現實的」或「理性的」（適應的）反應。它們提供有用的功能，但意識層次是心理治療最主要的關注焦點。〔……〕
10. 基模之發展會促進個體對環境的適應力，因此心理狀態（由系統的激發構成）本身無所謂適應或不適應，而是與個體居住的較大的社會和物質環境脈絡有關。（pp.15-17；重點為原作者強調）

如 Clark（1995）提供的基本假設和 Alford 與 Beck（1997）詳述的公設（axiom），應用認知理論及治療於自殺，我們對於治療取向的考量和作法應要審慎思考。

自殺學可獲得的實證發現與認知行為理論框架配合良好。雖然認知理論和治療聲稱**心理功能的中央途徑**是認知，但，此取向具有調節或中介的

22 性質，與整合及互動式的自殺模式是一致的（即決策結構被認為是基模）。如公設3所言，認知和其他系統（例如：生物的／生理和情緒的、行為的）間的關係是互動的。在最基礎的層面，認知行為模式主張環境和個人間的相互決定論（如 Bandura, 1986）。個體不是生活於孤立的環境中，而是在一動態的脈絡下，先前提到所有領域（即認知的、情緒的、行為的、生物的／生理的和人際的）相互影響的結果。臨床的實證結果可以此架構編入有意義的解釋模型。

由 Alford 與 Beck（1997）提出的十項理論公設，當應用於自殺及相關的心理治療處理時，可轉換為一些可辨識的**基礎假設**。以下即為轉換後的內容：

1. 自殺的中央路徑是認知（即個體賦予的**個人**意義）。自殺是衍生自與本身、環境脈絡及未來（即認知三角，伴隨相關條件式假設／規則和補償性策略，指**自殺信念系統**）有關的適應不良之個人建構。
2. **自殺信念系統**（即稍後會提到的**自殺模式**的認知三角）和其他心理（例如：行為的、情緒的、注意的和記憶）及生物／生理系統間的關係是互動且相互依賴的。
3. **自殺信念系統**因人而異，決定於許多心理系統（即認知內容特異性）的內容和脈絡。當然，在一些特定**類別**（即無助感、不被喜愛和痛苦忍受力不足；將會在稍後做更詳細的討論）有些一致性，皆帶有普遍的無望感。
4. 容易自殺的個體他們有認知上的脆弱性（或稱**不完善的認知建構**），這些會與特定症候群共變。於是，不同的認知脆弱是與第一軸及第二軸的症狀與共病型態一致。
5. 自殺和**自殺信念系統**存在三個不同層次：前意識或自動化層次、意識層次，及後設認知（即潛意識）層次；意識層次是最禁得起心理治療改變的。自殺信念系統的結構內容，在三個層面中，包含於**自殺模式**中，之後會有較詳細的討論。

此處總結的假設清楚表達了治療自殺病人全面的概念模式基礎，貫穿許多領域及加入大範圍實證工作，並允許處理臨床情境中大量個體差異的彈性。此外，總結的假設為本書第一章回顧的治療研究結果所使用的 CBT 模式提供穩固的理論基礎，並促進治療效果的本質與持續性的相關解釋。 23

自殺認知行為模式之基本要求：整合實證發現與明確的臨床意涵

根據先前的假設總結與討論的理論架構，自殺的 CBT 模式需要能合併或說明在此領域中重要且最一致的實證發現。另外，為了要有臨床相關性，它必須可以被理解、有彈性並能修改以應用於日常的臨床情境。總之，對於廣泛和臨床相關的自殺 CBT 模式，以下的十個要求是必要的：

1. 這個模式需要以較特殊且個案能接受的方式來說明這些變項（所有的功能變項範圍包括認知、情感、行為、動機）。換句話說，這個模式為當下的心理病理提供一個簡單的解釋圖。它需要對治療師和個案說明和溝通症狀的存在、有關的發展史與創傷、顯著適應不良的人格特質、可找出的壓力源，以及在一個統整而非疏離的方式下的行為反應。和**治療地圖**的概念一致，它需要向治療師和個案解釋個案是如何從A點（非自殺的）到B點（自殺的），以及他（她）是如何到達 C 點（復原）。
2. 這個模式需要傳達自殺危機的短暫與有時限的性質，即使是重複出現和慢性的自殺行為。按照定義，危機是自限性的（self-limiting）。縱使是那些存有慢性自殺的個體也會在很少的時間內處於立即的風險中，這和Litman（1990）的**自殺區**（suicide zone）想法一致。
3. 這個模式需要找出使個體多次自殺或一再重複某些行為的脆弱性，了解第一軸與第二軸診斷、相關共病、發展上的創傷和個人史。
4. 這個模式需要提供一個方法來區分自殺、自我毀滅以及自殘行為，橫跨每個功能的面向，說明在這三者之中明顯的差異。

24 5. 這個模式需要合併誘發事件的角色，說明急性和慢性的壓力源與人格問題。尤其，這個模式需要認同**內在**觸發事件（即想法、想像、感受和物理感覺）的潛在重要角色。
6. 這個模式需要整合自殺過程中之情緒調適、情緒煩躁不安和痛苦忍受力的重要性。
7. 這個模式需要結合人際因素與社會增強在維持這個行為或促進復原的重要性。
8. 這個模式需要提供足夠的解釋細節，以便轉化成一個具體的治療計畫。亦即橫跨所有功能面向之可識別的治療目標。
9. 這個模式需要促進自我監控和自我覺察，提供解釋日常功能的彈性。這只有在這個模式是簡單、容易了解，且在良好定義的理論基礎上才能達成。
10. 這個模式需要說明自殺隨著時間而變化的過程，而不只是依據當前的症狀。它需要加上技巧習得、發展和修飾的想法（即人格改變）。它需要在多個層次反映出這個改變並橫跨多個面向的功能。

認知行為治療的自殺模式：Beck 理論模式與心理病理學的具體應用

Beck（1996）最近對於他最初的認知治療模式提出一個精細的改進，以回應實證研究逐漸成長的內容與理論，強調一些缺點，並努力去解釋更多複雜的理論建構和相關的互動並以實驗來證實（如 Haaga, Dyck, & Ernst, 1991）。這個模式與前文提到的公設一致，並且建立於基模的概念。這個理論的建立環繞在**模式**（mode）的概念，此概念是形成基模的結構與組織單位。Beck（1996）將模式定義為「在人格組織內的特定次級組織，包含著人格基本系統內的重要成分：認知（訊息處理）、情感、行為和動機」（p. 4）。和原始理論一致，他認為每個系統都是由基模（情感基模、認知基模、行為基模和動機基模）組成。Beck 將生理系統合併在整體功能中，卻將之視為獨特且對整體功能有著影響力，此模式的概念特別重要的是先

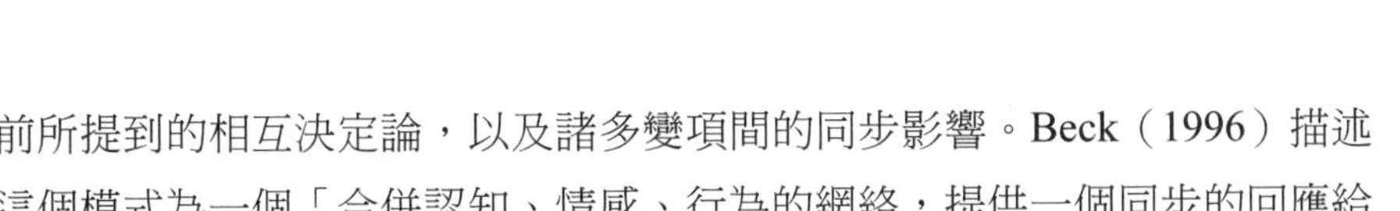

前所提到的相互決定論，以及諸多變項間的同步影響。Beck（1996）描述 25
這個模式為一個「合併認知、情感、行為的網絡，提供一個同步的回應給外在需求，並執行內在命令和目標」（p. 4）。

認知系統被描述成包含所有訊息處理的面向，包括資料的選擇、注意力歷程（即意義分配與意義運作）、記憶和之後的回憶。加入此系統的是**認知三角**的概念——結合了關於自我、他人與未來的信念。以我們對**自殺模式**的討論來說，這個代表性的認知三角，與相關的條件式假設／規則和補償策略一起，被稱為「自殺信念系統」。與前述公設 6（Alford & Beck, 1997）一致，假設認知有三層次，多數治療的努力是針對意識層面。然而這並未否認前意識與後設認知的重要性。另外，它提供了一種方法，以合併內隱學習和默會知識（tacit knowledge）的研究與理論（如 Dowd & Courchaine, 1996）。

情感系統產生情緒和情感經驗。Beck（1996）注意到情感系統的重要性，強調它經由正向與負向情感經驗增強適應行為的角色（Beck, Emery, & Greenberg, 1985）。這在概念和邏輯上皆有意義。他並認為負向情感經驗將個體的注意力聚焦在並不符合我們的利益或「使我們情緒低落」（p. 5）的環境或情境脈絡。因此，一些事件、情境或經驗創造負向情緒，讓個體在未來處於相似情境下，增加被觸發或啟動的敏感性。這可以解釋何以多次自殺企圖者不僅具有較低的**活動閾值**，而且還會類化至相似但不全然相同的情境。

最後，**動機和行為系統**考慮到個體對反應的自動化行動或反應力降低。雖然 Beck 注意到動機和行為系統大部分是自動化的，但是在一些情形下它們可以被意識控制。**生理系統**是由生理症候學伴隨這個模式構成。舉例來說，一個**威脅模式**包括自動激發，伴隨動作和感覺系統活動，個體為了適應會採取行動，例如**戰或逃**。在威脅模式中，多元系統與潛在認知誤解同時且同步的交互作用導致生理症狀逐漸上升和擴大（例如：從恐慌症狀中
知覺到威脅，像是「我心臟病發作了」）。此外，每個系統由該系統獨有 26
的結構或**基模**組成。因此，自殺信念系統包括每個已確認的信念或基模（即情感基模、行為基模與動機基模）。

另外，Beck（1996）區辨更多**原始模式**（primal mode）例如反射行動以生存、安全、保障為目的，並補充說明每種臨床疾患都可以藉由一個特定的**原始模式**來區別。這與**慣性模式**（habitual mode）或主要模式（prevailing mode）形成對比，該模式是指顯著的人格特質及代表性，無論適應和不適應的特質，在個體生命中都是不變的。當該模式變得高度**緊張**，可以解釋臨床疾患中過度的反應情況，此想法在實質上與活動的低閾值或對不適應模式的負向概念（例如：自殺模式）一致。相對來說，**次要模式**（minor mode）不會高度緊張，允許對於活動的高閾值，並且是在更彈性的意識控制之下。

Beck（1996）的模式理論與心理病理學比早期簡單的線性模式有更多優點，尤其在了解自殺方面：

1. 它提供了解釋特定第一軸疾患的一種方法，因為原始模式不良適應活化以及高度敏感。
2. 人格疾患被視為是失功能的模式在大部分時間運作的結果，或相反的，有一個低的活躍閾值，並且會被廣泛大量的刺激所引發。這和研究結果一致，說明了那些造成單一企圖、多次企圖，以及那些完成自殺者不同類型的想法（如 Orbach, 1997; Rudd, Joiner, & Rajab, 1996）。
3. 這個認知**結構**包含著與先前認知概念化一致的模式，認知概念化包括認知三角、相關的核心信念、條件規則／假設，以及補償策略，都帶有無望的色彩（如 Beck, 1996）。因此，最終的概念化可被了解，並且表現出比以前更好的結構且獲得實證結果的支持。
4. 這個模式的建構提供一些方法，了解症狀經驗的多樣性與診斷的複雜性，及多元系統共病表現同步交互影響，並承認現象的內隱複雜性，例如自殺傾向。
5. 模式幫助解釋個案為何無法習得技巧、無法發展及無法進步，隨著時間而修飾，與人格改變和治療的進展一致（如 Linehan, 1993）。
27 換句話說，當個體復原，便更難去觸發自殺模式（亦即，一個較高的活躍閾值、減少敏感，以及對確定觸發事件的反應），催化模式

（facilitating mode）停用，且開始創造和運用適應模式。

6. 模式解釋一些引發自殺危機的低閾值、在復原的過程中觀察到對啟動之壓力源的敏感，以及在復原過程中的慣性。

定義自殺模式：不同系統的特色

雖然 Beck（1996）提到了一個自殺模式，並沒有闡明這些細節或詳細說明被提出的模式。在此之前，有好幾點需要被重新敘述以及更詳細地考慮。第一，如同其他人所爭論的，對所有自殺行為模式來說，清楚說明**意圖**扮演重要的角色（如 O'Carroll et al., 1996），區辨自殺、自我毀滅與自我破壞行為是必要的。第二，這個模式需要說明隨著時間觀察到的自殺傾向差異，標記出沒有復發的單次自殺企圖，與一再發生的自殺企圖和慢性自殺傾向、或 Maris（1991）所說「自殺生涯」（suicidal career）的不同。第三，這個模式需要說明並且包含先前實證發現的總結。在這些變項之間，最重要的是有些經常表現出混合的症狀（例如：相當多第一軸與第二軸共病）、壓力源（包含急性與慢性）在自殺傾向裡的清楚角色、可識別的技能缺陷或素質、潛在社會支持的保護角色，以及普遍的無望感。這個模式的概念提供一種方法將之整合入互相依存的架構，這些有時是被當作不同的研究變項。

表 2.1 提供**自殺模式**的摘要，概述每個系統的特色。本章的下一節，提供了詳細的逐步摘要，描述一個病人是如何完成自殺模式（即個案概念化）。如上所示，認知系統的特點是自殺信念系統，包括認知三角並且連結條件式規則／假設與補償策略。認知三角的核心信念最初被 Beck（1996）分成兩個主要的取向——**無助感**（如「我無法對我的問題做些什麼」）以及**不被喜愛**（「我不應該活著，我一點用都沒有」）。附加的第三個種類也被提出：**不良的痛苦忍受力**（「我無法再忍受這樣的感覺」）（見圖 2.1）。所有的核心信念表示某些自殺病人會跨越這三個種類，或聚集在一或二個種類。雖然多半自殺病人的核心信念橫跨這三個，但現行的自殺模 28

表 2.1　自殺模式的系統特徵

系統	結構內容（想法／信念的例子）
認知	自殺信念模式：自殺想法。（「我想殺了我自己，我要自殺。」） <u>認知三角成分</u> 核心信念類型： 不被喜愛、無助感、不良的痛苦忍受力 ● 自我：不適當的、無價值的、沒有能力的、無助的、有瑕疵的、不被喜歡的、有缺陷的。 （「我是沒用的。如果我死了，其他人會變得更好。我無法改變這個。」） ● 他人：拒絕的、辱罵的、離棄的、評斷的。 （「沒有人真的在乎我。」） ● 未來（潛在的變化）：無望的。 （「事情永遠不會改變，而且我無法忍受這些感覺。」） 條件式規則／假設： （「如果我是完美的，人們就會接受我。如果我做每個人想要的，他們將不得不喜歡我。」） 補償策略： 過度補償、完美主義、在關係中屈服。
情感	煩躁不安（混合負向情緒）：例如悲傷、生氣、焦慮、罪惡感、憂鬱、受創、多疑、害怕、緊張、寂寞、尷尬、羞辱、羞愧。
行為（動機的）	與死亡有關的行為（意圖自殺）：預備行為、計畫、排練行為、嘗試。
生理	激發：自主、動作、感覺系統活化。

式中最主要、最普遍的特徵是對未來方向的無望感。

如同稍後將詳細討論的，當無望感減弱，積極尋死的意圖會同時減少，而且自殺模式也不再顯著。其他催化模式是主動的，與存在已久的人格混亂，以及有關的自我毀滅、自我挫敗和（或）自我破壞行為一致。顯然，個體可以隨著極大的頻率與多變的時間轉移或退出自殺模式。如同先前所
29 提到的，對那些慢性的自殺傾向，要**引發**自殺模式是很容易的。換言之，他們有較低的活動閾值並且對各式各樣的刺激過於敏感。

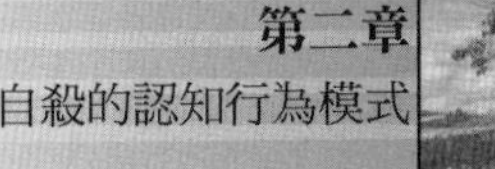

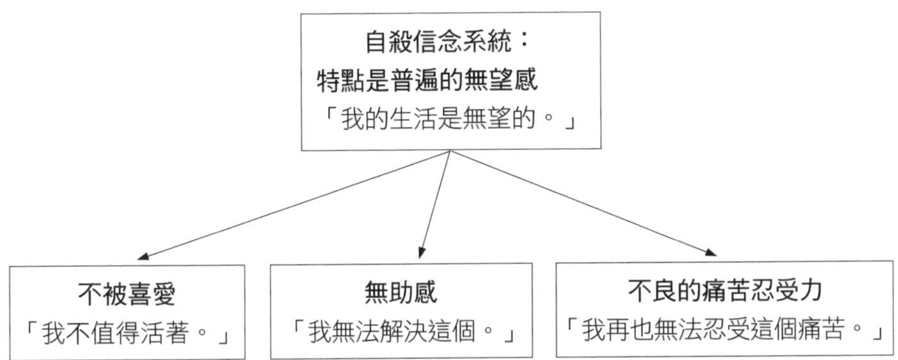

圖 2.1　自殺信念系統的核心信念種類

情感系統有別於情緒的煩躁不安，換言之，是一個負向情緒的**混合物**。這與以憂鬱為特點的悲傷形成對比。實證發現這些混合症狀表現出煩躁不安、悲傷、焦慮、生氣、罪惡感、羞愧、羞辱的感覺；這個衝動行為（以及動機）是去死，表現清楚的意圖去達成自殺，不理會之後伴隨的結果（如自殺嘗試伴隨受傷或無受傷）。不確定的意圖藉由行為衝動的變化變得明顯。舉例來說，復仇的欲望、懲罰重要他人，或緊張的解除、激躁，或是未伴隨想死欲望的疼痛（例如：自我毀滅行為，像是非法藥物的使用，或自我破壞行為像是自我割傷、燒炙或穿孔）是與**催化模式**一致的，而非一個主動的自殺模式。

在自殺模式活躍的期間，生理系統被激發，伴隨著自主、動作與感覺系統的的活化。如同概念化所提及的，自殺模式是一種本質上的**自我設限**。換言之，必要的生理激發只能維持有限的時間，且變化可能依賴於問題的慢性（即單次自殺嘗試者 vs. 多次自殺嘗試者）以及第一軸與第二軸的診斷表現性。自殺模式活躍的期間是依行為的慢性化而變。換句話說，多次自殺嘗試者比單次嘗試者可能經歷更長時間的自殺模式活躍。事實上，我們的某些工作與這可能性一致。我們發現，多次自殺嘗試者比單次嘗試者經 *30*
驗明顯較長時間的自殺危機（Joiner & Rudd, 2000）。

根據定義，自殺危機在本質上是急性且有時間限制的，即使那些慢性混亂與一再發生的自殺行為也是如此。這個想法與 Litman（1990）定義的

自殺區概念一致。原本，**自殺區**表現出多重因素的聚合（如情境壓力、急性情緒煩躁不安、精神混亂、受損的認知功能、有缺陷的問題解決和有限的社會支持來源），而這會暫時增加自殺顯著的風險。換句話說，潛在的自殺變成迫在眉睫。然而這種程度的風險無法維持在一個固定的時間向度，而且在未來的某個時刻，當急性因子消失，風險就減少。**自殺區**的概念雖然不是精確的理論，但和自殺模式的建構一致，相互依賴系統的活躍造成在有限的時間裡提高潛在的悲劇結果。

對於那些慢性自殺的情況，自殺模式的特點有兩個特徵：第一，自殺模式的活躍閾值對內在與外在的潛在觸發事件來說較低。Beck（1996）使用**定向基模**（orienting schema）的建構去解釋活躍的現象。本來，定向基模是依賴於個體的歷史與發展。定向基模決定對於刺激情境賦予最原始的意涵，活躍了適合的內在模式。對於慢性自殺的人，定向基模活躍自殺模式的閾值比沒自殺的個體還低。第二，它們可以被認為是如同擁有一個大範圍的定向基模，在很多的情境、經驗與環境刺激下，定向基模會活躍自殺模式的反應。換句話說，相較於其他人，在多次自殺嘗試者間自殺較容易被誘發。有可能是一個從某觸發事件概化到另一個觸發事件的漸進過程。舉例來說，首先，在親密關係中的人際衝突可能引發自殺模式。然而隨著時間，普遍的人際衝突可能引發自殺模式，無論關係是否親密。換句話說，這個刺激會從**親密**關係概化到**所有**關係。

這個概念化幫助解釋：隨著時間所產生的風險變化、短時間內風險的增高及再復發，這些都是自殺模式活躍的結果。雖然有一些**減弱**的現象，慣性的人格模式（即脆弱性傾向，predisposing vulnerability）仍在運作，提升慢性或長期的風險。這些模式可以被想成是**催化模式**，增加未來自殺事件的可能性。催化模式可以採取許多形式，依據自殺的文獻，這些模式可
31 能是先前的第一軸與第二軸診斷、習得的自殺行為、發展上的創傷、虐待或忽視，以及教養方式的表現。事實上，慢性自殺者重複在催化模式與自殺模式裡變換，視情境脈絡而定。因此，有效的治療必須辨識顯著的人格特質，這是關鍵和持久的角色。

自殺模式是一個容易被個案理解和依循的概念模式，把相關的實證結

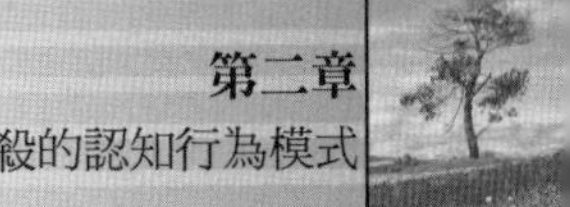

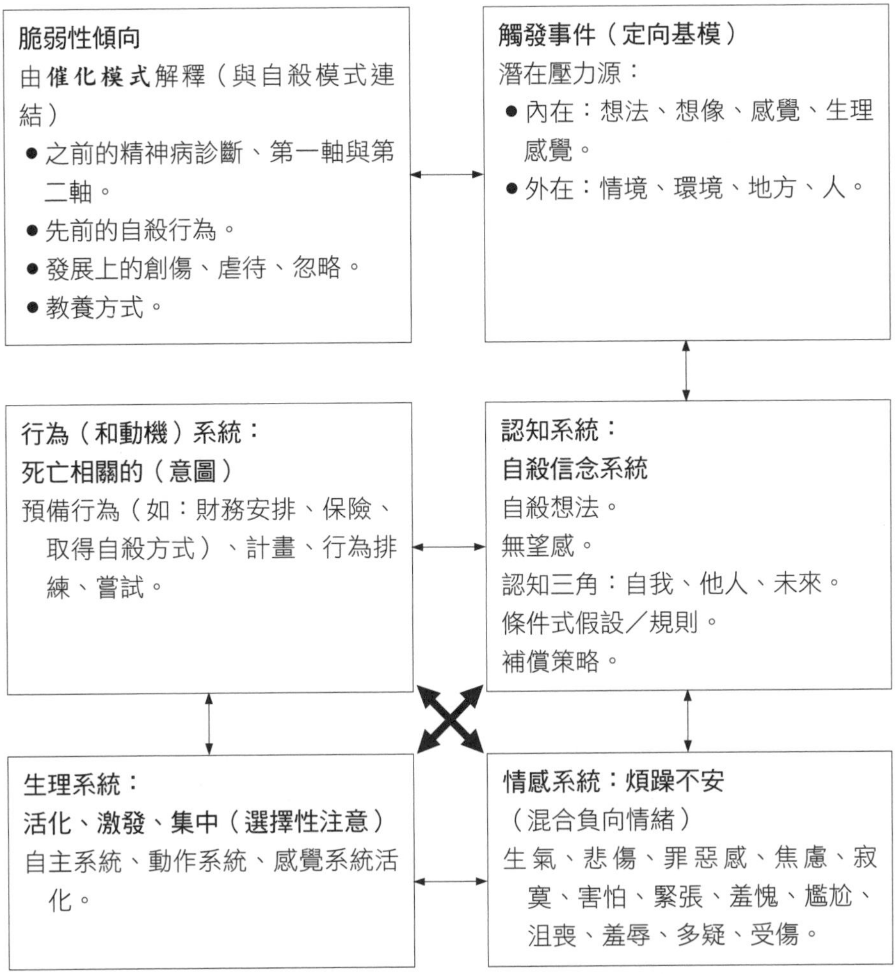

脆弱性傾向 由**催化模式**解釋（與自殺模式連結） ● 之前的精神病診斷、第一軸與第二軸。 ● 先前的自殺行為。 ● 發展上的創傷、虐待、忽略。 ● 教養方式。	↔	觸發事件（定向基模） 潛在壓力源： ● 內在：想法、想像、感覺、生理感覺。 ● 外在：情境、環境、地方、人。
		↕
行為（和動機）系統： 死亡相關的（意圖） 預備行為（如：財務安排、保險、取得自殺方式）、計畫、行為排練、嘗試。	↔	認知系統： 自殺信念系統 自殺想法。 無望感。 認知三角：自我、他人、未來。 條件式假設／規則。 補償策略。
↕	⤡⤢	↕
生理系統： 活化、激發、集中（選擇性注意） 自主系統、動作系統、感覺系統活化。	↔	情感系統：煩躁不安 （混合負向情緒） 生氣、悲傷、罪惡感、焦慮、寂寞、害怕、緊張、羞愧、尷尬、沮喪、羞辱、多疑、受傷。

圖 2.2　自殺的認知行為治療模式：自殺模式

果納入已確認的系統，並將它們轉化成一個架構，闡明內容並引導治療。圖 2.2 提供一個關於所提出的自殺模式的圖解說明，我們可以清楚看出，有交互作用與相互依賴的各種系統。雖然提出的模式有點線性和順序性的性質，重要的是要注意 Beck（1996）描述的系統的同步交互影響，並符合認知理論及 Alford 與 Beck（1997）提出的十點公設。

脆弱性傾向包括這些先前被歸類為提高活躍自殺模式風險的靜態變項，包括之前的精神病診斷（第一軸與第二軸）、先前的自殺行為史、創傷發 32

展史以及潛在的教養方式。這些因素藉由**催化模式**的建構而表現出來，此模式會促進或提升潛在自殺模式的最終活躍。再一次，這個想法與 Beck（1996）**慣性**模式或**主要**模式的概念一致，這些模式經常出現，或是有較低的活躍閾值，並且是人格精神病理學的象徵。主要的差異是催化模式（雖然在每個人身上與自殺連結的部分可能都有不同性質）被認為具體提高了活躍自殺模式的風險。

這些觸發事件（包括內在與外在）都與Beck定向基模的概念相容。根據個人史（以及脆弱性傾向），有一系列內在（想法、想像、生理感覺、情緒）與外在（壓力源、情境、環境、人）因素會誘發定向基模（賦予原始意義）以及**活躍**自殺模式。這提供了**壓力源**在自殺歷程裡的概念角色。一旦活躍，自殺模式在不同個案中相當一致，只有少數重要的區別。在自殺活躍的階段，認知系統或自殺信念系統藉由自殺意念充滿死亡的想法，無助感遍布於認知三角中各個成分。行為（與動機）系統的特點是想死的衝動，伴隨相關的行為證據如預備行為、計畫與自殺練習或演練。情感系統的特點是煩躁不安，是負面情緒不同比例和強度的嫌惡混合，包括生氣、悲傷與內疚等等。經驗到對應的生理激發，與自主、動作和感覺系統的活躍一致。這一切都是同步發生，並且在有限的時間內持續著，這個持續期間如何仍不可知。再次確認臨床相關的風險期間（如分鐘、小時或天數）是一塊迄今都不甚了解、而亟待研究的領域（Rudd & Joiner, 1998a）。

自殺模式之同步與時間限制的性質，也許可以用以下這篇由一名慢性自殺病人寫下的日記做最好的說明：

「當我站在欄杆邊，我開始考慮要攀越並且跳下。我知道如果我跳下了，這無疑會殺了我。很難去確切描述我的感覺，但就是這樣壓倒性的內在壓力告訴我，如果我攀越並且跳下，這一切在幾秒內就會結束。從欄杆邊往回走對我而言有困難，我好像無法移動——我只是持續地看著地面並且想著『跳吧』。最後我讓自己走回房間，我關上門並將它鎖上。我坐在床上，害怕而且發抖，我知道我已經離自殺非常、非常近。」

陽台情境的致命性質誘發自殺模式，對這個病人來說，在那時，慣性人格 33
模式降低了活躍閾值。一旦活躍，認知內容是無望且具體的，經驗到煩躁不安的情緒、以死亡為目的的行為，以及高度意圖。補償模式（非催化模式）則採取有效的因應行為（回到房內並鎖上門），協助活躍降低並且最後復原。

如同例子中所證實的，在治療過程中區辨自殺與非自殺模式是很重要的，即與自我毀滅行為一致，但不代表有明確死亡意圖的模式。這些模式的最佳描述是**催化模式**（facilitating mode），包含認知、情感與行為，這些提高了活躍自殺模式的風險。如同在這日記中描寫的，個體可以很容易、並且立即從一個模式轉移到另一個模式，但在嚴重危機期間，自殺模式是活躍的。如同先前的例子中所證實的，復原有賴**補償模式**，它降低風險的行為，加速情感復原，並提供認知重建的認知本質。因此，一個關於病人自殺歷程的準確描述，應該同時包含活躍的自殺模式以及相關的催化模式，它們是更普遍、更經常活躍，構成了心理治療的主要對象。

完成自殺模式：個案概念化

我們可以透過逐步回答以下六個基本的問題，來摘要出病患的自殺模式（見圖 2.3、2.4）：

1. 病人的個人史是怎麼促進他（她）的自殺行為？
2. 是什麼誘發了自殺危機？
3. 病人是如何看待自殺的（即**自殺信念系統**）？
4. 他（她）在自殺危機期間感覺如何？
5. 病人經驗到哪種類型的激發症狀？
6. 病人表露出或計畫出什麼樣的自殺行為？

圖 2.3 提供每個系統內進一步的問題清單，幫助找出自殺模式的具體結構內容。可以明顯看出，這些問題從上面列出的六個基本問題延伸，提供

34

脆弱性傾向

由**催化模式**解釋
有歷史或先前的嘗試嗎？
病患的個人史是怎麼樣促進他（她）的自殺行為？
哪些早期經驗具有重大的意義？
可以找出什麼樣的自我挫敗行為模式？換言之，他（她）是如何得到解救的？
什麼經驗幫助自殺模式的發展與維持？
過去是否被虐待或忽視？

觸發事件（定向基模）

什麼誘發了自殺危機？
它是一個外在事件、情境或環境嗎？
病患是否會努力去找出沉澱劑？
如果是，它是一個內在經驗、沉思或妄想的想法、想像還是情緒？
如果是，這些想法是否能找出主題（例如：遺棄、拒絕）？
重複的自殺嘗試中是否有可找出的型態（例如：在每一個人際失落或衝突之後）？

行為（和動機）系統：
死亡相關的（意圖）

病患曾進行過哪種預備行為、計畫、行為演練、嘗試？
病患做了什麼去因應他（她）的自殺傾向（例如：物質濫用、冒險）？
他（她）是否被證實衝動？
他（她）做了什麼去調適情感（如果有的話）？
他（她）在過去的自殺危機中曾做了什麼？

認知系統：
自殺信念系統

病患有哪種類型的自殺想法（例如：具體性、頻率、強度以及期間、主觀意圖）？
他（她）為什麼無望？換言之，是什麼原因想死？怎樣的無望（評比 1-10）？
他（她）是怎麼看待他（她）自己以及其他人？
為了使他（她）感覺較好，必須如何（條件式規則／假設）？
對於這些想法，他（她）考慮做什麼來因應（補償策略）？

生理系統：活躍

病患經歷了什麼類型的激發症狀（例如：激躁、失眠、恐慌、受損的注意力集中）？
病患的激發和激躁程度為何（評比 1-10）？
激發、激躁是否有可觀察到的徵兆？
病患激發、激躁的程度是否增加或減少？換言之，自殺危機是否消退？

情感系統：煩躁不安

病患的感覺是什麼（生氣、悲傷、內疚、焦慮）以及它如何被連結？
病患經歷了多大的情緒痛苦？
這些感覺有多嚴重／多強？（評比 1-10）？
察覺到痛苦忍受力的痛苦有多少？（評比 1-10）？
隨著時間，病患的煩躁不安是否有某種型態？
他（她）是否感到迫切或立即？

圖 2.3　自殺模式概述

36

模 式 大 綱 ：起始（日期）：__________ 修正（日期）：__________

脆弱性傾向 ：先前第一軸診斷：__________

____

先前第二軸診斷：__________

____

先前自殺嘗試（總和）：__________

發展上的創傷（摘要）：__________

____

____

自殺行為的家族史（摘要）：__________

____

____

其他因子（摘要）：__________

____

可找出的觸發事件：內在（想法、想像、感受、生理感覺）：

____

外在（情境、環境、地方、人）：

____

可找出的主題（例如：遺棄、拒絕）：

____

自殺信念系統：**認知三角**（寫出具體信念）：

自我：__________

他人：__________

未來：__________

種類（圈出所有適合的）：

不被喜愛　　無助感　　不良的痛苦忍受力

條件式規則／假設：

____

____

補償策略：

____

____

圖 2.4　自殺模式工作單

37 情感系統：報告感受（圈出所有適合的）：

憂鬱　焦慮　罪疚　羞愧

生氣　悲傷　害怕　尷尬

失望　羞辱　受傷

其他（請列出）：________________

____

評分情緒痛苦的強度（1-10）：______

評分痛苦忍受力（1-10）：______

生理症狀：列出激發症狀：

____

____

____

評分激躁強度（1-10）：______

行為系統：目前的預備行為（圈出所有適合的）：

財務安排

保險安排　寫信

獲取自殺方法

有詳細的具體計畫（如何、何時、地點）

行為演練　實際嘗試

贈送物品

將要準備

採取步驟以防止救援

其他（請列出）：________________

圖 2.4　自殺模式工作單（續）

摘自《自殺防治——有效的短期治療取向》（*Treating Suicidal Behavior: An Effective, Time-Limited Approach*, by M. David Rudd, Thomas Joiner, & M. Hasan Rajab）。英文版於 2001 年由 The Guilford Press 出版；中文版於 2011 年由心理出版社出版。版權所有，僅供本書購買者個人使用。

35 相當詳細的內容。圖 2.4 提供一個**工作單**，可以幫助臨床工作者用一個簡潔的方式組織相關的資訊，如此可以直接轉入治療計畫（見本書第三章）。

如同在圖 2.3 與圖 2.4 中所闡明的，完成每個模式的成分相較之下比較簡單易懂。脆弱性傾向可以由之前的精神病診斷（第一軸與第二軸）、先前的自殺嘗試、早期創傷（如生理、情緒、性虐待）以及自殺行為的家族史獲得。為了找出觸發事件，臨床工作者需要簡單地探索在目前和以往的自殺危機裡任何可找出的構成因素。它是否是一個外在事件、情境或是環境？如果不是，而且特別是這個病人有創傷的歷史，它是否是一個內在的經驗、反覆或強迫思想、想像或是有關的感覺？如果是，這些想法或反芻是否有個型態或主題（例如：遺棄、傷害、拒絕、批評或虐待）？對臨床工作者來說，特別重要的是針對那些多次自殺嘗試者探索其潛在的型態或循環。舉例來說，自殺嘗試者是否密切注意每一次的人際拒絕？自殺嘗試者是否密切注意每一次的失敗或侮辱？如果型態被確認出，基本的主題就可以訂出，特別是對於自殺信念系統的結構內容（見本書第三與第八章）。在所有可能性中，找出人際主題（例如被拒絕或遺棄），對於治療關係以及隨著時間治療的連續性將有重要的意涵（見本書第九章）。

對於那些表達或承認沒有深入了解他們自殺傾向的病人們（如「它就剛好發生了，它發生得如此快讓我不知道是什麼讓它開始的」），建議使用自殺想法紀錄（suicidal thought record, STR）。圖 5.6 與圖 5.7（見第五章）提供自殺想法紀錄的例子，它是針對自殺傾向的一個簡單自我監控工具。STR 直接闡述由 Beck 等人（1979）最初發展的失功能想法紀錄，並為了使用在廣泛的臨床問題中而做了相當的修改（如 Beck, 1995）。STR 已被證實可以提供一個結構化的方式，幫助病人找出自殺模式的部分成分，包括觸發事件（內在與外在）與相關的自殺想法和信念（即自殺信念系統），以及去評比相關的自殺傾向之嚴重度與期間、隨著時間行為的反應與相關的改變。STR 對於那些主要是反應內在觸發事件、有著頻繁再發的自殺嘗試以及顯著人格異常的病人特別有用。它以與認知行為治療概念化一致的具體方式幫助他們連結想法、感覺與行為。另外，STR 在（有使用它的）治療歷程中也是有幫助的，它常常能在被認為是**失去控制感**的主題中給予**控制感**，因此可以改善自我監控及對一般情緒的覺察。

找出自殺信念系統的內容同樣也相當簡單易懂。第五章與第六章對於危機評估與之後的監控有相當詳細的探討，提供對於自殺想法問題的標準設置，如此可用於每日的練習中。現在，我們總結了更普遍的問題以闡明 38
自殺信念系統的結構化內容。病人現有哪種特定類型的自殺想法？並協助

個案監控任何沉思或強迫思考過程的獨特特徵，特別是自殺意念。這些想法的頻率（frequent）為何？強度（intense）如何？這些想法的期間（duration）又是如何？這些想法是否持續了幾秒、幾分鐘或幾小時？如同在第六章更詳細討論的，讓病人用 1-10 分評比強度是相當有用的（例如：「你可以評分一下想法的強度嗎？換言之，你感覺到多大的強迫或壓倒性，用 1-10 的分數，1 代表完全沒感覺到壓迫，10 代表感覺非常的壓迫」）。評分是有用的，原因如下：它們提供控制感，但更重要的，它們提供臨床工作者在整個治療歷程中一個容易理解的主觀壓力，以比較及監控目的（見第六章）。

如同先前提到的，臨床工作者也需要找出認知三角：病人對於自己、他人以及未來的信念。最好問病人簡單的問題，例如，可以問病人：你會如何描述你自己？你會如何描述你的家人與朋友？你看見自己有什麼樣的未來？藉由詢問病人**為了感覺更好，過去他（她）曾做了什麼努力**，可以找出條件式假設／規則與補償策略。舉例來說，病人可能藉由物質濫用來逃避（「藉著酒醉，我試著使自己麻木並避免任何衝突」）。臨床工作者也可以問：「為了感覺很好，必須要發生什麼樣的情況，或是你必須做什麼？」病人有可能用一般主題，例如完美主義（「如果我把每件事都做得完美，我就可以很好」）來回應。經常，這個資訊在一個標準的臨床診斷晤談及個人史中會自然地出現。但是，準備好一系列標準化的問題去引出這些無法自然出現、但卻是完成自殺模式所需的資訊，對臨床工作者來說是很重要的。

情感系統可以被快速地評估，只要問病人他們感覺如何就可獲知。這在後面章節中會更加清楚，重要的是盡可能越詳細越好，詢問病人廣泛的感覺以捕捉煩躁不安的本質（見第六章）。對於藉由請病人用 1-10 分來評分他們的情緒痛苦以評估嚴重度也是有幫助的（例如：「你可以用 1-10 分來為你自己現在感覺到的情緒痛苦打分數嗎？1 代表最小，10 代表無法忍受」）。同樣地，痛苦忍受力也可以用 1-10 分來評比，可以詢問病人：「你會如何用 1-10 分來評分你的痛苦忍受力（你忍受情緒痛苦的能力）？1 是相當差，10 是相當好。」如同其他模式的成分，探索在多次自殺嘗試中存在的型態或主題是重要的。

激發症狀的清單相當容易明白。尤其重要的是，以實證支持來檢視這 39
些症狀：憂鬱、焦慮、激躁、失眠、恐慌、憤怒與相關的注意力集中。如同其他模式成分，主觀的評分對於評估激發和激躁同樣有用（例如：「你可以用 1-10 分來評分你的激躁嗎？1 是非常平靜，10 是非常激躁，到了不能忍受的地步」）。如同在第六章提到的，評分不只在風險評估有效，它也讓臨床工作者在會談內能監控激躁的變動，提供病人情緒調適與壓力忍受技巧一個更準確的寫照。舉例來說，臨床工作者可能很快發現，儘管病人在一個治療階段的早期是高度激躁的，但他可以變得安靜，至少在可以容忍的層級，這僅需要幾分鐘，並不需要任何複雜的介入。

最後，行為模式的特點是自殺的預備行為（計畫、演練、財務和保險安排、寫信）或是自我毀滅行為與衝動（物質濫用、冒險、性表現）。如果病人有多次自殺嘗試的歷史，可能具有明顯的模式。這些模式可以藉由詢問「在過去的自殺危機裡你做了什麼？」這個簡單的問題而被找出。

一份自殺模式詳細的概要不只促進自我控制感，也鋪下了治療的根基，並且讓開業的臨床工作者一貫地執行對於病人在不同事件的自殺行為的功能分析。經由將自殺模式轉變為病人的**自殺循環**——一個線性描述的圖表，記錄每一次一個自殺嘗試或相關行為的發生——以完成這個分析。圖 2.5 提供一個假設的病人 A 先生的**自殺循環**例子。這個循環表示觸發事件、自殺信念系統隨後的活躍、情緒煩躁不安、顯著的激發以及想要獲得釋放的自殺行為。理想上，自殺想法紀錄可以轉變為自殺循環，以促進自我覺察找出治療目標與具體問題範圍，並且隨著時間監控進展。

臨床工作者可以簡單地將病人的敘述從自殺想法紀錄轉換到自殺循環敘述。如同圖 2.5 的 A 先生，他的自殺事件是因為被他的妻子說「他一無是處」而引發。他接著「想她是對的」，而且「他永遠不會改變」，造成憤怒、憂鬱以及罪疚感。他經驗到明顯的激躁情緒並且「拿出他的藥，數了一數，然後大口喝下啤酒」。自殺想法紀錄與自殺循環幫助臨床工作者在治療中可以鎖定一個循序漸進的行為，以對抗病人常說的「它發生得如此快以至於我不知道到底怎麼了」的想法。當治療有所進展，且自殺模式

40

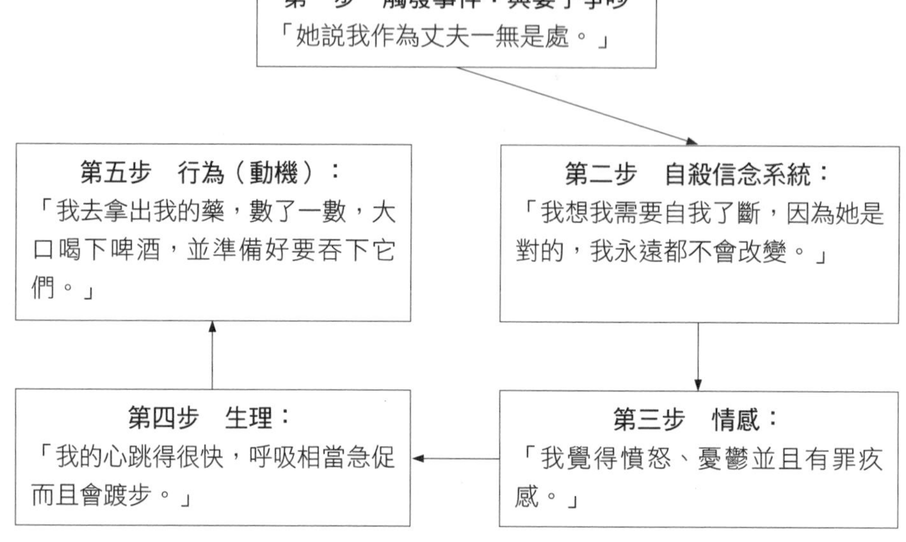

圖 2.5　單一事件的自殺循環：個案 A 先生

不再那麼容易被活躍或是被更功能性的模式取代，自殺循環有了戲劇性的改變。改變的清楚指標是對於相似的觸發事件、想法和感覺，會出現和擴展非自殺行為的反應。所有這些反應都清楚顯示在自殺循環裡。

自殺模式對於治療的組織、內容與過程的意涵

CBT 模式對於治療的組織、內容與過程提供一些清楚的實務意涵。Beck（1996）指出三個方法來處理失功能模式，包含降低它們的活躍、修改它們的結構和內容，以及建構更多適應的模式去抵銷它們。這個方式承認了對於處理自殺必要的多重與多變的任務，與 Rudd（1998a）所討論的一致，Rudd 區別了三個治療階段（即危機、技巧建立與人格發展），每一個都有具體的治療議程與內容，儘管有著相當多的重疊。如同自殺模式的要素與認知理論的十個公設所證明的，儘管認知重建扮演一個中心角色，但它只是治療的一個成分。

這個想法是，在大多數情況下，如果沒有自殺模式與每個成分系統的活躍，永久的認知重建是無法發生的。換言之，情感經驗與此模式的啟動 41
對於治療進展，包含有意義的技巧發展與持續的人格改變而言是不可或缺的。持久的改變是結構的改變，且結構的改變有賴於情感和行為的衝動，兩者都意味著模式真正的活躍。按照此模式，自殺危機是治療中必需且期望的部分，亦即，如果自殺模式在內容與活躍閾值有永久的轉變，以及隨後潛在誘因能受到限制的話。否則，最初的治療努力有可能集中在催化模式上，它雖然關鍵，但不在自殺問題的核心裡。矛盾的是，一旦自殺有效地被擴散，大量的治療就會處理催化模式（即持久的人格心理病理學）並且發展出完善及更適應的生活模式。

自殺模式在心理治療整合上的彈性運用

除了先前總結的概念化與臨床優點之外，自殺模式與認知行為治療模式所提出的主要優勢是它在心理治療整合方面的彈性。Alford 與 Beck（1997）曾詳細說明認知理論與治療**結合的力量**，他們的論點針對自殺概念化與治療而言也是適用的。多數的心理治療方法也能夠很容易地被整合進來處理，包括心理動力學（如 Maltsberger, 1986）、存在主義與自我心理學、家庭系統（如 Richman, 1986），以及討論**自殺心理**脈絡的 Shneidman 模式（1993, 1996）。

舉例來說，Shneidman（1993）擷取存在主義的精華提出了一個簡單又明確的敘述：「自殺是由心靈（psychache）起的」（p. 51）。更具體的，心靈被定義為「在心理及精神上的痛苦」（p. 51）。這是他早期自殺模式概念的詳述，提到了**痛苦**、**煩惱**與**壓力**的聚合（Shneidman, 1987）。按照這個方式，自殺和自殺行為被視為本質上的心理現象——一個個體痛苦和忍受力的功能；兩者都被多重因子（例如：流行病學、現象學、社會學、社會文化、家庭、精神病與生物的）所決定與影響。Shneidman（1996）提到執業的臨床工作者藉由具體地處理病人經驗（以及表達）的痛苦與表露

的痛苦忍受力，可以了解、評估、管理與處理自殺行為。如同 Shneidman
42 （1987, 1993, 1996）指出的，心理痛苦與心理／情緒需求密不可分（如 Murray, 1938）。精神病是受挫的心理需求的結果，並承認自殺行為本身的多面性，有無數的潛在原因阻礙了需求。Shneidman 區分日常需求與基本需求——那些當挫折產生無法忍受的心理痛苦，如果沒有管制會在某些環境下導致自殺行為或自殺。他也強調每個人的基本需求不盡相同，但是，除此之外，一致的事實是我們都有心理／情緒需求，這些比其他需求更重要且有意義，當受挫或是被阻礙，會造成更強烈的心理／情緒痛苦。

Shneidman（1987, 1993, 1996）的模式在所提供的認知行為治療架構內可以容易地被了解。基本上，他特別集中於情感基模以描述自殺模式多變的成分（即情緒痛苦與痛苦忍受力）。根據這個理論，自殺行為或是行為基模，代表減輕情緒痛苦的方式，也是一個不良的痛苦忍受力的功能。其他理論取向同樣也可以納入認知行為治療模式裡，每個取向皆強調一個不同的系統或自殺模式的成分。

認知行為治療中的治療關係：三個基本假設

如同在第一章所討論的，一個堅固的治療關係與同盟被視為處理自殺傾向時治療改變的必要條件。因此，需要在一開始就採取步驟以建立一個有效的關係和同盟（亦即，臨床工作者與病人間對問題的性質以及要如何處理它要有共識）。在有時間限制下的認知行為治療更是如此。雖然在面對慢性自殺和人格混亂的病人時很困難，它並不是一個不合理或無法達成的目標（即使是在最簡短的治療情境裡）。隨著時間，需要製造主動的努力去維持關係，因此，關係需要定期地評估。重要的是要辨識出過早從治療退出或完全拒絕治療的病人，他們往往是最嚴重困擾的一群（如 Rudd, Joiner, & Rajab, 1995）。

在面對病人的敵意與人際攻擊時要給予耐心、恆心以及慰藉。對臨床工作者來說重要的是提醒自己幾點關於情境的簡單事實。這些事實支持基本假設，引導自殺傾向的認知行為治療，並且與先前**活躍的**自殺模式和自殺信念系統的討論一致。

1. 病人有可能表現出嚴重的精神異常。這意思是說作為他（她）每日 43
生活功能的一部分，他（她）有相當嚴重的人際困難（即一個顯著的技能缺損）。因此，病人也可能有跟臨床工作者相處的困難。臨床工作者有可能在此情境下成為病人敵意的「安全攻擊目標」，對病人而言，攻擊臨床工作者是安全的作法，因為臨床工作者不會用敵意或攻擊的方式回應。畢竟，病人期待臨床工作者會對他們比較好，這也是合理的。因此，臨床工作者可能會首當其衝地面對病人的憤怒與敵意。
2. 病人被視為處在他（她）最糟的狀態，也就是他（她）正處於急性自殺狀態。在這個時期，自殺模式被活躍，而自殺信念系統很容易被觀察到。總之，重要的是，治療的真道是沿著期望它、為它做好準備、解決它一路下來的。如同我們將在第三章看到的，我們有三個可識別的議程操作，包括症狀管理（危機解決）、技巧建立與人格發展。我們需要去設想這些病人正在遭遇最大的困難，這個困難只是需要去對付的問題之一。
3. 雖然最初的重點可能是在解決危機的急性性質，但是當同時建立穩固的治療根基時，它是一個開始建立技巧以及鋪下持久人格改變根基的好機會。實際上，可以說有效危機介入的特徵不只是症狀的解決，同時也可建立技巧並促進人格發展。從第一次晤談，臨床工作者就有機會去建立一個治療的模式；換言之，他（她）總要留意多個目標，包括症狀、技巧與人格發展。自殺模式提供了一個清楚的架構，人際關係是問題中顯著的一部分。早期致力於治療關係，可以提供一個穩固且持久的治療根基。如同先前所提到的，與治療自殺病人所形成的依附關係，以及圍繞此關係所帶來的希望，很可能是在早期治療過程中，唯一支撐住急性自殺病人的重要因素。

第三章

治療過程綜覽

面對一個自殺病人時，臨床工作者經常想到：我究竟能為他做什麼？ 44
用什麼方式、要多頻繁、以什麼順序處理眼前的問題？該針對什麼症狀？要處理多久等等。在第一章的實證發現，以及第二章的理論基礎下，第三章會提供一個整合性的架構，來處理自殺病人的問題。本章有四個目的：一、提供一個臨床上的處理清單（即治療**內容**），這些清單會與現有的照護標準一致，且有實證資料的支持。二、提供一個組織架構來進行治療計畫，這個架構會整合第二章所討論的各種治療工作，並且補充概念上的不足。三、我們強調在面對自殺病人時，心理治療有不同的角色、工作、需求以及各種潛在的限制。四、我們會討論時間以及慢性化在治療計畫中複雜的角色。我們以認知行為治療為主要取向，認知重建跟技巧建立是攜手並進的，缺一不可。技巧的建立是一連串的行為試驗，對於認知重建與持久的改變提供一個關鍵性的機會。因此，這個治療計畫包括一系列的認知與行為作業。

本章提供一個彈性的、整合的以及非常完整的**樣本**（template）來進行
治療計畫、臨床風險評估、病人管理以及持續的監督。雖然此處提供的架 45
構與第二章所談的理論模式非常一致，但是，它仍然有足夠的彈性應用在其他理論取向的介入工作。這是因為它聚焦於具體的治療技巧，像認知行為理論一樣的有彈性（如 Alford & Beck, 1997）。Norcross（1997）提到心理治療整合取向，該取向清楚地整合了問題範圍、治療目標以及相關的工作，對於處理自殺病人而言，它有非常一致的方法，不管他們的診斷（第一軸和第二軸）和他們特殊的症狀是什麼。

捕捉臨床表現：了解嚴重度、慢性化，及診斷的複雜性

在照護時間有限的情況下，不論是治療過程、計畫擬定、日常應用或是結果的監控，都更需要良好的結構與組織。在第二章我們討論了病人自殺的六個基本問題，幫助我們釐清自殺的模式。我們需要知道病人個人史（即脆弱性傾向）、促發自殺危機的先前壓力源（即觸發事件）、自殺思考的性質（即自殺信念系統）、感覺（即情感系統）、生理症狀（即生理系統），以及與自殺有關的行為（即行為系統）。為了達到完整的處遇治療計畫，試著思考與回答下列三個問題是很重要的：(1)嚴重度；(2)慢性化；(3)診斷的複雜性。這些特徵會影響治療目標、如何組織與聚焦治療過程（例如：哪一個問題必須先處理，第二個、第三個分別是什麼，各要花多少時間），以及決定治療本身實際所需的時間等等，另外需要考慮的問題包括下列各項：

- **病人表現出的失能或痛苦程度有多嚴重？**亦即，是否門診的心理治療就足夠？或需要像住院或日間留院的密集治療計畫？眼前的危機是否太高，以致無法僅做門診的處理？假設病人處於高度危機，但可以在門診進行處理，是否需要一些特殊的考量？譬如每天的監控，或是在家佩戴一個監控手錶等等。
- **這種痛苦有多慢性？也就是病人與這種自殺危機纏鬥了多久？**如果曾有自殺嘗試的話，出現過多少次？我們需要在自殺意念、單一自殺嘗試以及多次自殺嘗試之間做個區分。
- 46 **病人表現出的行為有多複雜？**自殺是否伴隨著自我毀滅、自我挫敗的行為型態（例如：自傷、物質濫用、攻擊性以及性表現）？這些是否該成為治療的目標？
- **就第一軸與第二軸共病的現象而言，這位病人的診斷表現有多複雜？**越複雜的行為表現，他的診斷圖像也越複雜，反之亦然。

- **與此痛苦有關的領域為何？**也就是說，病人真正受到的損害有多少、出現哪些症狀、技巧的缺損，或不適應的人格特質？

依這些問題的答案與病人的自殺傾向，我們可以開始整理治療議程，並且判定哪些目標在時間限制下是重要且合理的。然而，最初的關鍵在於識別那些具有嚴重、複雜與慢性自殺傾向的病人，他們最可能需要長期照顧。一般而言，治療議程是一樣的，只是相對的要花更長的時間。在照顧期間，對於那些有著慢性自殺傾向的患者而言，層出不窮的危機與復發率使得問題更複雜。此時，這個組織架構同樣可加以應用，但需要強調病人在這些不同層面的進展，尤其是當治療目標清楚、有特殊的預期，並且時間表也被建立起來的時候。這些不只對病人而言是重要的，對於保險給付以及個案管理，也是重要議題。

辨認治療成分

最近的心理治療趨勢（如 Layden, Newman, Freeman, & Morse, 1993; Lerner & Clum, 1990; Linehan, 1993; Linehan et al., 1991; Rudd, Rajab et al., 1996）認為，自殺問題可被視為是一種一般性的構念，包括三個明顯的面向是與低階的心理病理表現有關（見圖 3.1）：

1. 症狀（即憂鬱、焦慮、無望感、自殺意念、憤怒、罪惡感、恐慌等等）。
2. 清楚可辨的技巧缺失（即問題解決、情緒調適、痛苦忍受力、人際技巧，以及憤怒管理）。
3. 不適應的人格特質（即與 DSM-IV 診斷的人格疾患一致，會影響自我意象以及與親友之間的人際關係）。

過去大部分的治療集中在症狀與人格特質的處理，往往在理論層面上， 48
試圖將所缺乏的技巧整合進來。最近的取向就不一樣了，它們強調前面所敘述的三種成分（如 Linehan, 1993; Rudd, Rajab et al., 1996）。這三種成分

47

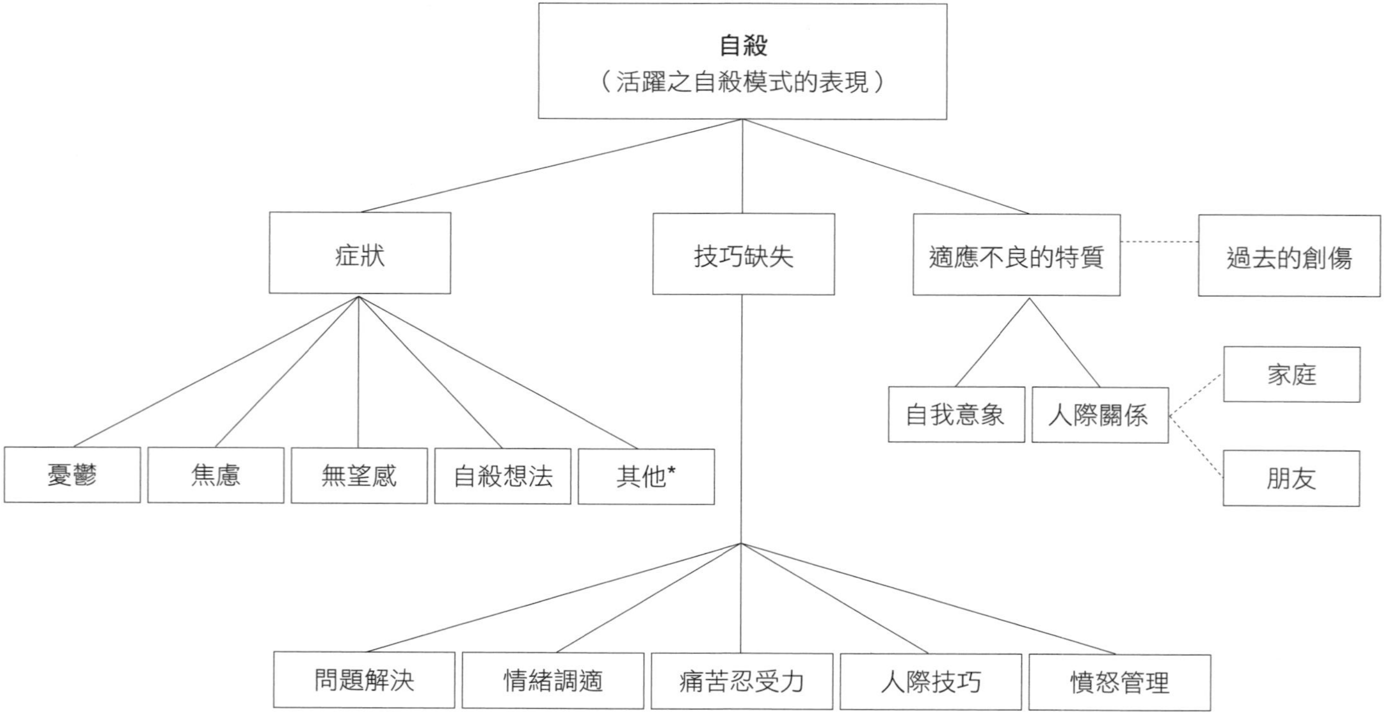

自殺
（活躍之自殺模式的表現）

- 症狀
  - 憂鬱
  - 焦慮
  - 無望感
  - 自殺想法
  - 其他*
- 技巧缺失
  - 問題解決
  - 情緒調適
  - 痛苦忍受力
  - 人際技巧
  - 憤怒管理
- 適應不良的特質 ┈ 過去的創傷
  - 自我意象
  - 人際關係 ┈ 家庭、朋友

圖 3.1　自殺失能之概念化：高階與低階因素

*包含：罪惡、恐慌、丟臉、生氣、不快樂、注意／專注力損傷、無助感、物質濫用、感到迫切與緊急，相關的行為問題如自殺嘗試，自殘行為、高風險行為。

是心理治療的精髓，組成**治療**的**內容**。與自殺模式的觀念一致的是，每一 48
個成分其實都是一個**活躍模式**下的明顯結果。

健康照護體系的出現強調短期與症狀導向的治療模式，過去十年所發展出來的自殺治療取向具有實證基礎，可以提供清楚及可量化的治療標的，因此，更容易被短期治療採用。短期與症狀導向的治療不見得就比較沒有效，如同前面所討論的，自殺模式的互動性與治療系統之間的相互依賴性，顯示表面的症狀問題乃是跟技巧缺失與潛在的人格問題有關。這些都是活躍中的自殺模式中的一部分，在治療過程中不管療程有多長，常常同時被注意到。如第一章所回顧，短期治療確實**可以**產生一些長期的影響。理想上，我們對於自殺的直接與間接指標有更精確的了解、治療及測量（見第四章對於直接與間接指標的詳細討論）。然而，如前所述，有些明顯嚴重的、複雜的以及慢性的自殺則需要更長期的照護。採用此處所提供的治療計畫架構的另一個好處是，更容易跟保險公司協商額外的治療。臨床工作者可以用更清楚與具體的詞彙，去討論**已經完成**與**尚未完成**的治療。他們可以提供一套完整的解釋，來說明治療為什麼需要更長的時間。也就是要去說明，病人眼前的問題是複雜而慢性的，加上嚴重且不斷的發作使得病情更形複雜。這個自殺模式在本質上是更為活躍、穩定並且容易觸發的。

由於我們乃是針對自殺而發展出這個取向，因此，治療內容是更容易被了解與量化的（見圖 3.1）。我們可以更清楚有力地討論我們在治療中實際上做些什麼、特別要針對什麼問題，以及預期何種改變會發生。我們可以清楚地說明我們處於治療歷程中的何處（即我們正在針對何種治療**成分**），也可以監控與測量隨著時間所產生的變化。如稍後將討論的，這樣
的概念化可以幫助我們辨識治療中的工作，對於照護機構中的自殺問題， 49
提供一個有組織的概念基礎以進行心理治療。

每個治療成分的目標概述

如前所述，以實證為基礎的取向整合三個**治療成分**：(1)症狀；(2)技巧

缺失；以及(3)不適應的人格特質。在自殺模式的理論引導之下，這三個成分形成了我們治療取向的基礎（見圖 3.4 的摘要）。換句話說，病人的症狀、技巧缺失及不適應的特質是自殺模式活躍下的可見結果，當自殺模式不被啟動之時，在催化模式下也是如此。通常我們的目標並不僅止於不讓自殺模式被啟動出來而已，乃是要幫助病人發展更適當的方法，以使未來的自殺傾向更難被激發或啟動，亦即要拉高病人日後想自殺的門檻。當病人不再有強烈的症狀、使用改善的技巧、對未來更樂觀、重整對於自殺信念的系統，並且有了良好的自我意象與運作良好的人際關係時，一個嶄新而且更適應的模式就被發展出來了。這個適應模式需要在面臨強烈壓力與危機之下，都可以容易地運作。雖然每個治療成分可以橫跨這個治療模式的多重系統，但是隨著每一個獨特治療焦點的不同，它們都有具體而且可辨識的目標。在後續詳細的討論中，每一個治療成分都會被相提並論，但是討論的時間與程度，則會隨著臨床情境的特殊性而有所不同。

症狀管理的目標

症狀管理的目標特別聚焦在強烈症狀，以及立即的日常功能運作上面。這些目標包括：

- 解決任何立即的危機。
- 降低自殺傾向，包括自殺意念與相關的行為的擴散。
- 對近期的未來以及治療歷程灌輸希望。
- 減輕全面性的症狀。

50 技巧建立的目標

技巧建立的目標會隨著技巧辨認、發展與精進而演變。這個工作主要是去辨認病人目前的功能水準、相關的技巧層次，以及缺損的領域。據此，將工作目標聚焦於以下內容：

- 辨認在下列領域中的技巧水準：問題解決、情緒調適、自我監控、痛苦忍受力（即衝動性）、人際肯定，以及憤怒管理。
- 改善病人的一般功能水準，回到病發前或是更好的水準。
- 幫助病人發展與修改缺損領域內的基本技巧。

人格發展的目標

人格發展的目標所要聚焦的範圍更加廣泛，因此也需要更長的時間。尤其是這個目標涉及三個領域：自我意象困擾、發展上的創傷，以及人際功能（包括家人與朋友）。這個成分針對更為持久的心理病理現象，對於處理慢性自殺也就變得很重要。這些目標包括：

- 改善病人全面的自我意象與自尊感（例如：長期的自我厭惡感、罪惡感、羞恥、怨恨、不夠格或無能感）。
- 幫助病人解決內在衝突、發展上的創傷，以及潛在的核心議題（例如：早期在性、情緒或生理的受虐經驗）。
- 幫助病人改善人際關係的品質與性質，包括家人與朋友（例如：增進親密感以及支持的可接近性與品質）。

治療計畫步驟概述

如圖 3.2 所示，治療計畫可以被濃縮成五個連續步驟，這些步驟簡單明瞭。步驟一是完成初始的晤談與蒐集相關病史，此過程可以完成初步的風險評估與診斷（見第四章與第五章的詳細討論）。步驟二是完成第二章所 52
描述的自殺模式概念化，這可能需要幾次的晤談。這個步驟有助臨床工作者完成步驟三：辨認治療成分與對應層次，而這些是由病人現狀的嚴重度、複雜性以及慢性化程度所決定的。下一節會介紹辨認與指定作業的方法。一旦每個治療成分的層次被辨認出來，隨後步驟四的治療目標與步驟就可

51

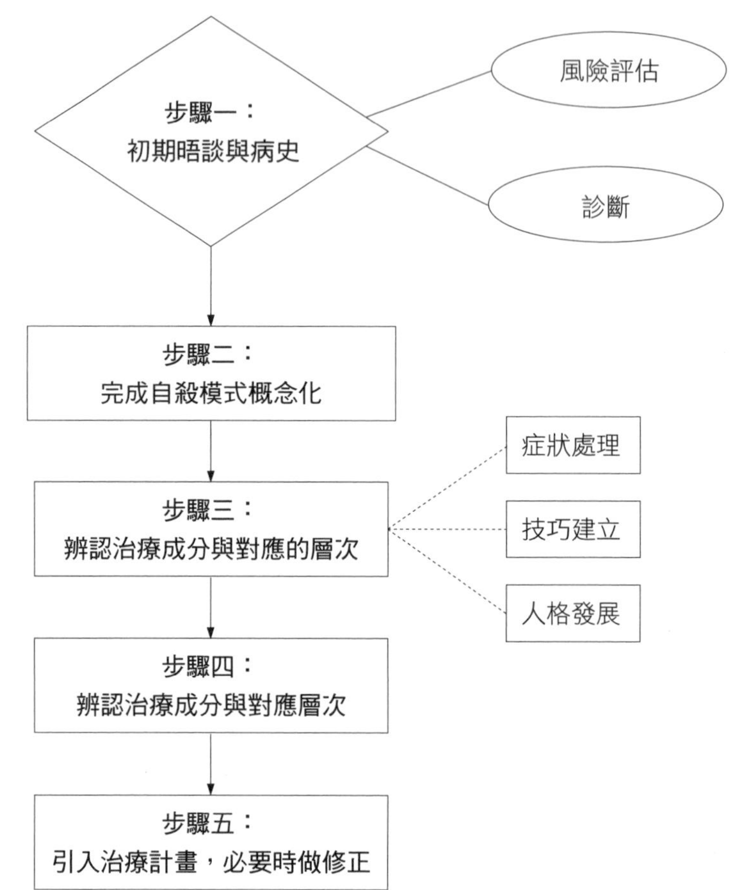

圖 3.2　治療計畫流程圖

52　以利用圖 3.4 來加以確認。最後是步驟五：治療計畫被引入，並且隨著病人在每個治療步驟內不同層次的進步而加以修正。

本章接下來的部分將討論如何辨認每個成分（步驟三）的不同層次，同時也會辨認與治療焦點有關的目標（步驟四）。之後的章節則會論及應用這些成分的具體臨床技巧。

了解治療歷程：治療成分與對應層次

圖 3.3 摘錄了治療過程，它提供了一套治療成分與對應層次矩陣，如該矩陣所列，治療過程包含三個成分：(1)症狀管理；(2)技巧建立；(3)人格發展。此外，每一個成分都有不同的對應層次，標示著特定目標領域中的治療進展。這些成分層次的變化，也代表著隨著時間產生的治療變化與個人成長。並不是所有的自殺危機都一樣。雖然 Slaikeu（1990）將危機（crisis）定義為「一種暫時煩惱與失序的狀態，主要原因是個體在一個特殊情境之下，無法再使用慣用的問題解決技巧」（p. 15），然而，自殺病人經常經歷的危機在性質與數量上會隨著時間而變化。所以不管是技巧的發展 53
或是持久的人格改變，在心理治療中它都不是一個單一或制式化的過程。病人在每一個成分當中，都可能而且將會處於不同的層次。

成分：

層次	症狀管理	技巧建立	人格發展	52
一	穩定	技巧習得	人格穩定	
二	自我管理	技巧精進	人格矯正	
三	應用	技巧類化	人格修飾	

圖 3.3　治療成分與其相對應層次的矩陣

53 定義各成分的層次

每一個成分的層次定義如下：

症狀管理成分

症狀管理層次一的特色主要是針對**外部**穩定性的需求，也就是說要直接介入屬於心理健康專業的部分（例如：電話、緊急晤談，以及住院）。層次二——症狀的自我管理：在這個層次中，由於病人技能的改善，因此不再需要立即的介入，雖然可能還是會情緒激動或不快樂。層次三——應用：它的特色是病人能夠有效地處理危機，並利用危機來達到個人的成長與改變（例如：認識並矯正個人特殊的人格特質或特殊的技能缺失）。

技巧建立成分

層次一——技巧習得：對一個新技巧進行早期的實驗。層次二——技巧精進：持續使用這個技巧並隨著特定且聚焦的情境加以修改，例如在一個特定情境之下與特定的人（如：伴侶或配偶）相處時的自我肯定。層次三——技巧類化：有計畫或沒計畫地持續使用一個特定技巧，並廣泛應用在不同的情境下（例如：在家庭、工作場合以及相關情境下的人際自我肯定）。

人格發展成分

層次一——人格穩定：初步的技巧習得可以提升個人每天的生活功能、除去極端的自殺傾向、自我傷害和自我毀滅行為。層次二——人格矯正：辨認與聚焦於特定的不適應特質（例如：被動攻擊、依賴、逃避）。層次

三——人格修飾：化危機為轉機與技巧類化，病人已經經歷了一些基本改
變，並且利用身邊的機會進一步精進，類化其習得的技巧，藉此提高每日 54
的生活功能水準。

在治療歷程中，這些**成分**與**層次**的辨認提供了治療工作與評估所必需的組織架構。也就是說，如果臨床工作者知道一個病人在每一個成分下所屬的層次，他將會知道治療的標的為何，以及晤談與晤談之間真正發生的事。以症狀管理成分的層次一為例，在這個層次中病人沒有辦法做自我管理。大部分治療的時間會花在危機與症狀的管理，而治療也將集中在發展病人個人的基本危機技巧，包括自我管理。這意味著病人也要練習如何能習得技巧（技巧建立成分，層次一），以及初步的人格穩定（人格發展成分，層次一）。每一個成分都要同時被論及。雖然有著治療的時間限制，其中某一個成分可能會比其他的成分耗掉更多的時間與精神，完全由特定的臨床情境來決定。在之前所提供的例子中，主要的焦點是在於危機的穩定，第二焦點是集中在技巧的習得，第三在於人格的穩定。例如，下面的晤談順序是針對一位輕度而且急性發作的自殺病人所設計的晤談：

- **第一次晤談**：病人在與他的太太激烈爭吵之後，陷入緊急的危機。他不快樂、焦慮，並且表現一些特定的自殺想法。幾乎整個晤談都將集中在治療這個危機成分，晤談的重心用在降低病人外顯的焦慮以及分散危機。然而，就某種程度而言，必須強調技巧的建立（例如：可以透過活動安排像運動、放鬆訓練、聽音樂或針對婚姻不合進行問題解決以加強痛苦忍受力）。技巧的建立也會伴隨著人格的發展，也就是說藉由初步的技巧習得，來改善每天的日常生活功能。
- **第二次晤談（隔週）**：病人不再是急性的煩躁不安，一些特定的自殺想法已經減少，但還是有一些非特定的鑽牛角尖，合併憂鬱與焦慮症狀。雖然症狀的管理一直都是重要的，但是這次晤談的焦點將會轉移到技巧的建立，以及小部分的人格發展。

透過治療成分與層次矩陣的使用，臨床工作者能夠用非常具體的語彙
來描述病人正處於治療過程中的哪一個階段、他們正在進行治療目標的哪 55

些工作（橫跨不同成分），以及擺在前面的是什麼目標。這種取向就好像用分數來區分不同閱讀能力一樣。例如，閱讀中的第八級，很清楚地告訴我們這個孩子如果以他的年齡跟教育程度來講，有沒有達到被期待的表現，如果沒有的話，就是有明顯的缺失。學生會在每一個學業課程中取得相關的分數，不管是數學、閱讀或拼字。同樣的，病人也會在這三個成分當中獲得不同的層次，包括症狀管理、技巧建立以及人格發展。

此外，治療成分與層次矩陣提供一種溝通管道，可以將訊息傳遞給其他的治療者以及保險單位。假如我們描述一個病人在症狀管理的成分進入層次三（應用），在技巧建立的成分進入層次二，在人格發展的成分進入層次二，那麼我們就知道他：

1. 完成了症狀的舒緩與解決（例如：不再有嚴重的憂鬱、焦慮、生氣、無望或明顯的想自殺）。此外，我們也透露了，就是如果有另一個自殺危機浮現，病人能夠有效地處理這個危機，而不需要任何其他正式的介入。
2. 在一些特定的情境下，病人能夠習得以及應用一些新的技巧（例如：問題解決、情緒調適、提升痛苦忍受力、更好的人際技巧、更有效的憤怒管理等等）。
3. 修正一些持久而不適應的人格特質（例如：被動攻擊）。增進他整體的自我意象、對未來更具希望，而且有可能解決一些使得人際關係複雜化的早期發展上的衝突。
4. 在一些被辨認出來的自殺信念系統中，進行基本的改變（也就是第九章所提的認知重建的觀念），這些改變會帶來自殺模式中較為持久的改變。

症狀管理成分

雖然有些學者討論了危機在治療自殺病人中的角色（如 Layden et al.,

1993; Linehan, 1993），但是他們並未提供一個有組織的架構，來針對病人經歷危機過程中改變的概念化與監控。不是所有的危機都一樣，它們的特徵以及改變過程可以幫助我們以更精確的方式衡量不同情節下的治療進展。如圖 3.3 與 3.4 所詳述，症狀管理成分辨認出來的不同層次包括：**症狀穩** 57
定、**症狀自我管理**與**症狀應用**。疏於指認或監控這種性質上的變化，將會導致對於一些很關鍵但是卻很微妙之訊息的流失。缺少了這個認識，重要的治療歷程指標將會被反覆的自殺意圖以及治療中常見的相關危機所蒙蔽，尤其是那些經歷到慢性自殺的病人。

症狀穩定，主要是來自心理健康專業對於直接介入的需求，我們在第七章將會討論到，治療者的策略會包括建立一套症狀的階層，來辨認並且標定最嚴重的症狀，以形成一個危機反應計畫，這個計畫將會涉及所需技巧的引入。**症狀自我管理**指的是病人本身技巧層次的改善，因此他不再需 58
要任何的直接介入，病人可以有效地自行處理他的危機。最後的層次，**症狀應用**指的是不只能夠有效地處理危機，並且更進一步地化危機為個人成長與改變的轉機。這個觀念與**技巧類化**和**人格矯正**概念類似（見隨後對其他成分的討論）。例如，症狀應用涉及的不只是有效地調適情緒的困擾（像強烈焦慮或生氣），並且能夠把這種技巧從一個壓力源或情境類化到另外一個（例如：從解決跟家人重複的以及可預期的人際衝突，轉向工作中的關係問題）。這些類化也將與伴隨而來的人格重整，而產生改變。與第四版的《心理疾病診斷與統計手冊》（DSM-IV; American Psychiatric Association, 1994, p. 629）一致，其指出人格缺陷的特點是缺少彈性、僵化以及問題適應不良。這些造成了人際與職業上的失能，因此在危機脈絡下的改變，也將伴隨著產生人格結構與組織上可見的變化，雖然這個變化可能很微小。

在成分與層次中循環

在治療歷程中，病人會在一個成分的不同層次當中循環多次。我們常見，病人在建立技巧、提升以及修正他們的自我意象與自信的時候，會用

56

成分	症狀管理	技巧建立	人格發展
議程：	危機介入與症狀管理	技巧	特質
目標：	1. 解決即時危機 2. 減緩自殺傾向 3. 灌輸希望 4. 減少症狀	1. 辨認目前需要聚焦範圍的技巧層次 2. 提升功能運作的層次，回到病前或更好的狀態 3. 發展或精進上述的基礎技巧	1. 改善自我意象 2. 解決內在的衝突、發展的創傷、底層的核心問題 3. 提升人際關係（包含家人）
治療重點：	危機和症狀的管理	技巧發展	人格發展
層次：	一、穩定 二、自我管理 三、應用	一、技巧習得 二、技巧精進 三、技巧類化	一、穩定 二、矯正 三、修飾
焦點：	舒緩症狀和解決危機： 1. 沮喪 2. 焦慮 3. 其他可辨認的症狀（即生氣、罪疚、慌張、不快樂、失眠、注意專注力損傷） 4. 無望感 5. 無助感 6. 自殺意念 7. 自殺行為 8. 物質濫用 9. 急迫感 10. 不良的痛苦忍受力、衝動	技巧發展： 1. 問題解決： a.去除極端反應和逃避 b.發展有架構和方法的途徑 c.技巧習得、強化、類化 2. 情緒調適： a.學習辨認和了解感覺 b.學習有建設性的表達 c.學習調適心情 3. 自我監控 a.警覺（標籤感覺） b.理解（經驗正常化）	自我意象與人際功能運作：認知重建 1. 信念系統的無望性質 2. 辨認與探索價值和功效問題 a.有缺陷的、不夠格的、無能的 b.不被喜愛的 c.無助 3. 辨認與探索發展時的創傷 a.虐待 b.忽視 c.遺棄 4. 辨認與探索家人與人際系統中的衝突 a.依附

圖 3.4　治療計畫矩陣

成分	症狀管理	技巧建立	人格發展
焦點：	舒緩症狀和解決危機：	技巧發展： c.反應（更有效的調適） 4. 痛苦忍受力（即衝動） a.提高反應的門檻 b.降低反應程度（嚴重度） c.縮短復原時間 5. 人際技巧 a.肯定感：消極程度、逃避、順從 b.專注力 c.應答力 6. 憤怒管理 a.辨認早期的徵兆 b.適當的、有建設性的表達 c.同理、接受、原諒	自我意象與人際功能運作：認知重建 b.牽絆 c.脫離，分離
介入：	危機反應計畫、治療日誌、風險評估、STR、藥理治療	個人、團體心理治療，技巧訓練	個人、團體和（或）家庭治療
治療者的角色：	積極／給予指示的	協作	反思／支持
歷程任務：	投入	依附	分離
歷程指標：	過去導向	現在導向	未來導向

圖 3.4　治療計畫矩陣（續）

58 不同的方法來探討與解決類似的問題。事實上，對很多自殺病人而言，他們在整個治療歷程中，會經歷多次的自殺危機。也因此會在不同成分的不同層次中循環多次。理想上，每一個後續的危機處理，應該都會變得更有效率與更有效能。

圖 3.5 提供一個假想的案例。病人在一個維持十週的治療計畫中，在三個成分的不同層次中循環。如該圖所示，一開始的觸發事件（促使他進入治療的觸發因子）是**跟太太爭吵**，太太威脅要離婚。這個事件觸發了自殺模式，病人變得明顯的不快樂、焦慮、憂鬱以及明顯的想要自殺（症狀管理成分，層次一）。他的問題又由於明顯的技巧缺失而變得複雜，因此導致他全面的逃避、缺乏自信、退縮並且依賴酒精來調整他的心情（技巧建立成分，層次一）。病人輕看自己，認為他是**沒有價值**、**無能**、**做不到的**（人格發展成分，層次一）。起初的治療介入非常密集，最後終於有效地
60 終止自殺模式，並且將病人的功能恢復到一個基礎線，讓他能夠回去工作，應付每天的需求。

在第十週的時候，病人又跟太太爭吵，再次啟動自殺模式。然而，由於治療的進展，病人能夠自行處理這個危機，只經歷到一閃而過的不快樂，更能夠有效地調節自身感覺，而不需要依靠酒精（症狀管理成分，層次二）。為了達到這一點，他使用了一些最近習得的技巧，更能夠肯定不再退縮，積極而努力去處理長期的婚姻問題（技巧建立成分，層次二）。自殺的危機相對的變短，也不再那麼激烈，他跟妻子也同時開始接受婚姻治療。在此過程之下，病人體會到一種新的自信與能力感，這是在危機解決之後產生的感覺（人格發展成分，層次二）。如同此案例所示，病人雖然經歷同樣的危機，但是隨著治療的進展、技巧的發展以及人格的改變，病人會產生不同的經歷。

藥物治療的角色

如同本書前面所述，在治療自殺病人的過程中，明顯的共病與複雜的

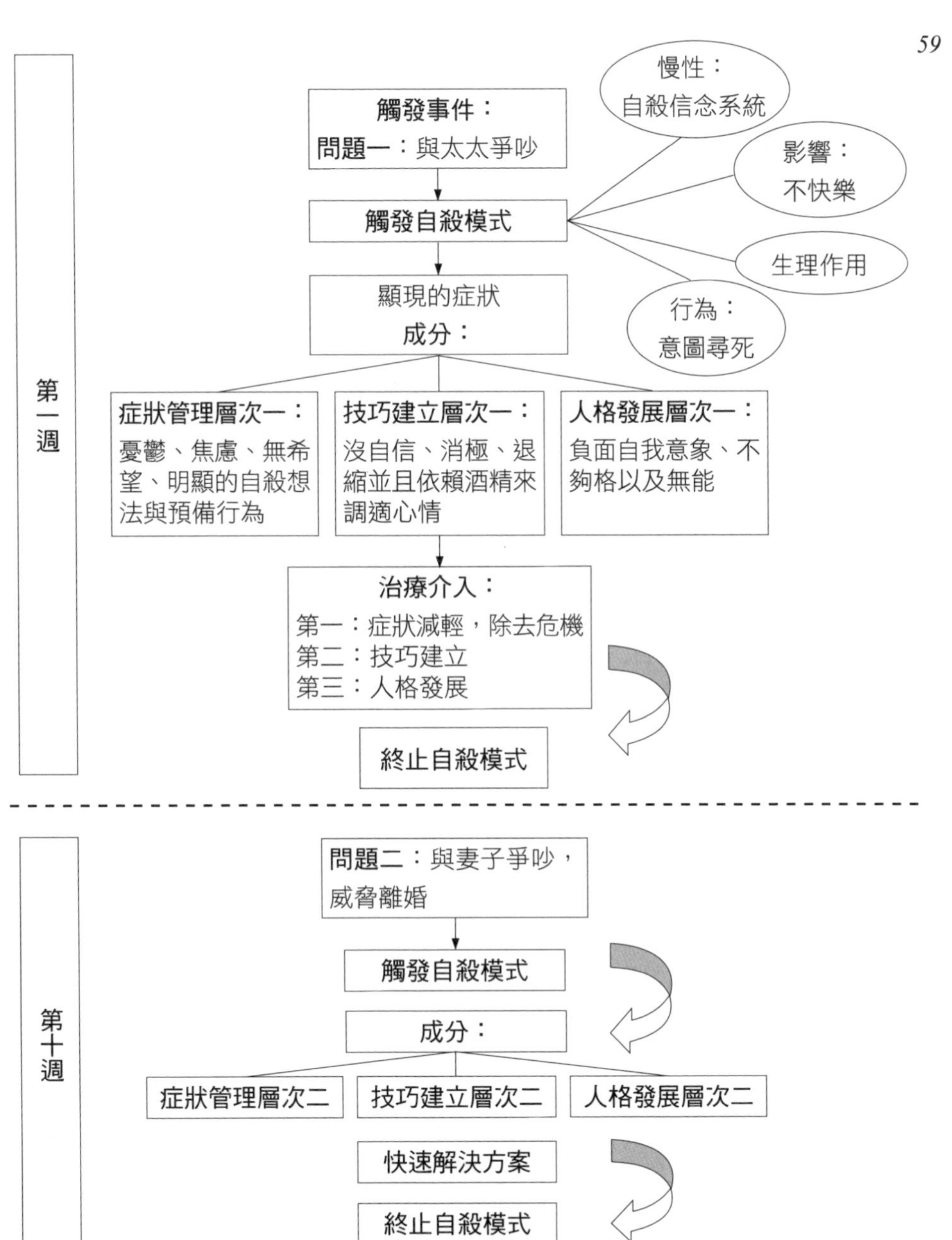

圖 3.5　於不同成分與層次間循環之示意圖

60 診斷是很常見的。嚴重的症狀，是伴隨自殺的自然現象。請記得我們是在病人最糟糕與在自殺的危機當中看到他們的，因此，自殺介入的主要目標之一就是症狀的消除。心理藥物的使用常是必要且建議使用的。除了診斷的議題之外，另外兩個重要的指標是：日常功能損壞的程度以及病人的願望。當病人不再能應付每天的生活要求，此時藥物的使用可以確保他們的穩定性，對於他們繼續門診治療，以及持續的進行心理治療是很根本的。使用主觀的評量來評估風險與症狀的嚴重度是有益的，它們可以提供一種簡單的指標，讓我們評估病人的功能隨著時間改變以及最終的進展。這種閾值的建立也可以作為醫療諮詢需求的指標，這些數值可以來跟病人討論，並且我們可以辨認具體的行為、表現，同時在治療過程中進行簡單的監控。

從我們的紀錄中發現，我們的病人有 40%至 60%曾經（或者是正在）使用藥物。往往藥物治療對於復原是很重要的，但是在某些情況下卻非如此。尋求藥物諮詢最好是由提供者與病人依不同的狀況來做臨床決定，而
61 且通常我們也會考慮病人困擾的慢性化、症狀的嚴重性，以及診斷的複雜性。如果藥物是治療的一個成分，那麼與開藥的精神科醫師或其他醫師維持合作關係是很重要的。在大多數情況下，階段性的諮詢對於有效的處理和治療是非常關鍵的。

技巧建立成分

技巧建立成分所要指出的層次跟其他的概念化是一樣的。在所有特定技巧領域中，自我監控、痛苦忍受力及情緒調適被認為是所有自殺病人中的關鍵因素。這也代表著，不管病人的臨床表現如何，這些都是**核心的介入**目標。對於那些有多次自殺嘗試，並且表現長期自殺行為的人而言，尤其會表現出這些特徵（如 Linehan, 1993; Rudd, Joiner, & Rajab, 1996）。他們經常缺少情緒覺察（即缺乏自我監控），當情緒不好時往往很難恢復（即缺少情緒調適），不快樂時也常顯得衝動（即不良的痛苦忍受力）。與辯證行為治療的目標一致的是，很多治療強調提升病人對於情緒不好的閾值、

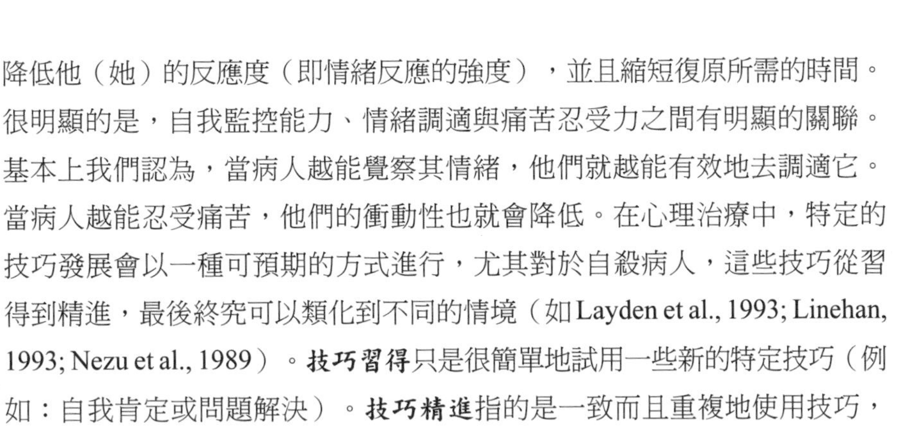

降低他（她）的反應度（即情緒反應的強度），並且縮短復原所需的時間。很明顯的是，自我監控能力、情緒調適與痛苦忍受力之間有明顯的關聯。基本上我們認為，當病人越能覺察其情緒，他們就越能有效地去調適它。當病人越能忍受痛苦，他們的衝動性也就會降低。在心理治療中，特定的技巧發展會以一種可預期的方式進行，尤其對於自殺病人，這些技巧從習得到精進，最後終究可以類化到不同的情境（如 Layden et al., 1993; Linehan, 1993; Nezu et al., 1989）。**技巧習得**只是很簡單地試用一些新的特定技巧（例如：自我肯定或問題解決）。**技巧精進**指的是一致而且重複地使用技巧，並且隨著特殊的具體情境而加以修正（例如：特定個案在特殊情況，像是面對老闆時的自我肯定）。最後，**技巧類化**指的是一致地使用一個技巧（即計畫與未計畫的），並且將之應用在一連串較廣泛的情境中（例如：在家庭、工作以及休閒活動中的人際肯定）。技巧類化是用來肯定這個技巧已經被適當地發展、證實為有用，而且更重要的是，當需要的時候都可以使用並且派得上用場。

技巧建立中一個很關鍵的部分是一致而且有方法的取向，不管所聚焦的是哪一種技巧。一致的取向不只能夠幫助病人有動機，同時也能夠在過
程中催化技巧習得、精進並且繼而類化在不同的情境。以下步驟可茲參考： 62

1. 辨認病人的特殊技巧缺失，並且持續記錄，亦即用日記或其他形式的每日記錄做自我監控。
2. 將這個缺失放入環境脈絡中，包括發展上的考慮以及與目前功能有關的部分（亦即，幫助病人認識並且了解這個缺失的起源，以及在日常生活中的含意）。
3. 辨認與探索這個問題或缺失（即慢性化）隨著時間反覆出現的本質，幫助病人認識到這種技巧的缺失也許是以某一種規律性存在。尤其重要的是，幫助病人了解這種缺失是大部分時候都存在的，並不只是在緊急的危機時刻才出現。
4. 辨認與探討這些缺失的壞處（例如：情緒上、人際上、財務上與自我意象上），以催化病人想要改變的動機。這點可以藉由日記的使

用簡單地來達成。

5. 混合使用間接（例如：教育與資訊）以及直接（例如：角色扮演與行為演練）的技巧來矯正這個缺失。

人格發展成分

人格的議題整合了自我意象、人際功能以及發展上的創傷（見圖 3.4）。如第二章所詳述，病人的信念系統最主要的特徵是無望感，這個變項已經很一致地與自殺連結，不管是自殺意念或是完成自殺（見 Weishaar, 1996）。人格特質的焦點，大部分圍繞著自我意象困擾（即視自己為有缺陷的、不夠格的、無助的以及不被喜愛的）、發展創傷與受虐。人際上的失能伴隨著依附關係、過度融合以及分離經驗，這些都圍繞著無望感的主題（如 Freeman & Reinecke, 1993; Layden et al., 1993; Linehan, 1993）。因此，人格失能的取向包含非常廣泛的治療取向與技巧，其共同特徵是需要一段長時期的接觸，以及強而有力的治療關係。

人格發展成分所辨認的層次與其他人格改變的概念化層次是一致的，但是在性質上更加獨特（如 Beck, Freeman, & Associates, 1990）。**人格穩定**的重點在於**初始**的技巧習得，這個做法使得病人每日的功能增進，並且消
63 除極端的自殺、自傷以及自我毀滅的行為，這些也會帶來明顯的症狀緩解。人格矯正的特色是在辨認特殊的不適應特質（例如：被動攻擊、逃避與依賴性），並嘗試去修飾特定技巧且投入危機時的自我管理。最後，**人格修飾**隨著利用危機以及類化技巧一起完成。換句話說，病人開始經歷一些根本與持久的改變，開始獲得某些特定的技巧並且成功地應用。他（她）開始利用每一個可能的機會，來進一步精進以及類化這些技巧。結果症狀變少、變輕，日常生活功能也改善了（即包括社交與職業），理想上，這時需要臨床工作者**積極**支持的部分變少了。

不同成分中的特定治療焦點，經常會同時被討論，雖然那些主要成分之外的目標往往需要的時間比較少（見圖 3.4）。譬如在症狀管理成分中，

並不是只有急性症狀、自殺與無望感才是介入的焦點，成功的解決這些問題，也會協助技巧的建立，以及自我意象和人格的發展。

治療者角色的變化

每一個成分都需要治療者在角色取向上作變化，治療者的角色可以從指導式的、合作的到反映的（reflective），扮演不同的角色。被辨認的治療成分在性質上也有層級之分，也就是在治療晤談中針對某一個特定的議程（即焦點）所花的時間。尤其是在症狀管理成分中，大量的時間被用在危機介入的工作，這些都要視病人的日常生活壓力症狀的嚴重性，以及個人的技巧層次來決定。很自然的，臨床工作者的角色取向在一開始的時候是較為指導性的，尤其是在處理危機介入之時。

當病人建立了恰當的技巧資源，危機更能有效而且快速地解決。此時，急性症狀不再是關注的焦點。處理特殊技巧缺失的時間顯著地減少，而花更多時間在更持久的議題，像是自我意象、人際功能以及相關的發展創傷等，因此就要利用合作取向來進行。當個人的技巧層次有進一步的發展，治療中大多數的時間投注在過去所發現的長期問題，較少花時間在技巧的精進，症狀管理與危機介入的時間也就相形更少了。此時治療者的角色取向自然轉移，而採用一種反映跟支持的立場，但是彼此積極的合作仍然是持續的。

一個緊急自殺的臨床案例：E 先生 *64*

本書所提供的組織架構很容易應用在所有自殺問題中，包括最嚴重的慢性個案到只有一次自殺嘗試的個案。在這些案例中，主要的目標就是簡單地辨認出正確的成分與層次，然後再依此集中治療。

個案背景

個案是一位二十三歲的單身男子，因為涉及公共安全與酒醉鬧事的罪名被捕，然後被送來做評估。明顯的他是與女友爭吵之後，威脅要自殺而被送來就醫。他表明目前沒有自殺的想法，宣稱在關係破裂後，這個想法只持續幾天。據 E 先生的描述，這些想法也並沒有具體細節，他說：「我從來沒有想到要怎麼做。」他表明沒有自殺意圖、沒有實際的嘗試，也沒有任何預備行為。過去不曾有過自殺的危機，也不曾求助於心理衛生照護。個案沒有明顯的症狀，只有「為期幾天」輕微的沮喪和憂慮，並且伴隨著適應障礙和混雜的情緒。他注意到過去一個月自己有過度飲酒的問題，被逮捕時是酒醉的，但是之後就不曾再喝酒，並補充說明他一輩子只醉過三次。病人說明他已經是大學最後一年，成績很優秀，在這個關係突然中止時，其實正計畫要結婚。他說他非常依賴女友的支持，而且這是他的感情經驗中，第一次認真地談戀愛。他也注意到大部分的時候，自己都很優柔寡斷，很難做決定，偶爾有憤怒控制的困難，會大叫而且威脅別人。在女友外的社交關係，只有少數的朋友跟社交活動，但是在這些少數的關係中，他形容自己對他們也都有強烈的依附。

初始治療計畫

症狀管理成分，層次二（自我管理）

這位病人不再積極地想自殺，也不是在一個危急的狀態，沒有自殺嘗試，但是有一些一般性的自殺想法與威脅。他的症狀在沒有正式的心理健康介入之前就自動解決了，目前功能良好，並且對於現階段所有進行中的
65 治療都充滿希望。目前，他有辦法處理日常的活動，並且沒有症狀。這一點與他所說的，在目前的關係之前，他並沒有明顯的問題的說法是一致的。對這位病人的治療來說，在症狀解決之後，將集中在特定技巧的建立與人

格的發展。

技巧建立成分，層次一（習得）

這位病人只擁有一些有限的技巧，因此需要技巧訓練。尤其要集中在改善自我監控（即自我覺察）、情緒調適、痛苦忍受力，與憤怒管理。由於他的自殺危機具有衝動的性質，因此問題解決自然會被整合進來，但是將放在前述技巧之後。這個自殺危機指出病人主要的問題是一個長時間的技巧缺失，這方面的表現比較隱微，並且不容易看出來，但是隨著治療的進展，就會變得更加明顯。

人格發展成分，層次二（矯正）

這位病人目前沒有處在任何緊急危機之中，而且這是他第一次接受心理健康評估。在問題發生之前，他顯然適應得不錯（例如：大學成績、沒有先前的問題）。然而，他確實呈現一些不適應的人格特質，可以成為後續治療的重點。能夠整合進入治療的人格成分包括：(1)不良的自我意象；(2)缺少信心；以及(3)關係中的過度依賴。

E先生呈現的症狀圖像，說明了自然恢復而且不需要急性介入，也不需要特定症狀管理的一種情況。基本上，他的自殺危機是由於技巧有限造成的（即自我監控、情緒調適、痛苦忍受力與憤怒管理）以及相關的人格失能（即明顯的依賴）。對此個案而言，聚焦的介入會帶來長期的改變。

E先生的案例，可以很簡單地用治療計畫矩陣來做摘要。每個治療的成分都可以從獨特的治療目標與焦點去了解。這個治療計畫矩陣對於摘要治療歷程與治療成分提供優良的工具；辨認相對應的目標與焦點，將治療歷程轉達給病人、臨床工作的同事以及保險從業人員，以監控治療的進展與個人改變的過程。

66 監控治療歷程

基本上，治療歷程（即在每一個治療成分的不同層次間移動）能夠被治療的內容（即治療議程與相關的評估和治療焦點或任務）正確地測量與監控，而不是持續的期間。與這個概念與組織架構有關的重點是，一個成功處理自殺行為的個體，會在相同的成分層次中轉換（治療歷程），不管他（她）的治療期間是如何。他（她）將會論及相同的治療議題與特殊的焦點領域，只不過是在一個不同的時間架構，或是不同的行動機制之下（如採用特殊的心理治療模式）。病人處於治療歷程的哪一個階段，可以簡單地轉換成下一個問題：在晤談中，你大部分的時間被用來討論與聚焦在哪些事情上面？

這個組織架構提供我們清晰的方法，說明病人在治療歷程中所在的位置。每一個病人都可以藉由描述治療成分與對應層次，來為治療歷程定位。藉此可以發展出清晰的治療議程、決定聚焦於何種症狀、發展哪些特殊技巧，以及探索哪些持久的人格特質。

圖 3.6 提供一個監控治療成分與層次的工作單。我們建議在治療歷程的不同階段能完成此工作單，尤其是進行定期的計畫回顧（例如：當保險公司要求）、轉介到他處，或是在治療完成跟結束時。尤其重要的是，如果結案不在預料之中，例如，病人突然終止治療（即主動退出），此時記錄病人到目前為止的進步與功能層次，在他離開治療時是很重要的。完成治療成分與層次的工作單，也能及時將病人的功能水準清楚與明確地做成摘要，提供給任何一個相關人員。臨床工作者需要做的只是圈選每一個治療成分的層次，有些地方可以做一些臨床記錄，如圖所示。此圖提供一個相當清晰的方法來描述目前的功能水準、心理病理的嚴重度，以及整合式的相關治療目標。

治療時點（圈選一項）： 初次晤談 67

定期回顧，晤談次數________

過渡或轉介

有計畫的治療終止

無計畫的治療終止（例如：突然停止）

症狀管理成分（圈選一項）： 層次一：症狀穩定

層次二：症狀自我管理

層次三：症狀應用

目前的焦點：

技巧建立成分（圈選一項）： 層次一：技巧習得

層次二：技巧精進

層次三：技巧類化

目前的焦點：

人格發展（圈選一項）： 層次一：人格穩定

層次二：人格矯正

層次三：人格修飾

目前的焦點：

附註：

圖 3.6 治療成分與層次工作單

66 歷程任務與指標

如同圖 3.4 與圖 3.7 所詳述，臨床工作者跟病人在每一個單獨的晤談，
以及在整個治療歷程中，都會經歷投入、依附與分離的過程。臨床工作者
68 可以藉由關注這些晤談的**內容指標**，來監控這樣的過程。尤其是在治療中
的症狀管理成分，當病人在敘說最近或是過去情緒痛苦的事件，大部分的
晤談內容集中於過去，顯露過去所經歷的問題（大部分的時間在描述關係
的結束、失去工作、財務問題等等）。但是在治療的技巧建立部分，焦點
就轉移到目前的功能，強調一些具體可見的技巧缺失。雖然發展性的議題
也會被談論，但是大部分的時間都在發展當前的技巧。相同的，在治療人
格發展部分，焦點就轉移到未來的目標，整合了發展創傷與以往的人際衝
突。理想上，病人對於他的發展問題與相關的能力缺失應該已經有了自我
覺察與了解，但是治療的焦點很有可能還是圍繞著**未來**可以增進自我意象
與人際功能的一些活動，而不強調舊有的問題。

69 每一個治療過程中的案例，幾乎都會經歷投入、依附與分離的過程。治療的真實內容可讓我們來監控此過程，舉例來說，治療的早期，病人會討論過去的議題（例如：過去一週的功能與家庭作業），然後會轉移到目前的功能跟相關的問題，最後會對未來幾天、幾週或幾個月建立一些工作項目。基本上，每一次晤談也會仿效一套關係中恰當的依附與分離的技巧（即獨立的功能），這是本文提出組織架構的主要優點之一，它可以增進我們辨認並且監控這些微妙技巧與過程指標的能力，而這些能力有可能在心理治療的環境中失落了。這樣的技巧事實上對於治療的成功，以及治療結果中重要的間接指標是非常**關鍵的**。以下的臨床案例說明這個歷程。

D小姐的案例（之後將會再詳細討論）提供一個治療歷程變項的良好例子。在初次見面後，D小姐非常詳細地描述**過去**的關係與**過去**的失敗。

68

階段二

歷程指標：現在取向

歷程任務：依附

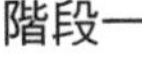

階段一

歷程指標：過去取向

歷程任務：投入

階段三

歷程指標：未來取向

歷程任務：分離

圖 3.7　治療歷程：階段與特徵

治療師：請告訴我妳**目前的**感情狀態。 69

D 小姐：我從來沒有跟男人有過好的關係，沒有一段關係是成功的，這些都是失敗的經驗〔過去取向〕。第一任在一年後就結束，第二任維持五年。你知道最後一個發生什麼事嗎？然後你看這最後一個又是如何呢？在關係中，我永遠是一個失敗者，永遠都是。假如我的人生都靠它的話我將會一事無成。

然而在催化初始的**投入**過程後，D小姐更開放而且願意討論她目前的功能水準，並且很清楚地可以轉移到**依附**階段（即為這個初始治療）。她非常詳盡地描述目前的症狀，包括自殺的想法跟行為、憂鬱的症狀以及目前的飲酒模式。經過一個完整的評估與衡鑑，D小姐以討論她眼前的計畫，以及積極參與治療來做結束，此點與**分離**階段一致（未來取向）。

治療師：讓我們討論而且檢視一下妳未來幾週的計畫。

D 小姐：好，我跟你約下禮拜見，明天我也會看精神科醫師拿藥，然後我想未來幾個月我會每週來一次〔未來取向〕。我們不是要先討論我對於壞情緒的忍受度嗎，像是當我想要割傷自己的時候？我覺得這樣做很好，也許會有效〔充滿希望的未來取向〕。

70 治療關係中的挑釁與抗拒：一個清晰的組織架構如何發揮作用

這個概念與組織架構可以讓治療者很具體地聚焦在治療歷程中所呈現的關係技巧。如同 Rudd 等人（1995）以及 Rudd 與 Joiner（1998a）所討論的，處理自殺治療過程中的負面反應（包括挑釁與抗拒）是一個嚴肅的問題，需要一個充滿感情以及對移情—反移情問題敏感的取向。把這些有點抽象的觀念架構起來，歸到關係**技巧**之下，對於治療有很多好處，病人將可以透過一種有意義與可理解的方式，在一開始的時候就討論這些問題。

1. 它將問題做某種程度的外化，將它稱之為一種技巧，而不是個人某方面的缺失。
2. 它可以在概念上被簡單地捕捉與討論，並且被轉移成一個具體的工作。
3. 它提供一套方法來監控並測量隨著時間所產生的所有進步。第九章對治療關係有更為詳細的討論。

測量改變：我們如何測量與監控治療中的改變

在自殺行為治療中測量改變取決於一些因素。首先，有一套標準來區分自殺、自我傷害與自我毀滅的不同是重要的。如果沒有這樣的標準，治

療的進展很難加以測量與監控。第二，區分間接與直接的治療指標是很重要的。第三，在自殺過程中，急性與慢性的變項也應加以區分。如果這些因素有被論及，則可建立與維持一套簡易而有用的架構，以監控自殺病人的進步情形。

至於標準做法，我們推薦 O'Carroll 等人（1996）的建議，以及本書第一章的內容可以廣泛地採用。毫無疑問的，它是臨床自殺學中最好的建議。它很清晰地區辨自殺嘗試與工具性自殺行為，這些對於明確的風險評估與有效的治療都很關鍵。自殺的間接與直接指標這個概念，很意外的，在療效研究中尚未被清楚地論述。區辨這兩者很重要，假設直接的自殺指標改善時，急性的危機會減弱；而間接的自殺指標則可能持續多年。 *71*

直接指標相當明確，包括自殺意念（頻率、強度、持續性與特殊性）與自殺行為（嘗試以及工具性行為）。間接指標則包括症狀變項（例如：無望感、憂鬱、焦慮、衝動與憤怒）、個人特徵（例如：歸因風格、認知僵化與問題解決能力），以及人格特質（亦即，與 DSM-IV 一致）。自殺的直接與間接指標可以由幾個方法來監控與評估，最重要的是在治療過程中，利用手邊的心理測量工具來平衡與整合主觀與客觀的測量。對於自殺的直接與間接指標加以區分，可以讓臨床工作者區分自殺過程中的急性與慢性變項。與此概念與組織架構一致的是，清楚地描述慢性變項，有助於建立治療歷程與結果中的合理預期，並且催化更正確的風險評估，帶出一個合理的照護標準。

中途退出與不合作的處理

自殺治療中途退出是相當常見的現象，研究中的退出比例大概在 30% 以上（如 Rudd, Joiner, & Rajab, 1995）。由於某種程度上，自殺是一種進退兩難的矛盾心理，因此這個現象也就不足為奇。決定生或決定死，在治療過程中進退維谷。我們的研究中發現，那些中途退出的人並不是因為他們已恢復並感到症狀的緩解，而是由於顯著的人格問題，使得在治療中親密關係的建立，由於諸多因素而難以達成。

如果在治療早期有適當的告知同意程序，那麼中途退出的機率就會降低。盡量具體並仔細地回答病人有關**治療承諾**的問題，同時也能夠幫助他們解決存在與否的兩難問題。第七章所描述的過程，提供病人一個架構以確定他是否對於治療歷程有明確且適度的了解與合理的預期。如果配合度變成一個問題，那麼它就應被列為首要的議程，直到有效解決為止；否則這個問題將會誤導治療，無形中創造一個衝突的環境，使得病人的自殺問題更加惡化。第九章對於抗拒與不配合提供了詳細的討論，可以在治療關係中教導。

72 當病人突然終止治療，或從治療中退出的時候，應該進行某種程度的追蹤。我們有很多成功的經驗發現只要透過電話或信件（有時是兩者），跟病人討論他們終止的原因，以及他們未來的計畫，就可以成功地把病人帶回治療當中（或至少在別的地方進行治療）。有時候，病人會提到經濟困難或時間的限制，但是大部分時候，突然的退出是治療關係中連帶產生的次要問題。我們建議對於那些在治療中已處理過一、兩次的病人，給他們一通電話，如果臨床工作者無法接觸到病人，最好給他一封簡單的追蹤信（見圖 3.8）。

不管情況如何，病人的臨床紀錄最好記錄彼此關係的結束是有經過討論，或者臨床工作者也曾企圖聯絡病人進行這樣的討論。如果病人不願意

親愛的＿＿＿＿＿：

自從上次會談後已經數週了。由於我未能聯絡到你（或用電話沒有成功地聯絡到你），我只是很想知道你的近況好不好，如果你願意，可以撥下面這個電話 xxxx-xxxx 給我來討論你的未來治療計畫。如果你有任何問題、在意的事情或你只是需要任何形式的轉介，請讓我知道，我們可以一起來處理。再一次的，我希望你一切安好，並期待和你取得聯繫。

真摯的＿＿＿＿＿＿＿

圖 3.8　追蹤信函

持續進行治療，則最好提供其他的選擇（即轉介至社區內的其他支援）。臨床工作者也要牢記將提早退出或轉介至其他醫療提供者的情況，留下文件紀錄。此外，如果病人突然終止治療，臨床工作者必須留下他曾經聯繫病人的證明文件（不論是電話或信件）來協調後續的照護。寄出的信件也應該留一份影本在紀錄中。

確保治療的遵從性

雖然治療的確實遵從是我們所關心的，但是本書的重點是它的彈性，這種彈性是為實務工作者而設計的（不管在何種情境）。以上所討論的程序與架構可以在任何地方使用，不論是獨自開業或是在醫院以及大的臨床門診中。對獨自開業者而言，治療的忠誠性比較不是問題。但是對於有著很多臨床工作者並且資源豐富的單位而言，治療的遵從就變得很重要，尤其是當一群不同的治療成分需要在一起被整合的時候。在此情況下，確保 73
治療遵從性最簡單的方法，是透過團隊會議有規律地來回顧治療過程、訓練課程，並且對於晤談錄影，進行定期的回顧與討論。

何時、為什麼以及如何終止治療？

理想上，當病人與治療師都同意治療目標已經完成時，就可結束治療。很明顯的，在處理自殺病人時，尤其是慢性自殺病人，這個問題並沒有那麼清楚與簡單。在治療過程中挑釁與行動化的角色，已有學者詳細描述（見 Newman, 1997）。此外，臨床工作者與研究者都一樣強調：確保病人在治療過程中的需求能夠被討論到，是一件很重要的事情（如 Simon, 1987; Stromberg et al., 1988）。自殺病人的治療，常常要面對相當高的中途流失，那些突然停止治療的病人，經常持續地經歷明顯的症狀與不斷的高風險（Rudd et al., 1995）。

這個組織架構可讓我們透過急性與慢性危機的各種指標，直接來評估治療過程。因此，它提供對於可能的結案問題一些結構與引導。Barnett（1998）對於適當的結案提出一些建議，其中之一是從一開始就必須對於期待有具體而清楚的討論，這些可以藉由圖 3.4 的架構摘要來加以增進。尤其是它提供一套辨認與釐清持續治療的需要，並且指出特定處理的領域。最後，使用這個組織架構，也讓我們對所有的臨床表現、治療目標與焦點、相關的理念以及改變與進展的監控，提供很清晰的文件資料。如同 Barnett（1998）對於終止治療所說：「計畫它、準備它，並且執行它」（p. 22）。我們還想加上另外一條：簡單地以一種充滿意義與容易了解的方式，來為病人組織整個治療過程。

人際歷程團體與補強治療

如同我們在第十章討論的，心理衛教團體（psychoeducational group）對於技巧建立很有幫助。在治療過程中，傳統的歷程團體扮演一個重要的連結角色。他們提供病人一種人際上的延展關係，以補充進行中的個別治療。然而，重要的是，這些團體應該要使用相同的理論架構（即自殺模式）
74 來相輔相成，而不是跟進行中的個別工作相互衝突。我們最常使用的是歷程導向（process-oriented）團體。病人在個別治療完成**後**，有機會接近一個開放性（open-ended）的團體。有些臨床工作者相信，團體的加入，只有在完成個別治療後才是恰當的；由於我們對於同時的心理衛教與問題解決團體的信任，我們也相信這個觀點（見第十章）。我們建議病人在個別治療時，**不要**同時加入多於一個的團體活動，因為它會對病人在情緒、財務以及實務等層面上產生過度的負荷。過去我們曾經讓病人先加入心理衛教團體，然後再加入問題解決團體。我們發現在個別治療完成**之後**，歷程團體是最有幫助的一種支持來源，如果在治療完成後加入歷程團體，它基本上可以扮演**補強**的角色，幫助病人深化技巧、提供支持或者在某個問題惡化之前，能夠聚焦地去處理。

治療團隊的角色

本書的設計是很有彈性的，治療模式可應用在非常廣泛的情境，包括從個人執業到大的團體單位。在很多情境下（譬如資源較少的情境），要發展出治療團隊是不太可能的。然而，如果所有必需的資源都有，在同一個機構下來自多方的支持將會催化治療的進展。在一個特定的環境中發展出治療團隊，將可提高團體的整合與互補效果。治療團隊包括所有轉介自殺個案到團體來的臨床工作者。如前面所提，我們建議病人**不要**同時參加一個以上的團體活動。對於參與個別治療的病人而言，最好先完成一個心理衛教團體，以建立基本的知識與了解，再透過問題解決團體以及歷程團體，來作為持續的支持力量。我們必須建立一個流程計畫，以維持治療歷程的一致性與整合。

如果這個團體是輪流的（例如：以季為單位），那麼團體的領導者可以在工作人員之間輪流擔任。我們發現最有效而且最恰當的做法是，團體的領導者也作為團隊的領導者，當團體輪流的時候（以季節為單位），領導者也跟著輪替。如果歷程團體以任何方式被使用，催化者的任期可以盡量拉長（例如：一年）。假如所有的病人都完成了個別治療，那麼在歷程團體中催化者就不應該作為團隊的領導者。尤其是歷程團體的催化者將會
比以季節為單位的心理治療或問題解決團體的催化者的任期時間更長。團 75
隊可以每月開會一次，針對特定的目標來回顧所有病人的進步狀況，討論團體與個別的議題。治療團隊扮演下列幾種功能：

- 將病人在團體中所談論與個別治療有關的議題，告知個別的臨床工作者。
- 對於困難的個案，提供一套機制來討論與諮詢，尤其是沒有顯著進步者。
- 對臨床工作人員提供支持。

- 工作人員的教育與訓練。
- 提供工作人員恰當的督導之需求。

簡而言之，我們非常建議使用治療團隊。事實上，若缺乏這樣的團隊，要去處理一個或兩個以上的高度自殺個案可能是有風險的，而且也對於臨床工作者帶來嚴重的情緒壓力。

時間有限下的長期照護需求

處理自殺個案經常需要相當多的時間與能量，往往比保險給付所允許的更多。此處所提供的架構非常具體詳細，因此我們希望它使得臨床工作者在爭取更持久的照顧時能夠更得心應手。我們相信，如果一個具體的、合邏輯的，並且詳細描述病人危機因子與治療需求的計畫，能夠以一種容易了解的形式提供出來，就可以達到上述目的。雖然，毫無疑問的，現在治療的時間比以往更有限，我們相信我們所提供的這個取向，能有助於有效地爭取到更長期的照顧。

第二篇

評估與治療

第四章

治療過程與逐次晤談指引

我們的治療模式允許臨床工作者在治療的整體、結構與次序中保有相 79
當大的空間。在本章，我們基於自殺的科學研究與理論模式，以及過去數年來的臨床經驗，建立一個一般的結構與治療順序。本章所提供的逐次晤談指引，有助實務工作者在時間的限制下，提供一個連貫且有彈性的**整體**治療順序。有效的自殺處理需要廣泛的治療技巧，在本書的第二篇，我們會更深入討論特殊技巧，以及相關的技能，著重於它們可以在心理治療中被應用的性質。本章會介紹初次治療的一些策略，包括：治療日誌、症狀配對階層、危機反應計畫、認知重建的ICARE模式〔指認（Identify）、連結（Connect）、評估（Assess）、重建（Restructure）、執行（Execute）〕、核心信念階層、生活哲學宣言，與技巧缺失階層，這些都會在後續章節詳細描述。

下列七個治療過程的基本假設與我們的治療模式一致：

1. 自殺（或**活躍**自殺模式）可以三個較低的層次因素來思考（可辨認的治療成分），包括症狀、技巧缺失與不適應的人格特質。
2. 有效的治療不只包括**不去啟動**自殺模式，更在於要建立更具**適應性** 80
的模式，與技巧建立概念一致。
3. 自殺的立即危機是急性的臨床現象，對那些表現出慢性自殺行為者而言亦同。因此，立即的危機會持續一段相當短的階段（例如：幾小時、數天或一週）。而主要的心理治療計畫則循環在處理自殺的各種潛在原因，包括**自殺信念系統**、相關的技巧缺失，以及不適應

的人格特質。

4. 在每一次晤談中，每一個治療成分都會被討論至某種程度，但是仍然以一種有階層的方式進行。也就是有些目標，相較於其他目標，會占用較多的時間，這些都取決於臨床表現以及照顧時間的長短。
5. 每一個治療成分都會顯示出進步的指標，這些指標與症狀處理、技巧建立及人格發展的概念**層次**是一致的。
6. 整個治療成功的重點是在於認知重建，此工作應在第一次晤談就開始並且貫穿整個治療過程，不論特定的標的為何，也就是不論聚焦於症狀、技巧或不適應的特質，都有相對應的**信念**。
7. 有時限的治療常常可以消除急性症狀，帶來認知重建以及自殺信念系統的改變和初步的技巧建立，但是人格改變就需要更長期的照護計畫。

與這些基本假設一致，本章提供逐次晤談的指引，以及一些臨床範例。大部分篇幅在描述一個**典型**而複雜的案例，重要的是，我們對於治療取向的概念是有彈性的，而且可以應用於廣泛的臨床情境。自殺的一個矛盾特質是隨著情境的不同，會有相當大的差異，因為有很多原因可以使人們有自殺傾向。儘管如此，在每一個不同案例表現中，仍然有一些可以辨認的原則。就是這些一致性構成了**自殺模式**，使得這個模式可以既包含結構又具有彈性。

逐次晤談指引包括一個為數二十次、持續六個月的治療計畫。對於自殺個案的處理，這樣的時間要求是合理的。不管是急性或是慢性個案，每一個晤談都有一套基本指引，討論如何應用於一個特定案例中，譬如稍後
81 會提到的 D 小姐。將部分不同次晤談的逐字稿加以整合，以便澄清如何達成特定目標、呈現主題以及討論的議題。

治療的開始：第一次至第四次晤談

就像任何心理治療一樣，治療的開始相當重要，尤其是採用 CBT 取向的時候。前幾次晤談為治療建立一個整體架構、協助設立治療期待，並且提供一個鞏固治療關係的機會。我們建議使用一個**延伸的評估階段**。如本書第五章所討論的，初始的晤談可能要用到四次的時間。它的目的其實非常簡單，是要提供臨床工作者以及病人完成初次評量的時間，以便正確地了解危機、發展出對病人之診斷以及過去治療史的完整了解、完成初步的心理診斷、提供治療的概念模式並獲得知情同意。基本上，這個延伸的評估階段提供臨床工作者與病人一個相互同意的機會，共同來決定是否這個特定的取向是最好的，以及病人能否為治療過程許下承諾。如果沒有對於治療的過程、進展以及可以預期的結果有充分的了解，病人很難為治療做出合於現實的承諾。這種情形對於展現慢性自殺行為的病人尤其重要。長期慢性的自殺病人經常有著極為複雜的歷史，這些不只包括其診斷性的表現與共病問題，還包括先前治療的成功與失敗的歷史。

如同本書第五章所討論的，初始晤談與延伸評估階段的目標可以被整合為四個類別：風險評估、治療概念化與知情同意、諮詢與心理測驗，以及治療關係。每一個類別都有清楚可見的目標，需要在步入治療以前完成。風險評估在整個治療過程中都是重要而且持續的工作，因此，一個危機的嚴重度評估需要在每一次的晤談中都有文件紀錄（見本書第五章）。要在一個四次晤談的結構內完成這些目標，是非常具有挑戰性的。但是我們發現這是一個合理的架構，並且發現要完成它並沒有特別困難。

第一次晤談議程

在第一次晤談中，臨床工作者需要完成兩件事。第一，評估危機並做診斷；第二，介入以分散自殺的危機與相關症狀。如同稍後所舉證的，第 82

一次的晤談介入往往是比較簡單的。有些策略奇蹟式地分散了急性的情緒風暴所帶來的**失控感**。這些策略可能用到一些基本的問題解決：必要時提供轉介做精神與藥物評估、鼓勵病人使用治療日誌以及自我監控，並且排定好特定次數的面談。

評估與診斷目標

- 回顧病人歷史、症狀表現、目前自殺危機，發展出一個初次的診斷印象（第一軸與第二軸）。
- 完成本書第五章所詳述的初始風險評估，並辨認危機的種類，以及初始嚴重度評估。
- 在病人同意的情況下與家人面談，如果危機很高的話，家人可以協助做風險的評估與可能的處理。

介入目標

- 聚焦於對症狀的管理並分散目前的自殺危機，此將涉及某些問題解決（見第十章），也可能用到**症狀配對階層**，並且利用第七章所討論的形成一個危機反應計畫。
- 開始使用治療日誌（也就是催化認知重建）。我們建議從第一次開始，病人就能製作一份治療日誌，這個日誌可以有多種形式，但最簡單的方式是讓病人創作（或者臨床工作者提供）某種形式的筆記。這個筆記可以在每一次晤談中使用，所有的作業、因應卡以及講義應保存為筆記的一部分。鼓勵病人在每一次晤談的結束開始做筆記，為該次晤談寫下一些相關的結論。這些結論經常會隨著病人的自殺信念系統，以及相關自我意象之議題而改變。我們鼓勵病人在整個治療過程中使用這個治療日誌，在危機時使用它並且不時地翻閱瀏覽。我們也鼓勵病人記錄下他們的治療日誌、完成自殺想法紀錄（STR）、列出他們需要在晤談中談及的問題清單。簡而言之，治療日誌是治療過程中所有議題的題庫，它提供一個持久而且可使用的資源，讓病人在治療之外或沒有見到治療師時可以使用。治療日誌

應該包括幾個成分，它應該幫助病人在初次晤談結束時能釐清並且記錄所有結論。尤其重要的是，病人不只要聚焦信念於自我、他人 83
以及未來（自殺信念系統），同時也包括痛苦忍受力以及更廣闊的情緒調適概念。重要的是要記得對於被標訂的技巧，病人必須能夠去闡明一種特定的信念。所有這些信念對於了解與重建病人的自殺信念系統都非常重要。

- 與病人商討一個延伸的評估階段，在這個階段結束時，病人與臨床工作者對於正在進行中的治療的性質，可以做出明確的決定。
- 安排未來三次晤談的時間。
- 必要時提供精神科或藥物諮詢的轉介。
- 策劃並且記錄一個如第七章所討論的危機反應計畫。

D 小姐的案例

個案是一位中年白人女性，最近離婚，過去曾有兩次離婚紀錄。評估時發現，過去兩週有急性自殺傾向。成年階段中，她大部分的生活都與這種自殺傾向奮戰。有幾次她想要舉槍自盡，這種情形一天中有時候會出現十多次，但是她說這種想法「僅持續幾秒鐘」，而且她「並沒有打算為這件事情做些什麼」。她沒有任何預備行為出現，不曾擁有、也沒有門路取得槍枝。然而，她卻有三次過度服藥，這件事情不曾接受追蹤或在精神科治療。她有二十年慢性自殺傾向的病史與反覆發生的自我傷害行為，她會用刮鬍刀的刀片割傷手臂與腿部（都是被衣服蓋住所以別人不會看到的地方）「來釋放緊張」。病人陳述在婚姻關係破裂後，她經歷了兩個月非常嚴重的憂鬱症狀，尤其是持續的憂鬱心情、不快樂、體重下降十公斤、失眠、偶爾情緒激動、沒有活力和疲倦、感到無價值感和注意力越來越不能專注等等。她有間歇性的酒精濫用，這雖然是一個慢性的問題，但是最近經常在週末酗酒。她對於兒時遭遇性虐待的事情感到「罪惡與羞恥」，並且「常常覺得自己沒用」，尤其對自己的婚姻感到無望與生氣。她說：「這是我第三段失敗的關係，我不認為我會有一個成功的婚姻。」她說大部分的時間她都對於疏遠的丈夫「感到非常憤怒並且難以控制」，而且經常「在

工作時對別人爆發出來」，她在工作之餘僅有少數的朋友與社交活動。

84 對 D 小姐來講，初次晤談相當的直接。在回顧她的歷史與目前的症狀後，臨床工作者得到初次診斷印象，並發現相當複雜的共病現象：第一軸，重鬱症反覆再犯、慢性創傷後壓力症狀、間歇性的酒精濫用；第二軸，邊緣型人格疾患。風險評估結果顯示**慢性高風險伴隨急性惡化**，危機嚴重度評量是 4（嚴重）。她的評量並未達到最嚴重的主要原因，是因為她不管在主觀的報告或目前客觀的指標中，都缺少了想要自殺的積極企圖。D 小姐有頻繁且特定的自殺意念，但是它們往往轉瞬即逝，並沒有確切的意圖。由於無法接觸到家人，因此家人無法被整合進危機監控的工作中。D 小姐同意在當週接受**電話監控**，她同意每天在一個特定的時間利用電話追蹤來檢視她的危機，以及評估在治療計畫中是否需要做一些改變。我們常常使用電話監控，對於門診病人這是非常直接的危機監控方式，既不會太花時間，而且非常容易而有效。病人很同意使用這個方式，以取代更為密集的介入，譬如日間留院或短期住院。

至於介入的問題，我們需要完成一個症狀配對階層來辨認最嚴重的症狀。D 小姐說在她目前所有的症狀中，最困擾的是失眠與沒有胃口。她同意進行一個睡眠保健計畫，該計畫包括戒除任何的酒精使用、建立一套標準的睡眠－清醒的循環、戒除晚餐後的咖啡因，以及每天睡前進行一套結構性的活動（例如：閱讀三十分鐘並聆聽一套舒緩心情的錄音帶）。此外，D 小姐被安排藥物諮詢和一個整合簡單的、日常的運動行程表（見第十章）。

我們將危機反應計畫寫在一張商用名片的背面，D 小姐帶著這張卡片並且同意在下週使用它（見第七章）。由於 D 小姐仍然在晤談中感到不快樂，這張卡片事實上是為她而寫（雖然她很積極地討論可以分散危機的步驟），但有時這仍然是必要的，身處危機中的病人常常不會積極地在晤談中寫下這些東西。然而，讓我們印象深刻的是，在晤談中，能夠採取這種積極自我引導的病人，為數可觀。

在教導 D 小姐如何使用治療日誌時，我們也同時把延伸評估階段的概
85 念告訴她。延伸評估階段的概念可以用一種不具威脅的方式呈現，我們發

現，長期而言這個作法可以催化動機以及對治療的承諾，它讓人們有機會充分了解治療如何合理地進展，病人也因此能夠對此許下承諾，例如：

「現在我們已經很詳細地討論妳目前的危機，了解到妳現在有時候會有自殺的感覺，而過去的治療努力並沒有明顯的成功，我想邀請妳答應多加三次的晤談來完成一個延伸評估。這樣，我將有機會更了解妳的過去史而形成更正確的診斷，並且提供一個較完善的治療建議。這同時也會給妳一個更了解我的機會，了解我所採用的治療取向，以及我們對於妳進行家庭作業的期待，這樣妳就可以決定這種獨特的治療取向是否對妳有幫助。如果妳同意，那麼我們就可以在第四次晤談結束之後，形成一個共識來決定妳是否要持續這樣的治療。屆時，我們就可以形成治療的目標，而且可以考慮這樣的治療可能會持續多久。如果妳同時也在看精神科醫師，在妳同意的前提之下，我願意跟妳的醫生談一談，並盡可能合作進行這樣的治療。」

同樣的，治療日誌的使用也可以在第一次晤談時介紹給個案，例如：

「我相信在治療結束後做個紀錄，對妳來說是很重要的，這樣可以在未來需要時利用妳所學會的。我也認為，記錄下治療過程當中所得到的結論，包括對自己、對他人以及對未來的想法都是很重要的。當治療持續進展，妳會發現妳自己對於如何處理情感，以及是不是能夠忍受情緒上的痛苦，還有其他的日常生活技能等，將會產生相當大的改變。我們何不以今天的結論開始呢？對於我們今天所談的內容，妳有沒有得到任何的結論呢？妳已經同意我們至少會再晤談三次，而且妳聽起來比較有希望感。同時，在我們今天簡短的談話中，妳也覺得自己情緒上的紛擾已經相當程度地降低了。事實上，消除這樣的危機並不會太難。目前我們所做的就只是談話，而且做一點問題解決。這樣有沒有讓妳知道自己對於痛苦忍受以及處理情緒痛苦或解決問題的能力呢？這邊 86

> 有幾張紙，讓我們隨意寫下妳的想法。我把今天的日期寫在上面，好讓我們可以知道每一週的進展，做一個這樣的日誌，每天應該只要幾分鐘就夠了。」

雖然 D 小姐沒有任何家人參與治療，但是將家人整合入治療歷程的概念，應該在第一次晤談就讓她知道。此法可以讓個案對於危機有一個比較準確的概念（即客觀的風險指標），並且也讓她知道在每一次晤談之間，我們會採用必要的監控方式。毫無疑問的，有時將家人整合進來並不恰當，例如，當家人與衝突或危機有直接的相關，並且使得自殺意圖惡化；當家人情緒不穩與受傷；病人拒絕他們的參與；或是有家庭暴力時，這些情況最好不要將家人引入治療中。家人參與的概念也可以用不具威脅的方式進行，例如：

> 「如果可以的話，我想跟妳的先生見面。妳提到你們兩人之間有互相支持的關係，今天他帶妳來，可見他對妳的幸福非常關切，所以跟妳先生見面有三個目的：首先，他會提供我額外的訊息，以了解妳目前的狀況，因此可以掌握風險評估的一些重要因素。第二，這樣對於妳從現在到下次晤談之間進行得如何，也能夠提供有幫助的做法。在我們三人之間，我相信我們可以建立一個時間表，這樣妳就不是孤軍奮戰了。妳提到說妳現在很害怕，不希望孤單一個人。最後，這樣的做法也會幫助我們決定妳的丈夫在治療過程中要扮演什麼樣的角色。妳認為這個想法如何呢？妳有沒有覺得他的加入在某種程度上是會有建設性的？」

如同第七章所詳述，建立一套清晰的危機反應計畫很重要。在第一次晤談結束時，你應該有一些東西可以寫下來，譬如你可以將這個計畫寫在一張紙上、一張 3×5 的卡片上面，或是一張商用名片的背面——任何可以
87 放在皮夾或錢包，並且在危機時可以方便取得的東西都可以。可以透過如下的方式介紹危機反應計畫：

> 「看起來我們雙方都同意可以在門診處理，而不需要住院治

療。然而，我想要確定我們有一個彼此同意的危機反應計畫，以防在這次晤談與下次晤談之間產生問題。如同妳今天所強調的，當妳情緒激烈時，常常會有一些思考上的困難，要不要我們現在來回顧一下今天所討論的，並且把它放入一個按部就班的計畫？我們把它寫下來的話妳可以隨身帶著，有需要的時候就可以拿出來。這裡有一張 3×5 的卡片，這樣妳可以把它放在皮包裡，當有問題時就可抽出來讀。」

第一次晤談是奠定後續治療的基礎，臨床工作者已經建立了一些重要的期待。首先，病人會認為在管理自殺傾向時，必須負起相當的責任。這個危機反應計畫只是其中一例；維持治療日誌則是另外一個。事實上 D 小姐對這一些反應非常好，而且她認為這是治療模式中很有吸引力的工作之一。第二，合作取向的重要性是顯而易見的。第三，認知重建的關鍵角色已經強調過了，雖然 ICARE 模式還沒有正式介紹（見第八章）。從第一次晤談開始，形成自殺信念系統的一些思想被釐清、記錄和挑戰。最後，治療歷程需要有結構和計畫，這兩者都會催化技巧的建立，尤其是自我監控、情緒調適以及問題解決的領域。

第二次晤談議程

第二次到第四次的晤談提供一個機會來完成第五章所描述的其他工作，並且讓臨床工作者跟病人對於後續的照護達成共識。此外，對於有需要的病人，臨床工作者能夠倡導精神醫學的照護與心理藥物的使用，有必要的時候也提供臨床工作者去尋求專業諮詢的機會。尤其對於那些有著複雜病史、高度共病以及慢性自殺的病人，臨床工作者可以有時間去形成更準確的概念化，並且更有意義地估計治療持續的期間。與 CBT 取向一致，每一 88
次晤談的開始都會先對作業以及晤談的議程作簡短的回顧。第二次晤談的議程包括下列各項：

- 自殺風險評估。

- 回顧作業（例如：治療日誌）並呈現此次晤談的議程。
- 回顧病人自殺行為的病史與過去治療經驗，找出有效與無效的因素。精確了解過去的治療為何失敗是很重要的。是否病人沒有足夠的動機？是否病人沒有足夠的資源、財務或其他因素以持續治療？家人是否反對或缺少家人支持？辨識這些問題也將使得這些問題未來能夠被有效地解決。
- 決定自殺的直接與間接指標之功能的基準線。可以使用第五章所提供的基本功能工作單。這將提供臨床工作者用以衡量治療發展的指標。
- 利用第三章所描述的工作單來訂定初始的階段與層次。同樣的，這能夠提供治療進度的判斷，同時也可以清楚了解治療當中應該聚焦些什麼。
- 對於明顯的症狀、技巧缺失以及不適應的人格特質，訂下治療的目標。
- 持續聚焦於第一次晤談所發現的症狀管理，以便分散自殺危機。
- 在病人的治療日誌中，回顧並記下此次晤談的結論，強調病人的自殺信念系統。也請病人以簡短的三、四個句子寫下此次晤談所達成的目標。
- 請病人開始以 STR 與自殺循環做自我監控的作業。
- 持續使用危機反應計畫。

D小姐在每一個治療成分中（症狀管理、技巧建立，以及人格發展）都被分配到層次一，最明顯而且最有問題的症狀包括目前有憂鬱症，自殺信念頻繁、強烈而且具體；酗酒、生氣、無望感跟自傷行為。D小姐開始服用抗憂鬱藥物而且開始做自我監控，最麻煩的技巧缺失包括情緒調適、痛苦忍受力與憤怒管理。她對於治療日誌反應良好，事實上在第一次見面之後，她得到以下幾個結論：「我真的想活下去」、「我比我想像中還要能忍受痛苦」。

89 如同前面所提出的，第二次晤談所需要完成的工作是由臨床工作者針對病人目前之功能層次所做的決定，因此，不需要用到晤談時間。第二次晤談主要的介入包括引入 STR 並且描述這個自殺循環。

「如同我們所討論的，發生什麼事、妳對它的想法、妳是什麼感覺，以及最後妳是否產生自殺的意圖，它們之間都很有關聯。但是，妳有多次提到妳看不出這些事件之間有什麼關聯。我想請妳在下週見面之前完成這個自殺想法紀錄（STR），它很簡單，每天不會花超過十分鐘的時間。妳看，這張 STR 的上面有個地方可以讓妳寫下發生了什麼事會觸發妳想要自殺的想法。妳可以在這裡寫下妳的自殺想法，以及妳當時的感受和妳後來做了些什麼。而且妳也會發現有一個地方可以評估妳的思考與感受嚴重度，並且記錄下它們的持續時間。完成這樣的評量對妳很重要，因為這個做法是學習調適妳的感覺的一部分，使它變得更好。而評估則會幫助妳發現一些事實，這些事實與妳今天以及上次所提出的信念相反。例如，妳說：『我再也不能忍受這樣的痛苦了』或『這樣的痛苦永遠不會結束』，但是如同妳今天所說的，在談過四十五分鐘之後，妳的痛苦只剩下一半了。

完成 STR 很重要是因為它會幫助我們指出妳的自殺循環是什麼。換句話說，當妳變得想要自殺的時候，我們有辦法指出妳將會經歷的階段，這一點非常的重要。但是更重要的是它可以幫助我們辨認在每一個循環的點可以做些什麼，特別是它可以幫助我們辨認需要聚焦的思想與信念類型、紛擾的情緒與生理症狀，以及最後會導致自殺的行為。」

 第三次晤談議程

第三次與第四次晤談讓臨床工作者有機會完成第五章所描述的其他目標，而且可以持續地對症狀與危機管理、相關的認知重建，以及初始的技巧建立做介入的工作。第三次晤談的議程包括下列各項：

90 • 自殺風險評估。
• 回顧作業並呈現此次晤談的議程。
• 利用第二章所介紹的自殺模式工作單，提供病人一套 CBT 的自殺概念模式。
• 利用第五章（圖 5.5）的講義提供一套詳細的治療理念。
• 有需要的話完成心理測驗。
• 回顧此次晤談的結論並做紀錄，請病人以簡短的三、四個句子寫下此次晤談所達成的目標。
• 指定持續的自我監控家庭作業。

這次晤談最重要的目標是提供個案一個有意義的治療概念模式（病人的自殺模式）以及相關的理念。之前臨床工作者已經與病人完成兩次的晤談，並且對於病人的歷史與過去治療的問題有更完整的了解，而且對於診斷的複雜性與慢性程度有更清晰的圖像。臨床工作者便可利用第二章所介紹的自殺模式工作單，以及病人的自我監控日誌，來描繪當自殺模式被啟動時的自殺循環。

對 D 小姐而言，這種循環在她的 STRs 中經常反覆出現。她的循環是可以預見的，而且經常一致地被她所知覺的人際拒絕所誘發。至於她的自殺信念系統，我們在第二章所描述的三個主題都在此出現了，包括她**不能夠忍受情緒的痛苦**（不良的痛苦忍受力），**沒有價值感，而且不值得擁有一段感情**（不被喜愛），**也沒有應付的技巧**（無助感）。混合的憂鬱與焦慮症狀明顯，而在行為反應方面，D 小姐提到她有持續地進行一些只會加深無助感以及促使她產生自殺信念的行為。此外，她的行為（物質濫用、自傷行為與無法控制的生氣表達）只有更加惡化她的生理激發，增加自殺的風險。清楚地辨識自殺循環，使得 D 小姐能夠看到治療的主要目標並不只是處理她的症狀，而更在於辨認她潛在的脆弱性，包括在痛苦忍受力、情緒調適、憤怒管理，以及一些自殺信念系統上明顯的技巧缺失。這些領域中發生的任何改變，都顯示了不當的人格發展（與 DSM-IV 所定義的人格病理定義一致）。D 小姐也同時完成一些心理測驗，以幫助鑑別診斷與

訂定治療計畫。尤其她完成了《明尼蘇達多相人格測驗第二版》（MMPI-2）以及《米蘭臨床多軸問卷》（MCMI-III）。 91

這個概念模式可以很直接地以下面的語言來呈現，例如：

「讓我們更清楚地說明是什麼導致妳的自殺行為，而且更清楚地了解我們想要在治療中完成的是什麼。我剛剛提過，我們可能會聚焦於三個不同的部分，那就是我們不只聚焦在妳的憂鬱和焦慮症狀，同時也要處理妳想要自殺的信念，以及妳要如何努力來應付這種感覺。讓我們來舉個例子，妳在 STR 中提到，當被妳先生批評或拒絕的時候，妳就會有很多殺害自己的想法。這是一個導火線，它是一個外在的事件。另外妳也提到妳會因內在的事件引發這些想法，譬如一旦妳在孩童時期受虐待的想法與畫面被引發，妳就會一直出現想要自殺的想法。不只是這些自殺的想法，更重要的是，妳經常提到為什麼妳有想要殺害自己的那些想法。妳說妳想要自殺是因為妳不值得活，因為妳不能忍受痛苦的感覺，而且對於所感受到的這些，總是束手無策。這就是我們想要聚焦的主要問題之一，也就是對於自殺的信念，以及為什麼妳必須殺了自己這個問題。也就是說，一旦妳開始想到自殺，妳提到妳的憂慮跟焦慮就會更嚴重，身體的症狀包括心跳加快、呼吸加速、輕微流汗、肌肉緊繃以及相當生氣與惱怒等等都會出現。最後，妳提到說妳開始喝酒，而且有時會失去控制，妳會摔東西丟東西，對妳的先生大吼，有時候也會割傷自己。最後提到，這些事情不只沒有幫助，而且只會使得問題更糟糕。事實上，妳一直說當妳這樣做的時候妳只感受到無望跟失控。這些是我們將來要去面對的目標，就是幫助妳做一些能夠降低焦慮與激動的事情，而不再做一些只會使妳更糟、增加妳想要傷害自己的行為。換句話說，我們將要在這三點上來做努力，著重在妳所想的，以及妳如何處
理自己的感覺，並且試著降低以及消除那些只會使妳自我破壞的 92
事情。」

在這次晤談結束時，很重要的是當回顧而且記錄了病人的結論之後，要開始依照第二章所指出的方式，來將病人的自殺信念系統加以組織。尤其是治療者可以組織病人的信念，並且進行認知重建，這些都會圍繞著不被喜愛、無助感以及不良的痛苦忍受力等重要主題，例如：

> 「現在讓我們來為妳在每次晤談中的結論做一個整理。我們過去討論過，當妳想要自殺的時候會出現一些信念，在這些信念中妳提到覺得沒有價值、無助以及不能夠忍受和應付妳的感覺。聽起來好像妳已經得到一些跟原先的信念不同的結論了。」

第四次晤談議程

第四次晤談主要的內容是要為延伸評估作結論、回顧治療理念，以及對於病人是否持續治療達成共識。而對於治療時間做初步估計也是重要的。治療將會花多少時間而且完成些什麼？最後，花幾分鐘時間討論治療關係是很重要的。適當的治療關係是否已經建立？若沒有，問題出在哪裡？花一些時間討論治療關係，可以讓他們知道健康的治療關係對於治療的成功是很重要的。第四次晤談議程包括下列各項：

- 自殺風險評估。
- 回顧作業並呈現此次晤談的議程。
- 完成第五章所提供的講義以完成知情同意程序，並且說明繼續治療的議程。
- 辨明以及同意治療的目標。
- 討論治療關係以及其他相關問題。
- 回顧此次晤談的結論，並在治療日誌上做紀錄，請病人以簡短的三、四個句子寫下此次晤談所達成的目標。

D 小姐同意持續治療，但是也保留了一些對於過程的意見。事實上，
93 治療性質與治療**模式的淺近易懂**，給予她很大的鼓勵。她對於治療關係也

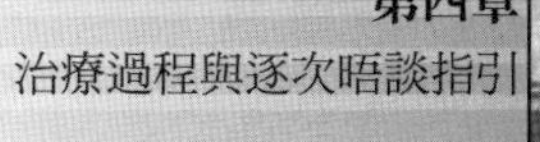

非常正向，或許是第一次，她開始感受到自己**在治療歷程中也是一個積極的夥伴**。過去在治療中的問題已被詳細討論，大部分的問題圍繞著動機不夠，以及認定**事情不會改變**的這種信念上。很明顯的，在第四次晤談結束時，認知重建已清楚地進行。在 D 小姐的反應中，隱約透露出一些希望與樂觀。這些信念與結論都記載在病人的治療日誌中，指出一個正在進行中的自殺信念系統。

知情同意的完成以越直接的方式表達越好，最好使用第五章所提供的講義，例如：

> 「現在我們已經完成了當初所同意進行的完整評估所需的晤談次數，重要的是，我們對於是否要持續進行治療、花多長的時間，以及我們預期可以完成什麼等這些問題，都能達到共識。記得在過去兩次晤談中，我們討論到一套概念模式來解釋為什麼妳會產生自殺傾向，以及可能的潛藏問題是什麼等等。現在，讓我們來複習一些有關治療，以及我們想要完成的一些重點〔可參考第五章的圖 5.5〕。至於治療的期間，在很多方面來講，它都有賴於妳想要完成多少來決定。如同我們在前幾次晤談所發現的，妳有一套自殺信念系統，使妳的自殺行為一直維持著。但是現在妳已經做了一些明顯的努力來改變這樣的自殺系統，發展出一些基本技巧來應付壓力，並且有效地解決這些問題。然而，有些其他的問題是慢性的，包括妳的憂鬱以及創傷後壓力症候群，這些都要花更多的時間來討論。我們很難現在就告訴妳一個確定的時間，但是我們可以在未來五個月的一些治療目標上達成共識，五個月後再來重新評估妳在這些點上面的進展。因此，如果有必要的話，我們可以重複這樣的過程，並且進行一個六個月的治療計畫，妳覺得這樣如何？」

對 D 小姐來說，治療目標非常直接，而且在每個成分下都有清楚的摘要列在初始的個案描述中。由於她的自殺具有慢性化的性質，我們採用六個月的治療計畫，她的進展將會被重新評估，並且據以設立新的目標。

94 第五次至第十次晤談：症狀管理、認知重建、降低與消除自殺行為

後面的六次晤談主要重點將會隨著持續的症狀管理、認知重建與降低任何繼續存在的自殺或自傷行為而演變。認知重建（見本書第九章）應該隨著ICARE模式的使用，而介紹給個案（ICARE代表著下面的五個步驟：指認、連結、評估、重建與執行）。必要的時候，症狀配對階層可加以修正，核心信念的階層（將在第九章討論）應被用來幫助追蹤自殺信念系統中的改變。如同第八章所討論的，自殺與自傷行為會因為在早期階段對於自殺循環的介入，而有效地降低。基本上，這會跟問題解決、情緒調適與痛苦忍受力的技巧改變一致（見第十章）。因此，危機反應計畫需要隨著技巧的發展，做階段性的修正。這些晤談的議程大致上而言都是可加以比較的，包括下列各項：

- 自殺風險評估。
- 回顧作業並呈現此次晤談的議程。
- 為聚焦的症狀建立一個症狀配對階層。
- 清楚說明需要解除的自殺循環，以及辨認特定的自殺傾向與自我破壞行為。
- 介紹 ICARE 模式以進行認知重建。
- 為早期與後期的自殺循環建立介入計畫，一開始就針對自殺循環的最後階段介紹危機反應計畫。一旦這個危機計畫成功地被引用，就可以在早期討論自殺循環的介入方法。
- 需要開始病人的**生活哲學宣言**，並且做階段性的修正（見第九章）。
- 繼續透過 STR 來指定自我監控作業。
- 回顧此次晤談的結論，並在治療日誌上做紀錄，請病人以簡短的三、四個句子寫下此次晤談所達成的目標。

第五次到第十次晤談的議程，主要是圍繞著症狀管理與認知重建。應

要介紹ICARE模式，加以強調而且重複使用。當治療產生進展時，介紹並且強調早期介入的概念，這樣在未來第十次到第十八次的晤談重點轉換成強調技巧建立時，會更加容易。早期介入基本上是在展現新的技巧，並且能夠以任何技巧建立的目標來展現（亦即問題解決、憤怒管理、肯定、痛苦忍受力、情緒調適或自我監控）。 95

ICARE模式可以下列方式來介紹：

「我想介紹一個標準而且簡單的認知重建方式，讓妳在任何情況下都可以使用，而且很好記。我們來看這份單張〔使用圖9.3的延伸STR與圖9.4的認知扭曲列表〕。這裡有五個步驟，我希望當妳有自殺想法的時候可以看一看，我們從1開始往下討論：

1. **指認：**指認特定的自動化想法與潛在的核心信念。在延伸的STR中寫下想法或信念。

2. **連結**自動化想法與認知扭曲，指認潛藏在信念底下的扭曲。

3. **評估**此想法與信念。此信念的正、反證據為何？在該情境或環境下，是否有其他可能的理由與解釋？最嚴重的結果會是什麼？最好的會是什麼？最可能的會是什麼？一年後會有什麼影響嗎？

4. **重建：**在有效的評估之後，重新描述這個信念。當這個扭曲被消除，而且去掉災難化之後，什麼是其他更為合理的可替代信念？放掉這些指認出的失功能自殺信念之後有什麼好處？

5. **執行**（反應）：做出實際的行動，並相信新的信念，選擇一個與新信念一致的行為。」

如同ICARE模式所言，我們需要介紹病人所需的一種新**生活哲學宣言**。這個宣言摘要著生活的所有新規則與假設，可作為治療日誌的一部分。在自殺信念系統有改變時，也需要隨之更新與修正。

「我們從第一次晤談開始就一直討論，發展出一套生活哲學

對妳來說是很重要的，而不是一味地想到自殺。因此，我希望妳
在治療日誌中，記下與這個觀念比較一致的信念。換句話說，我
96 希望妳記錄下那些使妳每天的生活更容易的信念，這些信念更合
理並且充滿熱情。例如，我們可以為過去幾次晤談所出現的信念
列一張清單：

1. 接受我不完美，而且也永遠不可能完美的這個事實。

2. 盡我可能的去做，並且因此產生美好的感覺。

3. 認可那些每天我所做得很好的事情。

4. 指認並去接受我所不能改變的事，包括對自己、別人跟周遭的世界。

5. 接受壞的事情會發生在我身上的這個事實，並且我需要學習當它發生時更好地去面對。」

D 小姐在這個階段的治療中困難很少、反應很好，並且表現相當強的動機。她的症狀在幾週內就消失，不管是用藥物或是活動面向來處理特定的問題，透過症狀配對階層，她的反應良好。她持續而且頻繁地使用ICARE模式來進行認知重建，在短短幾週之後，她的自殺信念系統展現可觀的變化。事實上，有幾次她提到，如果不是我們特地指出來，她幾乎完全沒有察覺到那些信念或是重複性的循環圍繞著她，使她想自殺。最後，她發展出一套新的生活哲學，並且能夠在日常生活中加以利用。

第十次至第十九次晤談：強調技巧建立

一旦認知重建的基礎完成，而且症狀控制良好，第十次至第十九次的晤談治療重點就可轉移到技巧缺失的處理。同樣的，每一次晤談的議程大致相同，只有一些被特定聚焦的技巧有些變化。這些技巧可以依不同的順序而加以聚焦，取決於技巧缺失階層所指認的技巧。第十章為這樣的階層提供一個範例。在第十到第十九次所聚焦的技巧，完全依賴於每一位個案

的需求，重要的是要有彈性，並且聚焦在那些被視為最重要的技巧上。如同第十章所討論的，在這些晤談中，一系列的技巧都可納入，包括角色扮演、行為演練、錄影檢討與回饋，以及一些**實地**（in vivo）的演練。使用與第十章所提供一致的取向，簡單而直接地進行技巧訓練是很重要的。我們強烈建議使用因應卡來作為提醒。我們發現治療中因應卡的使用是不可或 *97*
缺的，病人發現這種方法易懂、好用，並且經常採用這樣的方式。卡片可以建立**技巧發展作業**之概念，也就是，我們指定病人在未來一週使用卡片作為作業，配合 STR 的持續自我監控。這個方式相當於早期階段的介入，進一步防止自殺再出現的可能。對於技巧建立的晤談，我們建議下列各項議程：

- 自殺風險評估。
- 回顧作業並呈現此次晤談的議程。
- 建立技巧缺失階層。
- 集中於一個特定的技巧。
- 指定技巧發展作業。
- 回顧此次晤談的結論，並在治療日誌上做紀錄，請病人以簡短的三、四個句子寫下此次晤談所達成的目標。

轉移到技巧建立是一個簡單的步驟，對於已經在使用中的概念模式，也很有意義。技巧建立可以透過下列方式來介紹：

「對於接下來的十次晤談，我希望我們把一些焦點轉移到我們所發現給妳帶來問題的那些技巧上面。從妳的階層來看，好像人際的肯定與憤怒管理是特定的問題。我希望我們能夠做的是，繼續改變自殺信念系統以及持續完成 STR，但是我們也同時會直接進行這兩個技巧訓練。如果妳回頭去看我們曾經提過的自殺循環，就會發現這兩個問題似乎帶來了一些脆弱性，成為妳想要自殺的導火線。換句話說，我們要針對可能造成妳自殺傾向的這些因素來努力。妳覺得如何呢？」

至於治療的其他方面，D小姐在聚焦的技巧建立上做得很好。一開始，她主要針對基本的自我監控技巧、情緒調適、痛苦忍受力與憤怒管理，我們常常使用角色扮演，並以錄影帶來補充。重要的是，要記住隨著技巧的發展，病人的自殺信念系統也會跟著改變。D 小姐就是這種情形，在幾次晤談後，她很驕傲地說：「我可以做的事情比我想像中還要多！」這句簡單的話裡面所蘊涵的改變是很明顯的。它不只是希望的表徵，同時也讓我
98 們看到了一個充滿正向以及生命感的自我意象正在醞釀著。

第十九次至第二十次晤談：朝向人格發展與長期治療

雖然人格發展在治療過程中都會被談到，但是聚焦早期發展創傷以及相關的自我形象與人際問題的重要性，可以在治療的後期加以強調。此時，我們要決定病人是否需要較長期的治療。事實上，已達成的認知重建與技巧發展，在理論上已經造成一些人格的改變。第十九次與第二十次的晤談可以用來討論人格病理的性質，以及是否需要長期治療。如果治療持續，很多早先所討論的認知重建與技巧建立工作，會持續不斷地被強調，但是很有可能對於特定的問題，會需要其他 CBT 取向的補充（例如：給創傷後壓力症候群的認知歷程治療）。

是否需要持續的治療，可由下列因素來決定：(1)病人自殺行為的慢性化；(2)病人第一軸與第二軸的共病；(3)到目前為止，治療中被指認的強項；(4)病人在每一個治療成分中的層次；(5)病人對於藥物與心理治療的反應度。是否需要長期治療，往往是一個個別的臨床決定。然而這裡所提出的短期治療取向，將可幫助臨床工作者指認一些特定的問題範圍與治療的目標，有需要的話可以商談其他需要涵蓋的範圍。

「妳記得我們談到要完成二十次的面談，然後重新評估妳的進展後，再討論是否需要繼續任何治療。我們來回顧一下目前所完成的內容，妳要不要拿出治療日誌讓我們來看一下〔回顧日

誌〕。很明顯的，妳已經達成了好多目標。妳已經有一段時間都沒有自殺的想法，妳也學會一些新的技巧，並且在妳情緒低落時，很規律地使用它。然而我們也談到，有一段很長的時間，妳掙扎於過去所受到的性虐待以及身體受虐的回憶中。這或許是個機會，可以讓我們特別針對這些問題來花點時間。現在，妳已經有效地建立一些技巧，而且解決了一些反覆出現的自殺危機。接下來，我們可以討論繼續治療的優點跟缺點。如果妳決定繼續，我們需要有非常具體的目標。」

如果治療不再持續下去，那麼，清楚地記錄目前的進展是很重要的。 *99*
我們可以簡單地記錄：

1. 病人在每個治療成分所達到的層次；
2. 治療結束後所做的危機類別與嚴重度評估；
3. 使用之前所提供的工作單，來描述直接與間接的自殺指標；
4. 病人自殺信念系統中的明顯改變；
5. 發展出的新技巧；
6. 焦點症狀的緩解；
7. 在這些過程中隱含的人格改變。

本章提供了逐次晤談的指引，來進行一個短期的治療。在後續的章節中，我們將詳細討論評估與治療的具體過程。

第五章

評估過程及初始晤談

在所有臨床情境中，無論是長期或短期的治療，初步評估（包含初始 100
晤談）對未來的治療過程建立扎實的基礎是很重要的。由於時間的急迫性，對於自殺的個案更顯得重要。本章將會討論評估過程的架構及目標，這是根據個案問題複雜度、嚴重度和患病時間來決定的，這過程可能會花上一到四次會談。Rice 與 Jobes（1997），以及 Rudd、Joiner、Jobes 與 King（1999）都建議臨床工作者能夠為自殺病人協調出一個**延伸評估期**，目標是為了在做出初步的治療建議**之前**，能夠有完整的評估。

這個延伸評估的目標是為了使臨床工作者能做出對患者最佳初步建議，確定最佳的選擇及進行方式。像是轉診到其他機構、其他治療方式或其他臨床工作者。不論同意或不同意，病人都可自由選擇接下來要如何進行。在許多例子當中，簽下特定期間的合約是最好的選擇（例如三到四次的會談）。這種方法將在合約期間的結尾提供第二個機會，讓臨床工作者根據
對患者的深入了解，提出更進一步的治療建議，也讓患者可以選擇對他們 101
最為有利的照護方式。一開始就提供詳細的知情同意書是很重要的，因為這會幫助雙方對治療的基本規則有共同的理解。關於這個議題，稍後在本章會做更多的討論。在這方面，對於急性自殺的患者，住院治療的建議可能是必要的處遇。若非急性而危險之病患，對於臨床工作者及患者雙方而言，評估及辨別可行的門診治療方法，仍有相當大的討論空間。

延伸的評估有許多優點，但最重要的是：

1. 它提供臨床工作者足夠的時間做出正確的操作診斷（第一軸及第二

軸）。

2. 能夠更詳細和徹底了解有關患者自殺的相關因素。
3. 可讓臨床工作者建立及了解初期的風險程度和評估目前的功能。
4. 它提供一個機會去發展治療的工作概念模式，即完成自殺模式。
5. 它提供機會建立適當的治療關係。
6. 它讓臨床工作者有機會至少觀察患者一段有限的期間，這對慢性自殺的患者來說特別重要。

簡而言之，初始晤談的期間視各個患者的狀況有所不同，但它的結構和可確認的目標在所有個案間應該是一致的。有時候，對沒有過去自殺史及單純不複雜的診斷（無重大共病）的首次自殺嘗試者來說，單次的晤談是足夠的。然而，為了讓所確認的目標更完善，臨床工作者應該要預估需要超過一次以上的晤談，通常需要二至三次。特別是慢性多次的自殺嘗試者，欲描述一個有意義的概念模型，則需要詳細的理解過去的自殺嘗試及內容。如本書第三章所說，治療計畫需依賴自殺模式的正確概念化，了解其嚴重度、慢性化以及診斷的複雜性。

本章特別把重心放在自殺相關議題上，我們假設不管病人臨床的表現如何，所有的病人都會完成深度及完整的初次會談紀錄，以及初步的診斷。
102 因此，以上議題不在此討論，因為這些應該是臨床實務基本技能的一部分。
一次**標準的臨床晤談**最少包括：

- 一般性描述資料（包含婚姻狀態、目前生活、工作情況）。
- 個人與社會史（包含家庭、教育與發展史）。
- 一般壓力源與症狀表現（初發、持續時間與共病），需與DSM-IV一致以利鑑別診斷。
- 精神病史與治療史 。
- 檢查目前的支持性資源與人際關係。
- 相關的醫療治療史和身體問題。
- 對於治療與治療過程的期望。

談到自殺，初始晤談的目標包括四個清楚的類別，每一個類別對於建立一個持續治療的穩固基礎都很重要：

1. 風險評估。
2. 治療概念化與同意書。
3. 諮詢與心理測驗。
4. 治療關係。

以上每一個領域將會在本章稍後配合臨床案例做更詳細的討論。其中一節也會說明正式心理測驗的角色，以及心理計量工具在治療過程中的使用。如在前面章節所述，現今的心理健康市場是要求有組織與高效率，在治療自殺這項議題上，常常感受到時間的限制。晤談的架構可以提供保險公司或個案管理員協商長期照顧計畫的資料。對於再發與潛藏著致死的自殺企圖個案，沒有什麼比可靠的、可理解的和具有臨床意義的數據更令人信服。然而也曾有個案管理人否決了病人某種形式的長期照顧申請，即使這個病人是慢性高風險且急速惡化，並且有精確和詳盡的文件紀錄（見第六章）。

除了標準的臨床晤談之外，針對自殺評估有十三項獨特的任務，它們可以被歸類在之前已確立的四大類別中（見表 5.1），並且必須在延伸的初始評估中完成：

1. 完成完整的自殺史（包含自殺意念、嘗試和相關行為）、詳細的自殺結果與藥物和精神照護情形，包含第六章的自殺評估有關的環境變項。
2. 判別現在關於自殺意念、自殺嘗試，以及相關的自殘或自傷行為的頻率和嚴重度。
3. 設定初步風險類別與風險嚴重度評估（見第六章）。
4. 根據個案目前症狀的表現及功能程度，設定初步治療的成分及層次（見第三章）。
5. 找出相符的治療目標。
6. 提供個案自殺的CBT**概念化模式**；也就是，臨床工作者應該要與個

103 表 5.1　初始評估晤談的目標

類別	目標
一、風險評估	1. 完整自殺史的蒐集。 2. 評估風險類別與嚴重程度。 3. 晤談其他家庭成員或是重要他人。
二、治療概念化與同意書	1. 對個案提供針對自殺的 CBT 模式。 2. 確定個案的基本功能（直接或間接造成自殺的標記）。 3. 設定初始階段與接下來的治療層次。 4. 確定相符、一致的治療目標。 5. 提供仔細的理論說明以及治療的目標與過程。 6. 完成知情同意流程，給予個案一份紙本。 7. 開始教授自我監控過程。
三、諮詢與心理測驗	1. 完成初步的心理測驗。 2. 評估需要的諮詢、精神病學或其他檢查。
四、治療關係	1. 建立一個有效的工作關係與穩固的治療關係。 2. 定義家庭成員在治療過程中的角色（如果有的話）。

案確認他（她）的自殺模式的概念化，並教育病人有關問題的本質。

7. 提供與治療目標與過程相符的理論依據。

104 8. 開始教導自我監控（使用自殺想法紀錄、治療日誌、日記）。

9. 完成初步的心理測驗。

10. 取得個案需要的諮詢、精神病學與其他資訊。

11. 為有效的工作關係與穩固的治療同盟建立基礎。

12. 定期面談家庭成員以及重要他人，以釐清他們在治療與評估過程中的角色。

13. 完成**知情同意**程序，並提供一份副本給個案。

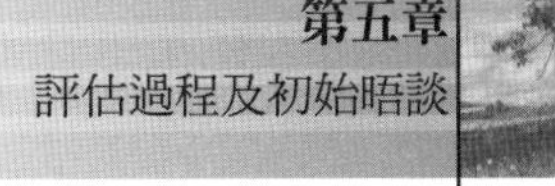

風險評估的目標：為持續監控建立基準線是重要的

在四大類別的第一個「風險評估」中，初始晤談有三個主要目標。第一，完成完整的自殺史，這可以根據第六章所列的架構來完成。為了獲得完整歷史，這個架構提供了在類別上及相關問題的詳細列表（即第一類到第八類，見圖 6.2）。第二，病人需被評估風險類別與嚴重程度。建立病人的基準線之重要性是再重要不過的。若沒有建立風險及目前功能的基準線，將會難以持續監控進展、概念化模式也將是不精確的，持續的治療將建立在一個不穩定的基礎上。通常慢性自殺病人的進展是以隱微但卻值得注意的方式呈現。在一個完整的自殺史中揭露出自我傷害或自我破壞的行為是常見的，而患者或許不會主動提供以上的資訊，這些行為通常是最先被忽略的（見第八章）。如果它們一直未被發現，將會失去成功治療的重要指標。

風險評估的最後目標是訪問家庭成員與重要他人，來幫助治療與風險評估的過程。一般來說，除了急性、重大的自殺情形之外，病人的知情同意書是必需的。家庭成員與重要他人在評估過程中的角色已有其他學者討論過（如 Clark & Fawcett, 1992）。當晤談家庭成員時，臨床工作者需做到下列幾點：

- 藉由討論重要自殺風險之跡象，教育家庭成員有關自殺的風險性和
  溝通方式。同樣地，臨床工作者藉由告訴家庭成員何者該注意，以 *105*
  及如何理解潛在的明顯重要行為，使得家庭成員可以加入監控和風險評估的過程。
- 藉由詢問病人近期是否有自殺意念或行為來蒐集外在資訊，這將有助我們評估風險。
- 與有興趣的家庭成員討論在溝通過程中合宜的話題。臨床工作者需要再次檢視保密原則下的限制，但是同時也須強調，在急性自殺風

險時，保密原則便成了次要的考量。

- 讓家庭成員了解他們在治療過程中將扮演的角色。於本書後面章節會提到，臨床工作者也必須討論在治療過程中合適的限制與界限，臨床工作者不願意家庭成員**過度介入**以及破壞治療。
- 在高風險期間，藉由規律地整合家庭成員進入治療程序，增進病人的社會支持。
- 清楚定義家庭成員在治療過程中所扮演的角色。告知家庭成員他們可以投入的程度及介入的形式（例如：偶爾的婚姻或家庭治療）。如果能取得足夠的支持的話，慢性自殺者或已嘗試多次自殺者可以在門診中有效的被治療。假如家庭成員的角色定義清楚，他們在接下來的治療過程中，便能扮演支持者的角色。舉例來說，家庭或婚姻治療的需求很常見，若家庭成員從治療開始就融入其中，則接下來的婚姻或家庭治療通常會有較少的威脅性且較具成效。

治療概念化與知情同意：建立治療階段

初始晤談的主要工作在於建立治療的概念及知情同意（見表 5.1）。對臨床工作者以及病人來說，自殺可以被界定為混亂、無法預測以及會引發焦慮的狀態。從治療的一開始就建立對治療的組織性與一致性，能發揮鎮定的效果，減少對於**該做何事**、**如何去做**以及**要做多久**等所衍生的焦慮。這樣的架構可以使病人與臨床工作者聚焦於手邊的多重工作（即評估與治療）。

決定病患功能之基準線

臨床工作者在起初需要完成的工作之一，是決定病人功能的基準線（即自殺的直接或間接特性）。有許多方式可以說明目前的功能程度。最顯而
106 易見的是，目前功能可藉由評估頻率、強度（即嚴重程度）和自殺想法與

行為的持續期間來決定。在第六章將討論到，分辨出自殺（亦即，與死有關的意圖）行為和自我毀滅或自我傷害行為（例如，自我割傷、燙傷或其他無意尋死的自傷行為）是很關鍵的一件事——不管病人只有以上所提一種或兩種行為都有。病人可能一直從事自殘行為，卻無意自殺。如果沒有將這兩種狀況區分開來，治療過程通常會被混淆，而且無法定義出特定的目標。

我們建議臨床工作者能夠完成一份有關於自殺想法、自殺嘗試，以及相關自我毀滅或自傷行為之頻率、強度和嚴重度的量化資料（即間接的自殺指標，見圖 5.1）。對於自殺嘗試者來說，我們建議必須同時監控頻率及致死程度。比起常用及重複使用來評估自殺意念或自殺的工具，簡單的主觀報告也是我們所推薦的。然而，像是《貝克自殺意念量表》（自陳式；Beck & Steer, 1993）和《修訂版自殺意念量表》（臨床工作者評定；Miller, Norman, Bishop, & Dow, 1986）在做週期性的評估和提供一些客觀資料來支持及平衡主觀的報告時是有用的。做這個建議的一些理由將會在之後的章節中討論，而且會對使用的量表做完整的回顧。

同樣地，臨床工作者也應完成間接特性的嚴重度評估，特別是一些症狀，例如憂慮、焦慮以及無望感。其他重要的症狀也應該包括在內，這取決於個人的臨床表現（例如：罪惡感、憤怒、羞恥以及情緒低落）。我們建議如果可能的話，使用標準化（且簡短的）症狀監控量表，例如《貝克憂鬱量表》（Beck, Steer, & Brown, 1996）、《貝克焦慮量表》（Beck & Steer, 1993）以及《貝克無望感量表》（Beck & Steer, 1988）是很理想的。這些量表的設計是為了能夠達到上述的目的，且能夠簡易使用，提供有信度和效度的症狀評估。當評量工具無法取得時，使用簡單的主觀評估量表可以提供一段時間監控改變的平均值（見第六章）。最後，我們建議完成簡單的總結評估，以顯示一般的功能程度。雖然此評估具有高度的主觀性，但可提供直接與間接特性的整合資料，並用精確的數據呈現，以達成監控的目的。為了給予一個簡單的整體功能評估，我們建議以下的評估方式：1-3（輕度失能）、4-7（中度失能）、8-10（嚴重失能）。

圖 5.1 提供了自殺直接和間接特性的摘要表。臨床工作者可以複印該表

107 病人姓名＿＿＿＿＿＿＿＿

自殺的直接表現

自殺想法　頻率　每日＿＿＿
每週＿＿＿
每月＿＿＿
嚴重度評估（1-10）＿＿＿
延續時間（秒／分／小時）＿＿＿
特殊性評估（1-10）＿＿＿

自殺嘗試　頻率＿＿＿＿＿＿
（即：自從治療開始）
致命程度評估（1-10）＿＿＿
（即：以上次嘗試自殺來說）

貝克自殺意念量表　分數
治療初期＿＿＿＿＿
期間（日期：　　）＿＿＿
治療終止＿＿＿＿＿

自殺的間接表現

憂鬱　BDI-II 分數　＿＿＿
焦慮　BAI　分數　＿＿＿
無望感　BHS　分數　＿＿＿
其他（例如：罪惡感、憤怒）
特定項目：
＿＿＿　評估（1-10）　＿＿＿
＿＿＿　評估（1-10）　＿＿＿
＿＿＿　評估（1-10）　＿＿＿
＿＿＿　評估（1-10）　＿＿＿
其他自我毀滅、自傷行為（特定的）
＿＿＿　頻率（指出每週、每月）　＿＿＿
＿＿＿　＿＿＿
＿＿＿　＿＿＿

整體功能程度　評估（1-10）　＿＿＿

圖 5.1　自殺的直接和間接表現評估摘要

單，將它視為組織性的工具。此表單非常有用，因為僅需一頁即整合了相
關資料，並可加入病歷當中，補充例行性的臨床項目。我們建議規律地使 *108*
用這份摘要表（例如：在高風險時每日或每週使用，當頻率下降時可改為
每月使用）。

圖 5.2 提供了第四章個案D小姐的表格範例，描述有關她直接與間接的自殺指標，並且清楚表示出她的中度到重度的失能狀態（即整體的功能程度）。雖然她表現出相當程度的嚴重性與長期性，但自殺的直接標示並沒有顯示出任何的立即性風險，支持了她在門診治療的可行性。她顯示出清楚的特殊意念（即槍殺自己）；也表示這些只是一閃即逝的想法（儘管是高頻率性的），而且最重要的是並無表明任何自殺意圖及準備行為。相對於一般病歷的輸入，圖 5.2 的評估摘要提供了臨床判斷的重要資料。如同圖中所呈現出來的，在初始會談中透過完整地回顧個案功能基準線的程度，提供了一個一致性與綜合性監控治療進步（或退步）的方法。

 確定初始階段和治療的層級與任務

決定了功能的基準線程度之後，必須確定治療初始階段和治療的層級。D小姐被歸類到以下的階段和層次：風險階段，層次一（穩定）；技巧建立階段，層次一（習得）；人格發展階段，層次一（穩定）；這些資料可讓臨床工作者決定一致的治療目標以及初始的治療計畫。

初始治療計畫

症狀管理成分——層次一（穩定）：這個病人目前沒有辦法在無外力幫助以及介入下，管理她的自殺風險。病人的自殺是個長期性的問題，而且從未發展出足夠的技巧去管理自己一再出現的風險。她總是依賴外在資源，例如家庭、朋友或臨床工作者。以此而言，初始治療會致力於症狀的管理和相關風險的介入工作，特別是專注在特定的症狀上，包含：(1)憂鬱症狀的減輕；(2)減少自殺（意念頻率、獨特性、意圖）；(3)暴怒和無望感的解決；(4)消除酗酒行為：(5)減少自我傷害行為。除了心理治療之外，藥

109 病人姓名 D小姐

自殺的直接表現

自殺想法　頻率　每日 10次
每週 ____
每月 ____
嚴重度評估（1-10） 9
延續時間（秒／分／小時） 2-3秒
特殊性評估（1-10） 7

自殺嘗試　頻率 不適用
（即：自從治療開始）
致命程度評估（1-10） 不適用
（即：以上次嘗試自殺來說）

貝克自殺意念量表　分數
治療初期 18
期間（日期：　） ____
治療終止 ____

自殺的間接表現

憂鬱	BDI-II 分數	32－嚴重
焦慮	BAI 分數	17－中度
無望感	BHS 分數	11－中度

其他（例如：罪惡感、憤怒）
特定項目：

憤怒	評估（1-10）	8
罪惡感	評估（1-10）	8
羞恥	評估（1-10）	7
____	評估（1-10）	____

其他自我毀滅、自傷行為（特定的）

自我割傷	頻率（指出每週、每月）	每月2次
暴飲		每月2次
____		____

整體功能程度　評估（1-10）　8－中重度失能

圖 5.2　自殺的直接和間接表現評估摘要完成範例

物的使用是治療有效及必要的成分，特別是在增進症狀的緩解上。因此，轉介給精神科醫師是需要的。

技巧建立成分——層次一（習得）：病人擁有基礎的技巧，但需要綜 110
合性的技巧訓練和發展。初步的努力將聚焦在增進自我監控、情緒調適、痛苦忍受力和憤怒管理。

人格發展成分——層次一（穩定）：病人需要將一再復發及嚴重的危機先穩定下來，為的是專注於習得技巧和持續改善不良人格的特質。進行中的介入方式會自然地將人格成分納入其中，包括：(1)不健全的自我形象；(2)認知上的被遺棄和拒絕；(3)童年性虐待分析（創傷後壓力症候群、羞恥的罪惡感和過度的責任感）。

就 D 小姐的例子來說，對於擁有明顯重複出現，且長期自殺問題的人而言，其治療計畫本質上範圍相當廣。弔詭的是，由於我們用治療矩陣去鎖定特殊的技巧與人格成分，所以治療的焦點還是特定的。在管理的照顧環境當中，很重要的是，我們用概念化及有意義的方式討論心理治療上的作為，這不單單只是應用到相同的理論架構，而且容易被臨床工作者理解。一般來說，D 小姐的自殺模式是擁有低閾值且容易被激發的，即使是在相當平靜的時期，很有可能仍有為數不少的觸發事件，會使得治療地圖更加複雜。慢性自殺病患雖然擁有許多複雜的臨床現象，治療計畫矩陣將潛在的治療議題轉化成一個清晰的表單，可以輕易地讓臨床工作者、病人以及保險公司所了解。

概述自殺模式

完成之前摘要的步驟，應該讓臨床工作者可以開始清楚地表現病人的 CBT 自殺概念化模式（即與第二章中所提供的自殺模式架構一致）。為此，我們需要去確認脆弱性傾向以及可辨別的觸發事件，並需定義出認知、情緒、生理的行為架構內容。第二章所介紹的自殺模式摘要表，可以在此過程中使用。圖 5.3 是 D 小姐工作單的範例，圖 5.4 提供了 D 小姐自殺模式的概念化例子。此概念化模式有助於我們與病人討論自殺風險的本質、如

111 病人姓名＿＿D小姐＿＿

治療時點（圈選一項） 初次晤談 完成於1998年7月1日
定期回顧，晤談次數＿＿＿＿
過渡或轉介＿＿＿＿
有計畫的治療終止＿＿＿＿
無計畫的治療終止（例如：突然停止）

症狀管理成分（圈選一項）：
層次一：症狀穩定
層次二：症狀自我管理
層次三：症狀應用

目前的焦點：
憂鬱症狀的減輕，減少自殺（即減少意念的頻率、特定的意圖）。解決急性憤怒、無望感。根絕酗酒及自傷的行為。

技巧建立成分（圈選一項）：
層次一：技巧習得
層次二：技巧精進
層次三：技巧類化

目前的焦點：
綜合性的技巧訓練與發展，從痛苦忍受力及情緒的調適開始。

人格發展（圈選一項）：
層次一：人格穩定
層次二：人格矯正
層次三：人格修飾

目前的焦點：
穩定重複的危機是為了專注在初步技巧的習得。目前，人格失功能包括不健全的自我概念、視他人是會拒絕及拋棄他的，以及兒時被性侵犯之外的慢性問題。

附註：立即轉介做藥物的諮詢。

圖 5.3 治療成分及層次工作單完成範例

112

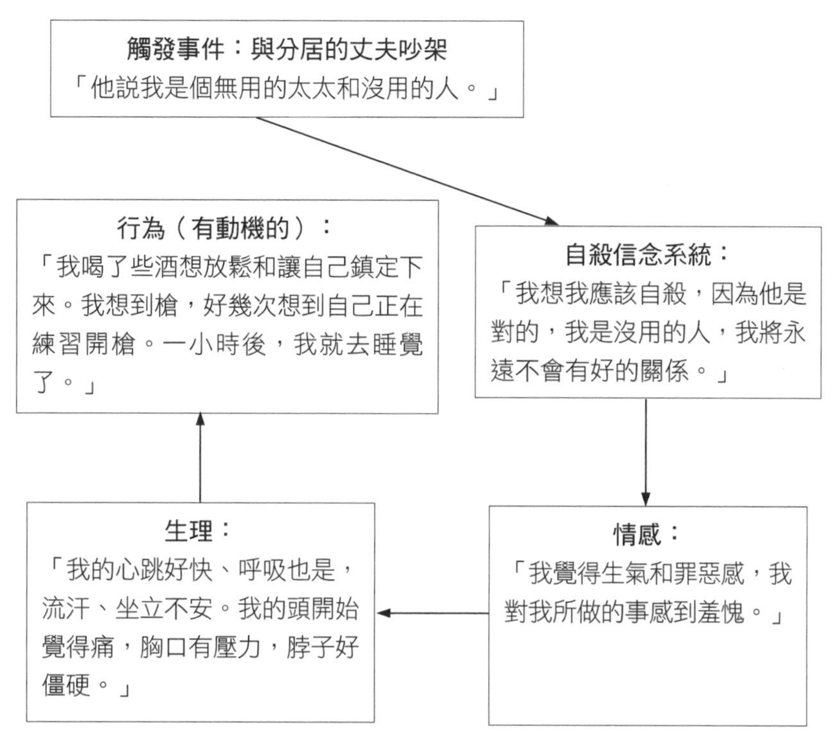

圖 5.4　單次自殺的自殺模式：個案 D 小姐

何在理論背景及研究支持下了解這些模式，以及我們如何做心理治療。讓該模式簡單、直接且易理解是很重要的。直接引述病人的 STR（如果可取得的話），是最有效的方式。實質上，此概念化模式提供了一個討論治療邏輯的發端，特別是在必須要遵循特定治療目標以及程序時。

如圖 5.4 所示，D 小姐的自殺危機一直以來是一致的，常常被與她失和的丈夫或家人的衝突所引發。此衝突會激發她的自殺信念系統，該系統會被不健全的想法（如沒有價值、無望感）所主宰。她報告一系列強烈的憤怒、羞恥、罪惡感以及憂鬱的情緒，她描述了強烈的生理激發和嚴重的酗酒以及偶發的預備行為（亦即將槍取出）。這個簡短模式可以從大量資訊中提煉出易了解的精華。當 D 小姐的自殺模式完成後且呈現給她看時，她的反應表現為：

113 治療師（完成自殺模式圖後）：這個模式是我們一起確認過妳最近一次的風險後所填的。它看起來正確嗎？妳可以分享妳的看法嗎？

D小姐：那就是我！我不敢相信我們真的可以像這樣在紙上呈現出來，我覺得我好像可以了解問題的所在，我希望我可以改變它！

我們建議可以給病人一份手寫的治療原理的描述。圖 5.5 提供一份可直接給予病人的簡單說明。重要的是，不該有專業術語和過於贅述，問題是需要被了解和改變的，過度詳細的說明會使得問題核心被模糊化。如果彼此同意問題概念模式，且討論過治療的原理，則可以在沒有太大的困擾下，輕易完成必要的治療知情同意書。

保密與知情同意書

在治療的概念化和知情同意書的類別中，有兩個額外的目標需要完成。包括完成知情同意書的過程和開始自我監控（稍後章節也會再詳細討論）。1992 年的美國心理學會倫理準則清楚地強調提供合適和易理解的知情同意書給任何尋求臨床治療病人的重要性（Section 4.02），以及建立與病人的臨床關係之重要性（Section 4.01）。這些臨床準則在各種不同臨床表現上，絕對有重要意義，但是這些準則在自殺病人的臨床實務上更具關鍵性。在基礎程度上，自殺表現的潛在生死本質，產生了與生俱來的矛盾性，此矛盾性有可能會打擊臨床工作的核心。更清楚地說，保密是建立堅固治療同盟的核心，然而美國法律的規定要求在下述情況時須打破保密的協定：對自己或他人有身體上的風險時。在急性自殺病人來說，臨床工作者或許會打破保密協定，以確保病人身體上的安全（亦即將病人安置在急性病房，不論其是否願意）。臨床工作者或許會遵循法律上的要求，但是這樣的處置並不總是受到自殺病人的歡迎，自殺病人或許會感覺到被欺騙與掉入陷阱當中，有些甚至不會再尋求心理治療（Szasz, 1986）。

治療過程的目的與本質 114

心理專業人員幫助病人處理心理及情緒問題，例如憂鬱或焦慮、家庭問題、調適困難、人格問題，或是悲傷以及許多其他事物等等。你會被轉介是因為自殺的想法及行為的問題。為了更了解你的特定問題，你將會被要求完成一項延伸的評估，時間大概需要從一次到四次的會談。你將會參與臨床晤談、一些心理測驗，以及有可能和其他精神科、心理健康、醫療專業人員做諮詢，也可能需跟精神科醫師討論用藥之事。我們可能需要取得你過去精神科／心理科的病歷紀錄，而且與你的家人或重要他人晤談。我們要清楚確認你的診斷，了解你特定的問題，並做出最合適的治療建議。

關於這個治療

自殺行為被認為是許多不同因素造成的結果，包括你的發展史（你長大過程發生的事物）、正式的精神疾病診斷（例如：憂鬱症）、你處理壓力（像是婚姻破碎）的方式。你所考慮的治療方式認為自殺是你的思考方式和解決問題的結果。你嘗試解決問題的一種方式，把自殺視為一種選擇。這就是我們想幫助你改變的。

心理治療是心理師或心理健康專業人員與你一起努力，去降低把你帶來這裡的問題。你的進步將取決於許多因素，像是問題的複雜度、治療人員的技術、你對治療的投入，以及其他的生活條件等等。雖然不能保證結果，但大部分的病人發現從治療中可獲得一些益處。

你所考慮的這個治療方式會針對一些特定目標。首先，我們會幫助你減輕症狀的嚴重度，像是憂鬱、焦慮、無望感、失眠或憤怒等。特別的是，我們會幫助你更能容忍你的情緒，而且以健康的方式回應。若症狀嚴重的話，或許藥物是另外一種選擇。我們也會著重特定的技巧，例如問題解決、情緒調適（把情緒做更好的處理）、憤怒管理和積極性。你思考事情的方式是治療的核心。例如，當在壓力情境下，你或許會有災難化的想法的傾向，或過度誇大事情對你的影響。這些是我們會討論的。最後，我們會對長期以來影響你的問題加以處理，就如你說的自我意象，像是你相信自己是個可怕的人。就這部分來說，很可能會讓你談論兒時的創傷，例如性或身體的虐待。

除了這個形式的治療之外，我們也提供其他形式的個人或團體心理治療，以及藥物治療。如果你想要談談其他取向的治療，可以安排約診的時間。

你應該預期在治療中會有很強的情緒反應。治療可以造成個人的改變及情緒的釋放。你應該會察覺到潛在情緒、家庭及婚姻關係的緊張都可能會發生在治療過程
當中。治療的頻率及長度端看個人狀況，例如問題嚴重度及慢性化等因素決定。簡 115
單來說，你在自殺的問題上掙扎越久，治療需要越長的時間。你有權力在任何時間退出治療，如果你不滿意治療過程的本質，我們也會提供其他的轉介。

圖 5.5　治療原理講義範例

保密

你所傳達的資訊會被保密。除了以下狀況之外，沒有你的書面同意不會對外揭露：

- 當你被評估對自己或他人有危險時。
- 若你的心理師是由法院指定來做評估的狀況下。
- 若你是未成年、長者或殘障人士，而且確認你是虐待的受害者，或是你透露虐待的訊息。
- 如果你控告心理師或是治療者違反個人職責。
- 如果是法院命令或其他法律程序或法令要求提供資訊。
- 匿名的公開是為了公聽、評估、研究，不會透露個人身分。
- 向第三方的付款人（像是那些收取服務款項者，例如保險公司）揭露。
- 向其他直接參與你的治療或診斷的專業人士或受督導者揭露。

紀錄

病人看診的文件永久保存在診間。文件通常包含每次與心理師或心理健康專業人員會晤的摘要，包括診斷、臨床重要事件、所提供的治療、所提供的建議、進步（或退步）的證據等項目。

費用

費用將根據診所的規定收取及訂定。很重要的是你需要與行政辦公室的人員會面以檢視你的保險計畫和決定付款方案。你有責任去跟行政辦公室澄清有關費用和收費的規定。有關投保公司的問題請直接詢問行政辦公室或是你的投保公司。保險規定和給付差別很大。我們會和你合作並提供你的投保公司所需的資料或建立付款計畫。

如果可能的話，在 24 小時以前取消治療時段。如果做到的話，將不會收取沒有出席的費用。否則，將會收取少許費用。

緊急時的聯絡

正常上班時間為早上 8：00 至下午 5：00，上班時間內診所提供急診服務。下班時間在急診室提供 24 小時急診服務，由輪值精神科醫師待命。

治療者的資歷

有關治療者的教育背景、訓練、學位和執照資料，請直接向他（她）詢問。

圖 5.5　治療原理講義範例（續）

註：有些保密的限制（如通報之要求）因各州而不同。

因此，基本上，自殺的生死本質有可能讓病人（有人或許認為自殺是 113
個人的權利）與臨床工作者（有些臨床工作者認為預防自殺必須無所不用其極，包含了法律以及專業責任）處於對立的狀態下。不幸的是，強調安
全與住院拉扯的力量中，很容易破壞堅強、正向的治療同盟（Horvath & 116
Greenberg, 1994）。基於上述考慮，可以清楚了解到病人的最佳利益應該是在治療之前提供完整與合適的知情同意書，且在早期小心地建構治療關係，以及可實行的治療計畫。

如果潛在的自殺病人有收到完整的知情同意書，對於有關法律上保密規定的界線和門診治療安全的重要性有所了解，他（她）就能夠擁有信心與臨床工作者發展合適的治療計畫。就像我們先前所討論的，這類形式的知情同意書可以用紙筆或口頭形式，在**延伸的評估**中提供給可能自殺的病人。使用這種方式，可以仔細討論未來治療的各種不同面向，架構出臨床關係與價值，這是再重要不過的了。在美國心理學會倫理準則的精神當中，知情同意書可能包括許多各種不同治療的方式和目標之詳細討論、治療期間、收費以及長期治療的花費（包含健康保險給付的限制），和各種不同的保密及安全事宜。更重要的是，臨床工作者可以更進一步地澄清其在門診安全的角色、他們在兩次治療之間的聯絡方式、他們在治療中使用的技巧，以及其他與治療關係有關的考量。病人因此可以從臨床工作者那裡直接獲得關鍵性的完整資訊，包括潛在的好處、花費、時間以及其他可得的治療方式，病人能夠被清楚的告知，並且對自己的臨床照顧做出最好的選擇（Rice & Jobes, 1997）。

總而言之，知情同意書應該包含下列部分：(1)有關提供服務本質及目標的說明；(2)需要遵循的特殊治療目標以及程序；(3)其他替代的選擇；(4)任何可確認的風險與利益；(5)潛在的治療期間；(6)費用以及付費方式；(7)取消會談的程序；(8)保密的限制；(9)治療師的資格；(10)專業關係的界限；(11)投訴管道。就像之前的證據顯示，使用這個概念化模式在知情同意書中提供了所有包含總體治療相關成分的手段。為了要涵蓋其他事宜，臨床工作者可以在治療原理的講義中加上幾個簡單的段落，在圖 5.5 中有詳細說明。

開始實施自我監控

最終的目標是在於開始實施自我監控。自我監控是藉由使用 STR 來完成的，此在第二章有提及過。圖 5.6 提供了一張空白的 STR，圖 5.7 為D小
117 姐完成的 STR。STR 的好處有許多，包含：(1)增進病人一般的情緒覺察；(2)增進病人的病識感及對自殺現象的了解；(3)確認個體所需求的治療目標以及生活故事；(4)投資時間完成 STR 的簡單功能之一，是增進痛苦忍受力與減少衝動；(5)提供一個有組織與架構性的情緒出口，可以增進情緒調適的功能；(6)增進情緒控制敏感度（以及有關的效能感）；(7)作為病人投入治療的一個確切標示；(8)在治療過程當中增進治療師與臨床工作者之間的溝通。

除了這些優點之外，完成任何所需的諮詢是非常重要的，特別是心理測驗以及藥物（如果有需要的話）。心理測驗的角色會在後面章節詳細討論。如果上述步驟完成的話，持續治療的基礎將會被建立，提供病人一個基礎架構以了解問題，且投入於治療過程當中。對初始晤談來說，目標就是要建立足夠的信賴感去帶領持續的治療。一個清楚而明確的治療理念所能達成的任務實在令人印象深刻，D小姐的感想可說相當典型。表 5.1 的最後一項類別——治療關係，將會在稍後有詳細的討論。

心理計量測驗的使用與角色

有關評估的一些評論

自殺的心理計量評估基本上可以與臨床晤談合併使用。雖然現今存在的量表並沒有任何數據可以支持有效度的預測性，但是這些量表提供了不少優點：

觸發事件[A]	自殺想法[B]	嚴重度[C]（1-10）	持續時間[D]（1-10）	情緒[E]	嚴重度（1-10）	持續時間（1-10）	行為反應[F]	改變[G] +/−

[A] 盡可能地提供細節。描述事情的來龍去脈，哪一天、幾點鐘、現場有誰、發生了什麼事、你做了什麼？
[B] 描述你當時具體的想法。例如：「我有想過服用過量的藥，我不值得活下來，我死了對大家都好。」
[C] 從 1 到 10，1 代表輕微，10 代表極端，描述你想法的強度或嚴重度。
[D] 記錄想法持續的時間，幾秒鐘、幾分鐘、幾小時或幾天。請盡可能地準確。
[E] 描述你的感覺，例如：憤怒、哀傷、罪惡感、焦慮等。請記得，你可以同時擁有多於一種感覺。
[F] 描述你對觸發事件做了什麼反應，以及你的自殺想法。請記得，不做任何事也是一種反應。
[G] 請指出你在做了這些行為反應之後，你的想法或感覺有沒有任何改變。只要記錄正（+）或負（−）即可。

圖 5.6　自殺想法紀錄／自我監控表

摘自《自殺防治——有效的短期治療取向》（*Treating Suicidal Behavior: An Effective, Time-Limited Approach*, by M. David Rudd, Thomas Joiner, & M. Hasan Rajab）。英文版於 2001 年由 The Guilford Press 出版；中文版於 2011 年由心理出版社出版。

觸發事件[A]	自殺想法[B]	嚴重度[C]（1-10）	持續時間[D]（1-10）	情緒[E]	嚴重度（1-10）	持續時間（1-10）	行為反應[F]	改變[G] +/−
1998年7月10日星期五晚上10：35，和我已分手的男友在電話中吵架。	我想再度用槍射自己，何必再努力？	9	2分鐘	生氣 挫折 罪惡感 羞恥	9	約15分鐘	我去附近走了幾圈	++

[A] 盡可能地提供細節。描述事情的來龍去脈，哪一天、幾點鐘、現場有誰、發生了什麼事、你做了什麼？

[B] 描述你當時具體的想法。例如：「我有想過服用過量的藥，我不值得活下來，我死了對大家都好。」

[C] 從1到10，1代表輕微，10代表極端，描述你想法的強度或嚴重度。

[D] 記錄想法持續的時間，幾秒鐘、幾分鐘、幾小時或幾天。請盡可能地準確。

[E] 描述你的感覺，例如：憤怒、哀傷、罪惡感、焦慮等。請記得，你可以同時擁有多於一種感覺。

[F] 描述你對觸發事件做了什麼反應，以及你的自殺想法。請記得，不做任何事也是一種反應。

[G] 請指出你在做了這些行為反應之後，你的想法或感覺有沒有任何改變。只要記錄正（+）或負（−）即可。

圖 5.7　自殺想法紀錄／自我監控表完成範例

- 額外及潛在更多客觀的資料來源。 *117*
- 澄清自殺不同的面向或因素（例如：特定的意念、計畫或嘗試）。
- 對病人表達目前想法以及感受，是潛在減少威脅的運作機制。
- 引入對於評估過程之信度（一致性）的議題。
- 在治療過程中去測量自殺隨著治療過程產生的微妙改變（可能會在一個特別的介入之後使用）。

使用評估的工具可以**平衡**臨床工作者的判斷。Joiner、Rudd 與 Rajab *120*
（1998a）發現，在病人的自陳報告及臨床工作者的判斷之間會產生差距，因為臨床工作者是採用**安全至上**（better-safe-than-sorry）的方式，比起病人看待自己的自殺，臨床工作者視病人為更容易自殺的。有趣的是，病人的自陳報告在幾個月之後比起臨床工作者的看法，對於自殺有更好的預測性，也就是說，跟臨床工作者的評估比較起來，病人的自陳報告是相當有價值的。

自殺在心理計量的評估大部分是採用兩種形式：合併傳統的人格測驗或特別針對自殺的量表。在自殺的評估上，其他學者詳細回顧人格衡鑑（包括客觀與投射的）在評估自殺上所扮演的角色。Eyman 與 Eyman（1992）總結說：

- 心理測驗是了解自殺個體以及獲得重要資訊的重要工具。
- 自殺篩檢量表可以幫助在大團體當中指認有潛在風險的個體。
- 一旦個人被確認為有風險，完整的心理測驗可以回答病人跟自殺有關的人格組成、特質以及可能會促成自殺的相關環境（p. 141）。

我們同意之前總結的建議，已知現有的人格測驗（例如，MMPI-2 以及 MCMI-III）可以提供人格架構和組成的深層了解，特別是對於易脆弱性傾向方面，最終會引導到更好的概念架構。

提到特別針對自殺的評估工具，Range 與 Knott（1997）回顧了二十種最常使用的評估工具，包括了臨床工作者評估量表、自陳自殺量表、自陳自殺緩衝量表，還有針對兒童及青少年以及特殊目的之量表。他們建議使用三種量表：《貝克自殺意念量表》（Beck & Steer, 1993）及其延伸量表（例如：《修訂版自殺意念量表》；Miller et al., 1986）、《生存理由量表》（Linehan, Goodstein, Nielsen, & Chiles, 1983），以及《自殺行為問卷》（Linehan, 1981）。

一些實務上的考量

我們發現《貝克自殺意念量表》（BSS）和《修訂版自殺意念量表》
121 （MSSI）是非常有用的。對於達到治療監控目的，例如在第六章所摘要的簡單跟直接的問句（加上詳細的文件紀錄及持續監控），及定期性整合正式評估量表（為了先前總結所得的理由）是非常有價值的。我們發現，重複及規律性地使用這些量表（例如每週使用），通常會遇上相當的抗拒和一些不滿，以及偶爾會被立即拒絕或是極端抗拒。頻率不高和有策略地使用（例如每三個月使用）是會被病人所接受的。以這樣的方式，使用量表來完成臨床判斷以及提供一個更客觀的、完整的治療過程指標。

與美國心理學會 1998 年對於心理評估的建議一致，自殺的評估也有賴於「各種不同測驗所得到的資訊、包含多重評估方法，以及將蒐集到的資料放入歷史訊息、轉介訊息，以及在晤談過程中持續行為觀察的脈絡當中，這些都是為了對被評估者產生一個一致性及綜合性的了解」（pp. 107-108）。總結來說，臨床工作者應該嘗試盡可能地得到更多訊息，並以謹慎、有策略性及組織性的方式來進行；運用多方面的資源；以可預測性的和定下固定時間表的方式來重複此一過程。在這方面，初始會談會定下往後每次會談需遵循的方向。

建立治療關係

以下有五個相當簡易及直接的步驟，有助於建立穩固的治療關係及同盟。最開始的時候，在討論核心模式及治療計畫的歷程中（即知情同意），

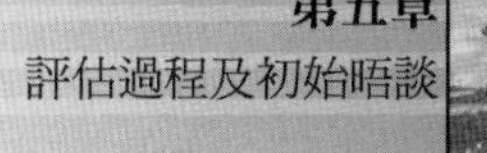

有許多特殊的步驟可以聚焦於治療關係。包含定義一個概念性網絡（步驟一）、探究特定的人際問題領域（步驟二、三）、定義所需的語言以及將關係的議題整合進治療的議程（步驟四），以及全程重複和回顧（步驟五）。

步驟一

概念化治療關係及同盟是治療議程的一部分；也就是說，對於所提供的概念模式進行部分討論。活躍的自殺模式並非憑空而來。一個活躍的自殺模式以及催化模式，將會影響病人與治療師之間的關係，進而影響治療關係。而這對他們來說從一開始就是很重要的知識。舉例來說：

> 「如果你回顧我們討論過的概念化模式，你會想起來，有一 *122*
> 件事經常很一致地會引發你的自殺反應，那就是人際衝突！事實上，如果你想要了解得更清楚，我們可以說，它們會發生在當你感到被某些方式或模式所拒絕的時候。你提到一些事情是其他人會觸發你自殺的臨界點，我想到你說如果你覺得對你來說很重要的人打斷你的對話、不回電話給你、表現出對你毫無興趣、一點也不想聽你說話、不想跟你做一些事情，這些事都會引發被拒絕的感受。在治療過程中討論這些對我們來說是很重要的，雖然它是治療關係，但它仍然是一種關係，而且是偶爾才有的（當然頻率也有可能比我想的還要多），我也會做某些會引發拒絕感的事情。因此，你可能會相當難過與憤怒，而且或許會感覺難以說出口，但是我們所做的是非常重要的事情。有些時候，我可能完全沒有覺察到你感覺到難過，除非你告訴我。」

步驟二

臨床工作者應該對於目前的關係提供一個歷史性及發展性的脈絡。最有效的方式，就是在發展歷史及重複的人際問題上畫兩條平行線，以及該模式如何在治療關係中浮現。最重要的是，臨床工作者需要去確認治療應針對那些特殊技巧的缺陷。藉由釐清這些問題是治療議程的一部分，將會有助於治療關係和治療成功的關鍵。有鑑於病人的人際技巧缺陷影響到病人所擁有的每一個關係，這些缺陷也將會以某些形式影響治療的關係。事實上，治療關係本身也有可能是最有效的改變工具。這往往是病人不想討論的禁忌，也是某些臨床工作者不太願意討論的部分。藉由強調它，臨床工作者會讓它變得可接受，且期待病人可以將這些問題說出來，並在治療中提出來討論。不僅止於可以接受在治療中討論關係的問題，它並且是會被鼓勵及增強的。舉例來說：

「我們討論了一些過去幾年中你所遇到的人際問題，我相信我們可以說這些問題重複出現在各種關係當中，治療關係也是一樣的。讓我舉個例子。你說你總是感覺到被母親批評與拒絕，而
123 且從那時開始這個問題就浮現於親密關係中。如果我回想的沒錯，你說當你感覺到被拒絕或是遺棄的時候，你就拒人於門外或是退縮回自己的殼裡，這都是為了保護自己。所以我們必須將其轉化成我們正在討論的人際技巧，我們可以說，增進你在忍受與維持親密關係的能力、增進你憤怒管理的能力，以及在關係中發展更好的信賴感是不錯的選擇。如果在治療關係中沒有浮現這些問題，我很可能會覺得奇怪。雖然就很多方面來說，治療是很獨特的一種關係，而在這個關係中你所談的是親密與潛在威脅的材料。因此，我們剛提到的一些感覺也會浮現在我們的關係當中，我只是想要讓你了解，不只是可以討論這些問題，而且為了要有效地處理一開始把你帶到治療當中的這些問題，我相信這是相當重要的。」

步驟三

臨床工作者應該詢問一些有關病人之前治療的特定問題。對於確切知道病人在過去治療中所經歷的人際問題種類是很重要的。臨床工作者需要知道什麼是該深入探討的，和哪個領域是特別敏感的。因此，他們或許可以預期到會有哪些問題。病人可以提供確切的例子，這會促進治療關係及目前關係的討論。同時也可以幫助臨床工作者判斷病人病識感的程度，了解關係動力。舉例來說：

「根據一些我們之前討論過的親密關係的問題，我好奇的是，你如果和過去的治療師遇到類似的問題，你如何去處理它們？怎樣會使你更容易去處理它們？有什麼會使你感到更困難？你是否乾脆放棄？對你而言有什麼樣的影響？你是否開始對於治療能否幫助你感到無望？」

步驟四

臨床工作者應該提供病人一個特定的架構來討論這個治療關係。特別
的是，臨床工作者鎖定這個問題時應該要設定界限。通常而言，設定界限 124
對自殺病人來說是一個難以應付的問題。如果臨床工作者沒有提供一個架構及語言給病人，他們很可能不了解如何進入這個主題。舉例來說：

「當治療關係出現時，你可能會想要去思考一些特定的事情，如果你不介意的話，我會鼓勵你去思考對於治療的普遍感受，也就是說，你想的事情變好了嗎？哪些是有效的，哪些是沒用的？你也可能會想要去考慮你如何看待我的角色、我是否有做好我的工作、是否你感覺到我走在對的方向上，我是否有聚焦、是否給你足夠的時間、有沒有及時回電等等。另外，我們是否在問題上

以及如何解決問題有共同的看法。最後，我鼓勵你去考慮你在治療中的角色，也就是什麼是你的責任、要做好什麼事、你對哪些事情感到掙扎，以及你是否有能力去執行我們所談到的一些事情。」

步驟五

臨床工作者應該重複以及回顧治療議程中的例行項目，以及固定的項目（例如，應該要在每三到四次會談結束前留下一點時間，去處理特殊的治療關係）。重複和回顧是重要的。從我們目前討論的治療模式，可以清楚看到這治療關係是成功的關鍵，但不是唯一的焦點。它們是治療議程中關鍵的項目，但就像前面所提到的，還有其他的事項必須注意。我們也需要專注於其他一些具體的目標，以及花許多時間在上面。把治療關係放在適當的觀點上是非常重要的。另外，如同稍後會詳細討論的，把持、錯用這個關係會造成核心的問題。舉例來說：

「我很高興我們有這個機會更仔細地去討論治療關係。我的想法是，這些需要以週期性的方式來完成，也許每兩個星期一次或是一個月一次，或是任何需要的時候。很重要的是，在你談到你所關心的議題時可以感到足夠的舒適感，我知道這是不容易的，特別是在治療的初期。如果有什麼事情是我做了會讓你在這過程中感覺到更輕鬆，請讓我知道。到目前為止，你對於我所說的有什麼想法跟感覺？」

125 無疑地，治療關係在治療過程中需要非常一致地去處理。無論如何，許多挑戰是臨床工作者在急性或是慢性的自殺病人面前必須面對的。有的時候，你會感覺到好像病人單純地不想要治療生效；或許更正確來說，有些自殺病人只是單純地不知道如何使治療生效。有效地處理治療中的擾亂與挑釁，將會幫助病人學習必要的技巧以及在往後的復原中所需的改變。

第六章

自殺風險的評估

對所有執業的臨床工作者來說，評估自殺想法與相關的行為是極為重 126
要的，遺漏的錯誤將會造成嚴重的悲劇。以門診為基礎的自殺行為治療，需要系統性的取向去做風險評估與相關的每日行為管理，尤其當提供治療嚴重地受限於頻率、類型或時間因素時。

最近，學者提供了在自殺的風險評估、治療以及急救管理上一個特定的實行準則（Rudd, Joiner, Jobes, & King, 1999），雖然這些準則被限制於某些領域上，但它們奠基在實證研究上，而非在臨床實務中的失敗案例。過去的準則是基於**臨床錯誤**的例子，或是回溯**做錯了哪些**的判斷上，而非我們所知科學上認為可行的觀點。然而，它們仍然代表了大眾普遍的照顧標準，這些是執業的臨床工作者所遵循，或是至少當有不幸的臨床結果出現時能夠做依據的（Bongar et al., 1992; Bongar et al., 1993; Silverman et al., 1994）。

本章提供了對自殺門診病人一個持續性評估的普遍架構。它同時符合現有的標準和更多被推薦的實務指引。這個架構與先前所提供的 CBT 模式（即自殺模式）一致，且是基於可運用的實證研究。保守估計，三分之一的普羅大眾在他們的生命當中曾察覺到自殺意念，而在精神科場域會遠超
過於這個數字（Paykel, Myers, Lindenthal, & Tanner, 1974; Schwab, Warheit, 127
& Holzer, 1972）。但是，有相當多臨床工作者在住院病人或門診病人當中，並沒有成功地使用一致性或綜合性的評估模式（Jobes, Eyman, & Yufit, 1990）。

除了在門診治療及相關臨床決定上提供風險評估的架構外，本章也著

重在以下幾個主題，這些主題在自殺領域對於全然了解風險評估以及臨床實務的能力上都是非常關鍵的：

1. 區分風險評估及預測工作之間的差別。
2. 使用專業術語上的一致性與精確性。
3. 在風險評估中通常會忽視的重要角色——**時間**。
4. 需要藉由建立風險與相關嚴重性的類別，以進行**風險監控**。
5. 深入及完整之文字紀錄的重要性。
6. 評估慢性自殺病人的風險。
7. 持續管理以及治療的意涵——尤其在時間有限之情境下。

區分風險評估與預測：定義臨床責任的本質

在法律界與法院系統當中存在一種預期，就是臨床工作者可以預測病人的自殺與他殺行為：法律上的概念是可預見的。毫無疑問，對執業的臨床工作者有這樣的期待是有問題的。首先，這對臨床工作者來說是不切實際的要求，結果會提高了臨床工作者的焦慮感、潛在地影響每日實務工作的本質與相關臨床程序。例如：在建立風險評估、進行心理計量測驗、要求專業諮詢時會花更多不必要的時間，以補償臨床工作者的焦慮，而非進行心理治療所需的時間；其次，法院期待臨床工作者能夠預測病人的行為，也會影響到目前照顧的標準，而無視於實證研究的發現。自殺預測想法已經持續存在於法院系統和醫院，儘管相當多的證據顯示出，這種期待是十分不切實際的！

簡單地從統計學的本質來說，像自殺這種低基本率（base-rate）的現象，是不可能在個別案例上具有信度的預測。實際上，不論臨床上的表現為何，去預測病人「不會自殺」的行為，我們正確判斷率會增加。實證自
128 殺預測模式已經一致性地表現出此觀點，高比率的假警報與失誤使得預測模式失去其應用價值（如Clark, Young, Scheftner, Fawcett, & Fogg, 1987; Mac-

kinnon & Farberow, 1975; Motto, Heilbron, & Juster, 1985; Murphy, 1972, 1983, 1984; Pokorny, 1983, 1992）。

此領域所得的研究是相當明確的。我們的工作不是預測自殺，而只是以合理的、可信賴的、一致的且臨床上有用的方法來評估自殺風險。對執業的臨床工作者而言，使用評估模式去溝通概念與記錄文件是非常重要的。此模式平衡了風險與保護因子，著重在預測本質的謬誤，提供了明確的實證風險變項的呈現。理想上，用於風險評估的模式會在概念上與治療理論的取向相互一致。倘若如此，風險評估變成治療過程本身相當自然、有意義且重要的部分，對好的照護來說是不可忽視的重要部分。

我們不能很有信心地去預測自殺行為，並不表示我們沒有辦法辨認那些會把病人放在 Litman（1990）所說的自殺區的重要風險因子。臨床工作者的工作是去確認何時病人會進入風險區（即風險評估），並且相應地予以回應（即管理以及治療）。風險評估可以同時**解釋及預估**病人的自殺，它沒有辦法從治療過程中區分出來，它不是一個分離出來的工作或要求。在**治療地圖**當中，回答病人立即與持續性照顧的關鍵性問題是很重要的，這些問題跟我們之前呈現的 CBT 理論一致。

使用精確專業術語的重要性：說我們所知道的，且知道我們所說的

正確風險評估的第一個必要步驟是標準術語的使用。若沒有標準的專業術語，在評估以及與病人的溝通上使用不一致或不精確的學術用語，其將會被錯誤解讀，就像臨床工作者拿病人的權益當作賭注一樣。換句話說，我們或許是在說同一件事情，但是會產生另外一種意義，對病人來說也可能產生同樣的情況。在管理式的照顧環境下，如果我們指稱某一個高風險的情境，但是我們認為這個行為是慢性的以及人格功能上的障礙（邊緣型**外顯**或是**重複事件**），此高風險本質的個案或許沒有很清楚的被傳達。結果，治療可能會受到相當的限制，並且喪失追蹤的照顧機會，直到下次自殺行為出現為止。

O'Carroll 等人（1996）提出一份標準化的術語，此份術語提供的描述
129 性術語分成兩大類：工具性的行為（亦即，完全沒有死的意圖，但是有其他的動機，例如尋求協助、懲罰他人或是尋求注意），以及自殺行動（亦即，意圖死亡）。圖 6.1 提供詳細的術語列表，特別是在各類意圖及結果上區分其不同。這些定義將會很頻繁地使用在臨床實務當中，包括以下幾類：

> 自殺：有證據（內隱或是外顯）顯示有從傷害、中毒或者窒息的死亡，傷害是自我施予而且已故者是有意圖去殺了他自己。註：「完成自殺」這個名詞可以跟「自殺」互相替換使用。
>
> 有受傷的自殺嘗試：一個行為造成非死亡性的自殺、中毒或是窒息，有證據（內隱或外顯）顯示傷害是自己造成的，且他（她）在某種程度上意圖殺死自己。
>
> 沒有受傷的自殺嘗試：為潛在性的自我傷害行為並伴隨非死亡性的結果，有證據（內隱或外顯）顯示個體在某種程度上意圖殺死自己。
>
> 工具性自殺相關行為：潛在的自傷行為，有證據（內隱或外顯）顯示，個案沒有意圖殺死自己（即沒有死亡意圖），以及個體希望使用企圖殺害自己的現象來得到某種結果（比如說尋求幫助、懲罰他人或是獲得注意）。工具性的自殺相關行為可能伴隨傷害、沒有傷害或是死亡結果（即意外死亡）。
>
> 自殺的威脅：任何口語或非口語的人際行為，可以被合理的解讀為在不久的將來有可能產生自殺行為，但目前則險些會採取直接的自我傷害行動。
>
> 自殺意念：任何一個與自殺有關行為的自陳想法（pp. 246-247）。

就像之前討論的一樣，使用標準術語對執業的臨床工作者有不少顯而易見的優點。或許最重要的是，術語在本質上提供了一個可觀察的及描述性的資料。提議的術語區分了自殺相關行為三個重要的成分（如 Maris et al., 1992）：(1)結果（受傷、未受傷及死亡）；(2)自我傷害的證據；以及(3)藉

130

<table>
<tr><th colspan="3" rowspan="2">自殺相關行為之術語</th><th rowspan="2">意圖在自殺中死亡*</th><th rowspan="2">工具性想法</th><th colspan="3">結果</th></tr>
<tr><th>未受傷</th><th>非致命性受傷</th><th>死亡</th></tr>
<tr><td rowspan="8">自殺相關行為</td><td rowspan="4">工具性行為</td><td>工具性自殺相關行為</td><td></td><td></td><td></td><td></td><td></td></tr>
<tr><td>—有受傷</td><td>否</td><td>是</td><td></td><td>★</td><td></td></tr>
<tr><td>—未受傷</td><td>否</td><td>是</td><td>★</td><td></td><td></td></tr>
<tr><td>致命性的後果†</td><td>否</td><td>是</td><td></td><td></td><td>★</td></tr>
<tr><td rowspan="4">自殺行動</td><td>自殺嘗試</td><td></td><td></td><td></td><td></td><td></td></tr>
<tr><td>—有受傷</td><td>是</td><td>+/−</td><td></td><td>★</td><td></td></tr>
<tr><td>—未受傷</td><td>是</td><td>+/−</td><td>★</td><td></td><td></td></tr>
<tr><td>完成自殺</td><td>是</td><td>+/−</td><td></td><td></td><td>★</td></tr>
</table>

圖 6.1　建議的標準術語

*意識上意圖藉由自殺行為結束一個人的生命；†考慮意外死亡。

由自殺意圖死亡的證據（內隱跟外顯的企圖）。確認這些成分的重要性以 129
及將它們整合在術語中，提供了執業的臨床工作者一個機會，將所欲扮演的關鍵角色記載得更清楚。特別是他們隨著時間變動的意圖本質、在特定狀況下正確評估意圖的困難（比方說一個故意誤導且抗拒治療的病人），以及可靠預測病患行為之謬論。

意圖（intent）是一個主觀的個人動機，會以一種內隱與外顯的方式來做溝通。當然，在晤談當中，如果我們詢問，病人可能會告訴我們他們的意圖是什麼（即外顯或是主觀的意圖）。評估意圖（即內隱或客觀的意圖）的另一方法是行為指標。Beck 與 Lester（1976）原先提供的客觀以及主觀的意圖指標，與O'Carroll等人（1996）所提供的專業術語表以及概念一致。客觀的指標包含了自殺企圖的時機、孤獨感、預防不被發現、尋求幫助的行動、準備死亡的最後行為、留下死亡紙條、致死的方法、前置的程度和計畫，以及先前自殺的嘗試之特質（Beck & Lester, 1976）。主觀的指標不只是行為目的之表達（表達出意圖），更包含了先前的溝通、致死性的預期及對行為之危險性的了解、對死亡的態度、對獲救之可能性的信念，以

及維持這些意圖的反應。這些指標都被整合進入稍後章節所提供的評估架構。

131 臨床風險評估晤談的重要成分

這一節特別專注在臨床晤談上自殺的探索。第五章提到心理計量評估工具的使用及協作的方式。在這裡我們呈現了重新建構評估晤談、辨識出四大風險類別，詳加說明該如何詢問風險嚴重度的方法。另外，在四大風險類別的項目當中，我們提供了一個自殺嚴重度的連續性向度。

基本上，自殺的評估只是臨床晤談以及評估過程的一個成分，而且不應該分別來考量。這裡的假設是，完整的初始晤談病史及診斷已經完成，如果可能的話，心理測驗的使用及整合，以及與病人的重要他人的晤談也須實施。這裡說的每一點在第五章均詳細討論過了。

風險評估的類別包含：自殺行為的前置行為、可辨識的壓力源或促發事件、病人的症狀呈現、無望感的呈現、病人的自殺意念本質、過去的自殺行為、衝動以及自我控制，及可辨識的保護因子。

圖 6.2 提供了一個詳細的列表，包含所有範疇變項、一個需要被回答的原則性問題，以及每一個成分的特殊問題。如同其他學者（如 Clark & Fawcett, 1992; Rudd & Joiner, 1998; Somers-Flanagan & Somers-Flanagan, 1995）的看法，我們建議一個特定的問題詢問次序，從可確認的觸發事件轉移到病人症狀的呈現，以及病人自殺思考的本質。根據這樣的流程，就可定義出自殺的模式以及反應的信念系統。

這裡建議的一系列取向有許多優點。或許最重要的是，對減輕焦慮與激動以及關係的增進，可以在晤談的強度及親密度逐漸進展時獲得。在晤談中兩個不同的轉變點，提供臨床工作者一個獨特的機會將病人的焦慮正常化、改善密切關係，以及確認更正確的風險評估。舉例來說，在晤談的程序中，臨床工作者從一個病人呈現症狀的討論到可能的緊急無望感，臨床工作者可以很簡單地加入以下句子：「對某個憂鬱且經歷到重大壓力的

132

類別一：自殺行為的傾向（脆弱性傾向）

病人有自殺行為的傾向嗎？這個問題在初始訪談及獲得病史時需要一再地被回答和確認。

考慮以下事項：

A. 過去的精神病史（重複出現的疾病、共病及慢性疾病會增加其風險性）。

B. 先前自殺行為的歷史（過去的自殺嘗試、高致命性及長期困擾會增加其風險性）。

以下提供特定問題的順序：

C. 受虐歷史（身體、性、情緒）、家庭暴力和嚴苛的親子關係：「你可以告訴我一些有關你家庭的事情嗎？你的童年及青少年時期是怎麼過的？你曾經是父母、家庭成員或是其他人（身體、性、情緒）虐待的被害人嗎？你可以告訴我更詳細一些嗎？在你的家庭中有存在任何形式的暴力嗎？你可以告訴我更詳細一些嗎？你的父母如何管教你（和你的兄弟姊妹）？」

類別二：突發事件或壓力（觸發事件）

是什麼引發自殺風險？

考慮以下事項：

A. 回顧任何重要損失（經濟、人際關係、自我認同）：「你最近過得怎麼樣？家庭？工作？你跟某人（重要他人）的關係？你可以告訴我一些最近對你來說壓力較大的事件嗎？」

B. 了解任何急性或慢性健康問題：「可不可以告訴我你的健康狀況如何？最近有沒有任何問題？」若有慢性疼痛：「最近是否難以處理疼痛的問題？你如何來管理你的疼痛問題？」

C. 了解任何可能的家庭不穩定因素：「家中狀況如何？你可以告訴我一些有關你與伴侶（小孩、父母等人）的關係嗎？」

類別三：症狀的表現（情感系統）

病人目前呈現什麼樣的症狀？

考慮以下事項：

A. 第一軸、第二軸診斷，特別著重在憂鬱和焦慮：「最近你有沒有覺得難過、憂鬱、心情低落或沮喪？下列哪些是你正在經歷的：睡眠困難、沒有活力、沒有胃口或胃口大開（伴隨體重大增或大幅減少）、對事物不感興趣、對自我感到負面情緒、無法專注或專心、罪惡感、死亡或想死的想法？最近有沒有感到焦慮、緊張或恐慌？」

圖 6.2　風險評估類別及階層問句

B. 症狀嚴重度：「你的憂鬱程度有多嚴重？你可以用 1 到 10 的量表評估自己的狀況嗎？1 代表你從未有如此好的感覺，10 代表你的憂鬱相當嚴重，且日常功能失常或你認真地考慮自殺。你的焦慮程度有多嚴重？你可以用 1 到 10 的量表評估自己的狀況嗎？1 代表你一點焦慮也沒有，10 代表你非常焦慮，且緊繃到坐立難安和願做一些事情來抒解。你曾做哪些事情去抒解焦慮？」

133 C. 憤怒躁動和急迫感的表現：「你最近有覺得憤怒或躁動嗎？如果有，你可以用 1 到 10 的量表評估自己的狀況嗎？1 代表你一點憤怒也沒有，10 代表你非常憤怒或躁動，你想你可能會失去控制。你最近有覺得急迫感，好像你需要很快地做某些事情以抒解？如果有，你做了些什麼事來抒解？飲酒、使用藥物、使用處方箋藥物，或一些以任何方式會傷害你的事情？」

D. 共病：與以上提到任一病症會同時發生的問題。例如，「你有沒有同時感到憂鬱、焦慮、憤怒或躁動？」

類別四：無望感的存在（認知系統、自殺信念系統）

這個病人呈現出無望的情形嗎？

考慮以下事項：

A. 無望感的存在：「最近你覺得很沒有希望，像是事情不可能有改善或變好嗎？」

B. 無望感的嚴重度：「你的無望感程度有多嚴重？你可以用 1 到 10 的量表評估自己的狀況嗎？1 代表你對未來感到樂觀，10 代表你對事物會變好不抱任何希望。」

類別五：自殺想法的本質（認知系統、自殺信念系統）

目前病人的自殺想法的本質為何？

考慮以下事項：

A. 目前意念的頻率、強度、持續時間：「你曾經有想要自殺或自殺的念頭嗎？如果有，你可以告訴我你在想什麼？你有多常想要自殺，每天、每個星期、每個月？一天多少次？通常這些想法持續多久，幾秒、幾分、幾小時或更長？這些想法有多嚴重、劇烈及不可抵擋？你可以在 1 到 10 的量表上評估一下嚴重度或劇烈程度，1 代表輕微，10 代表嚴重或無可抵擋。」

B. 特定性及計畫：「你能具體告訴我你想些什麼？你要如何自殺？當人想到自殺時，他們通常想到如何、何時、在哪裡……你有過這些想法嗎？你有想過其他自殺的方法嗎？你有用特定方式自殺的計畫嗎？」

圖 6.2　風險評估類別及階層問句（續）

C. 方法的可得性：「你有接觸這個方法的機會嗎？或是你可以使用這一個方法嗎？如果有，在哪裡？如果沒有，你有安排去獲得此一自殺方式嗎？」

D. 積極的行為：「你有在任何方面積極地想自殺這件事嗎？你有從事任何步驟來準備自殺嗎？如果有，你做了哪些步驟？……你做了些什麼？」

E. 明確（例如：主觀）的意圖：「你有無任何意圖去實現自殺的想法？請你用 1 到 10 的量表評估一下你的意圖，1 代表毫無意圖去做自殺這件事，10 代表你一有機會就會去實現自殺的想法。你有跟其他人談過你的自殺想法嗎？你對死亡的信念為何？你有想過會發生什麼事嗎？你對從上次的自殺嘗試中生還有何想法（如果有自殺嘗試）？」

F. 制止自殺：「你尚未積極地實現這些想法，是什麼制止你去行動？是什麼讓你有活下來的動力？在過去你有這些想法的時候，是什麼讓你繼續活下來？」

類別六：過去的自殺行為、準備行為（行為系統） 134

這個病人是否有自殺行為的歷史？病人是否有從事可確認的準備行為？

考慮以下事項：

A. 頻率與內容：「你一生當中嘗試過多少次自殺？從第一次說起，你可以告訴我在那時候發生了什麼事……是什麼事情引起的？」

B. 了解每一次自殺嘗試的致命性與結果（即幫助去察覺到內隱或客觀的傾向）：「你認為〔方法〕會殺了你嗎？你接受醫療照護嗎？如果有，是哪一種？你接受精神科的照護嗎？如果有，是哪一種及持續多久時間？活下來的感覺如何？」

C. 援救的機會及尋求協助（即幫助去察覺到內隱或客觀的傾向）：「在你嘗試自殺後，你是如何獲得協助？誰發現你？是在什麼樣的狀況下？你有採取任何步驟以確保你不被發現嗎？如果有，是哪些？」

D. 任何形式的準備行為：「病人從事哪些準備的行為、計畫、預演或嘗試？常見的準備行為包括經濟上的計畫、寫信給親愛的人、買保險或是改變保險的金額、完成或變更遺囑、取得自殺的方法、準備自殺道具，或是實際做自殺的演練。」

類別七：衝動性及自我控制（行為系統）

病人很衝動嗎？他（她）缺乏自我控制嗎？

考慮以下事項：

A. 主觀的自我控制：「你認為自己是衝動的嗎？如果是，為什麼？現在你覺得是可控制的嗎？如果沒有，為什麼？最近有沒有發生過失控的狀況？你做了些什麼？請你用 1 到 10 的量表評估一下你的自我控制，1 代表完全的控制，10 代表完全失去控制。你覺得你可以控制你的自殺衝動嗎？」

圖 6.2　風險評估類別及階層問句（續）

B. 客觀的控制：「你有喝酒或使用任何一種藥物嗎？如果有，評估其頻率、濫用的程度、使用時間、藥物的存在。你的任何衝動行為有無造成問題……性行為的濫交、侵略性行為的出現？」

類別八：保護因子

有何保護因子存在？

考慮以下事項：

A. 社會支持——家人及朋友：「你有可以談心和依靠的家人或朋友嗎？你有找他們尋求支持嗎？如果沒有，為什麼？在遇到危機時你可以向誰尋求協助？」

B. 問題解決及因應史：「過去在解決問題及因應上有遇到問題嗎？你在確認解決方法或是找到現存問題的答案上有無遇到困難？」

C. 正在進行的治療：「你正在進行心理治療、藥物治療，或是兩者皆有？你過去對治療的反應為何？你覺得有效嗎？」

D. 希望感：「你有任何一刻覺得現今的情況是有希望及樂觀的嗎？」

圖 6.2　風險評估類別及階層問句（續）

資料來源：摘自 Rudd 與 Joiner（1998b），Copyright 1998 by Professional Resource Exchange。

131 人而言，感覺到無望感是很自然的事情。你最近有感到無望感嗎？」這段話使病人表露出來目前疾病內含的心理病理（例如重鬱階段），以及造成減輕焦慮、抗拒和增進信賴感的結果。此結果非常有可能使病人更加誠實
135 地報告自身狀況，進而獲得更正確的風險評估。同樣地，可以藉由以下這句話，讓無望感的討論轉移到自殺的思考簡單些：「這對某些壓力很大以及臨床上憂鬱和無望感的人而言，會想到自殺是很常見的，你會這樣嗎？」

引出有關意圖和自我控制訊息的訣竅

雖然圖 6.2 中大部分是自我解釋，但有幾點要特別強調。就像在專業術語上的討論一樣，重要的是去確認與區辨出敘說清楚（主觀）和隱藏（客

觀）的意圖。分辨出這兩者和 Beck 與 Lester（1976）所提出的原始自殺意圖概念化相符合。簡單來說，敘說清楚或主觀的意圖就是病人所陳述的意圖。當臨床工作者詢問他們是否有任何意圖去實行他們的想法時，病人是如何回應的？他們對死亡的態度為何？他們對於從自殺嘗試存活下來的感覺為何？他們對被救活有何想法？他們對致死的方法有多少了解？相對而言，客觀或隱藏的意圖是藉由病人目前或是過去行為（例如，嘗試時機、在自殺嘗試之前對於不願被解救與被發現所做的努力、在自殺嘗試過後尋求協助之行為、前置預備行為像是：在嘗試之前所做的財務安排以及留下自殺紙條，以及選擇高致命性的方法）來做更詳細的評估。

理想上來說，對於意圖的陳述以及客觀的指標應是一致的；然而，得到一個衝突性的結果也很常見，這通常發生在慢性自殺病人身上。對於這些個案，我們建議當臨床工作者進行風險評估時，要對意圖的客觀指標給予不同的加權計分。

圖 6.2 中，我們也分辨出客觀與主觀的自我控制指標。跟意圖的架構一樣，這可以提供有關病人自陳報告更正確的評估，也對於詢問病人的方法有所依據。我們強烈地建議對於病人考慮自殺的方法至少要問兩次，當病人開始討論最初的方法之後，只要簡單地問他們：「你有考慮過其他方法嗎？」對自殺病人而言，隱藏最致命或是可執行的方法是很常見的，除非我們更加詳細地詢問。對長期自殺以及人格疾患的病人，我們常會見到這種模式。在很多方面來說，它呈現出自殺風險的特徵以及挑戰臨床工作者的臨床解決能力與投注，同時也透露潛藏著的人格上的病理現象。

我們也發現到當詢問自殺病人時，使用簡單的 1 到 10 量表是非常有用 *136*
的。在討論呈現症狀的嚴重度、生氣、憤怒、無望感、目前自殺想法、外在意圖以及自我控制上，這量表是最有用的。雖然步驟簡單，但好處很多！首先，量表提供了一個機制，使病人可以量化及澄清其主觀的情緒經驗；其次，這個評估可以做跨時間的比較與風險評估的調整；第三，這個量表提供了一個簡單的方法，使病人可以指認與監控自己症狀上的變動（尤其是進步）。病人在急性風險狀況下，無望感使得此種評估變得非常困難。數字的評估提供一種客觀的指標，可以與病人一起分享，還可以強調以及展示出改變和進步的功效，即使事實上病人的主觀痛苦可能仍持續存在。最後，此量表可以潛在地增進許多臨床工作人員之間的溝通。理想上來說，可以促進管理與治療的結果。與頻繁自殺病人之間要建立起一小步架構，都需要長時間的努力。

這個模式所呈現與所詢問的問題顯示，在許多方面風險評估能夠幫助病人描述其自殺信念系統和自殺模式之內容。對自殺病人做概念化、風險評估以及詳細說明治療計畫三者是不可分開的。對任一領域缺乏特殊性和專注，將會影響到另外兩個領域，反之亦然。與此一致的思考為，風險評估在治療自殺病人實務上是一個持續性的工作。除了「評估風險嚴重性」這個常見的方式之外，我們也分辨出四類風險：基準線、急性、慢性高風險群、慢性高風險群伴隨急性惡化。總結來說，風險評估包含兩個步驟：(1)指出風險的類別；(2)評估它的嚴重度。

風險類別：基準線、急性、慢性高風險，以及慢性高風險伴隨急性惡化

依照先前所討論的，我們建議臨床工作者可以使用表 6.1 的方式來分辨四個風險類別。「基準線風險」是指當病人沒有急性風險意念時的風險程度，也就是當症狀和壓力源已經被解除時。實質上，基準線風險是呈現於當病人為無症狀的狀態時，也就是說處於他的**相對最佳**狀況時。所有自殺個體，不論是有自殺意念者、單一自殺嘗試者或長期多次嘗試者，有一個基準線風險的評估，此評估是他們**返回**在精神病理學中相對平靜和緩解的
137 時期。然而，基準線風險在這些群體之間無法相互比較。而使用簡單的嚴重度評估意味著可比較性，因此需要做嚴重度的分類和評分。

根據病史，所有自殺病人都擁有不同的基準線風險嚴重程度。返回基準線風險類別是初始治療的目標，與症狀減緩的概念是一致的。基準線風險的概念在治療計畫中提供了一個簡單且直接的目的。此概念對短期治療呈現一個合理的初步目標。換句話說，病人對於自己目前的能力、技巧程度、症狀以及功能可以抱持的最佳期待為何？基準線風險的減弱或顯著的

表 6.1　自殺風險類別 137

風險類別	準則
一、基準線	無急性（風險）負擔，無重要壓力源或是顯著症狀。只適合有自殺意念者及單次自殺嘗試者。
二、急性	呈現急性（風險）負擔，有重要壓力源或是顯著症狀。只適合有自殺意念者及單次自殺嘗試者。
三、慢性高風險	多次自殺嘗試者的基準線風險。無急性（風險）負擔，無重要壓力源亦無顯著症狀。
四、慢性高風險伴隨急性惡化	多次自殺嘗試者的急性風險。呈現急性（風險）負擔，有重要壓力源或是顯著症狀。

改變，會產生基礎人格變化之外的個體改變（例如，發展、問題解決或因應技巧的增強與類化、自我意象的改變以及人際因應類型的持續改變）。當然，這將涉及長期性的治療。有時限的治療的主要目標之一是回歸到基準線風險，而不是基準線嚴重度實質上的緩和。基準線風險可以、且應該要在任何被診斷為精神病患中建立，不管是否有主動自殺的成分。

相較之下，「急性風險」是當病患有症狀呈現，而且是在他（她）**最糟糕**的狀況下，並處於急性自殺的風險。急性風險只評估有自殺意圖者和單一次自殺嘗試者。根據定義，急性風險是有時間限制的。有可能只是持續幾分鐘、幾小時或幾天。「慢性高風險」是歸類給經證實有長期自殺行為以及多次自殺嘗試者的類別。有越來越多的證據顯示，多次自殺嘗試者相對於有自殺意念者，以及單一次自殺嘗試者來說，有較大的風險，且呈
現出更加嚴重的臨床樣貌（如 Clark & Fawcett, 1992; Maris, 1992; Rudd, Join- 138
er, & Rajab, 1996）。

慢性高風險的類別提供了一個清楚易懂且容易溝通的意義，基準線風險程度與其他病人相比之下升高，且病人總是處於高風險狀態。換句話說，即使在病人最佳狀況下，他仍具有潛在的風險。不論急性風險是否已被解除，去確認病患在第一、二軸之心理病理上持久的嚴重度，也是一個直接的方法。如同任何評估的架構，風險嚴重度總是相對的。因此，即使是慢性高風險者，自殺本質上的多變可藉由在需要時加上急性惡化的描述而被

注意。舉例來說，當有一個急性壓力源或標記第一軸症狀再度出現，病人可以被描述為「慢性高風險伴隨急性惡化」。它指出了在時間受限時升高的危機，即使患者高風險的類別中也適用。

評估嚴重度：自殺的連續性向度

Somers-Flanagan 與 Somers-Flanagan（1995）根據數個可辨識的風險因子提出自殺的連續性向度，範圍是從不存在到極端嚴重。此連續性向度已經做過些微的修改，加入了一個更加明確的意圖概念化以及 O'Carroll 等人（1996）所提出的專業術語表，整合了慢性自殺行為的角色並考慮到保護因子。本質上來說，自殺的連續性向度的運用與 Litman（1990）提到的**自殺區**以及據此所做的反應相同，試圖更明確地指出獨特的病患，而不是去預測病人的自殺行為。我們臨床的責任和義務是要在評估風險上做得很徹底，並依此做反應，也就是說，去提供完整的臨床處置和治療。為了做到這個要求，我們需要知道什麼是重要的訊息、應該去詢問什麼問題，以及如何將這些訊息以一個共同且有意義的架構做整合，以此來引導往後的臨床決定。

以下為自殺的連續性向度於嚴重度等級上的建議：

1. **不存在**：沒有可辨識的自殺想法。
2. **輕微**：極小頻率、強度以及持續的自殺意念、沒有可辨識的意圖計畫（主觀或客觀）、輕微煩躁／症狀、好的自我控制（主觀以及客觀）、極少的風險因子，以及可辨識的保護因子。

139

3. **中等**：極少強度以及持續期的頻繁自殺意念、有些特殊的計畫、沒有意圖（主觀或客觀）、好的自我控制（主觀與客觀）、極少的煩躁／症狀、某些風險因子的呈現、可辨識的保護因子。
4. **嚴重**：頻繁、強烈以及持續的自殺意念、特定計畫、沒有主觀意圖，但是有些客觀意圖的指標（如：致死方法的選擇、可執行的方

法、有限的預備行為）、受損的自我控制（主觀和客觀）、嚴重的煩躁／症狀、多種風險因子的呈現、少的保護因子。

5. **極嚴重**：頻繁、強烈的以及持續的自殺意念、特定計畫、明確的主觀／客觀意圖、受損的自我控制（主觀以及客觀）、嚴重的煩躁／症狀（心因性疼痛）、呈現許多風險因子、沒有保護因子。可以在連續性向度上顯示，意念是自殺風險及隨後之臨床決策的決定因素。

臨床晤談所涵蓋的每個類別（即圖 6.2 類別一至八的部分）都可以獨立被評估、再加上總體嚴重性評估。根據臨床表現的本質（即有自殺意念者、單一嘗試者以及多次嘗試者），風險的類別也可以被標示出來。就如圖 6.3 所列，**風險監控卡**可在晤談與晤談之間用來補足臨床記載事項，並以一個簡單可執行的方式來總結相關訊息。不論程序如何執行，以下重點需要記住。首先，一個詳細且有結構性的評估系統，對門診病患以及急性風險評估非常重要；第二，初步以及往後的評估需要完整記錄，初始風險的類別需要被確定，相關的評估必須被建立；第三，所使用的評估程序需要能認清急性風險的變動性，以及有時間限制的本質（即使是那些多次自殺嘗試者），並允許隨著晤談進行修改風險評估。換句話說，如果病患是「急性」或「慢性高風險伴隨急性惡化」類別，很明顯病患是處於風險狀態。之後的臨床記載事項最後需要回到標示為急性風險的解除，或回歸到基準線風險或慢性高風險的狀態。此點涉及先前提到的自殺的可預見性。即使那些多次自殺嘗試的病人，我們也未能確定未來發作的狀況。最後，風險評估需要被直接用於每日的臨床決策以及服務的提供。在臨床晤談中所包括的變項以及圖 6.2 所概述的變項提供了特定的治療任務，直接與風險嚴重度的波動有關。

140 **風險類別：**1. 基準線
2. 急性
3. 慢性高風險
4. 慢性高風險伴隨急性惡化

嚴重度評估：

1.脆弱性傾向：1（不存在）____ 2（輕微）____ 3（中度）____ 4（嚴重）____ 5（極嚴重）____
註記：

2.促發物或觸發事件：1（無）____ 2（輕微）____ 3（中度）____ 4（嚴重）____ 5（極嚴重）____
註記：

3.症狀呈現：1（無）____ 2（輕微）____ 3（中度）____ 4（嚴重）____ 5（極嚴重）____
註記：

4.無望感：1（無）____ 2（輕微）____ 3（中度）____ 4（嚴重）____ 5（極嚴重）____
註記：

5.自殺想法：1（無）____ 2（輕微）____ 3（中度）____ 4（嚴重）____ 5（極嚴重）____
註記：

6.先前自殺行為：1（無）____ 2（輕微）____ 3（中度）____ 4（嚴重）____ 5（極嚴重）____
註記：

7.衝動性及自我控制：1（無）____ 2（輕微）____ 3（中度）____ 4（嚴重）____ 5（極嚴重）____
註記：

8.保護因子：1（很多）____ 2（多）____ 3（中度）____ 4（一些）____ 5（無）____
註記：

整體嚴重度評估：1（不存在）____ 2（輕微）____ 3（中度）____ 4（嚴重）____ 5（極嚴重）____

重要指標總結：

圖 6.3 風險監控卡

臨床記錄以及風險歷程：風險監控的概念 141

在自殺病患的管理與治療中，詳細文件的重要性已經在其他文獻充分討論，並且清楚且全面性地涵蓋了臨床檔案所需的內容（如 Bongar, 1992; VandeCreek & Knapp, 1989）。在此我們不討論內容的議題，而是提供一個隨著時間進展考慮**風險歷程**的重要性，以及此議題如何與文件相關連的簡短討論。大部分臨床工作者都同意自殺風險評估不是靜態的歷程，而是一個隨時間而改變的動態過程，與之前所總結的變項嚴重度和強度一致。風險的嚴重度在短短一天之內就發生劇烈變動，是很常見的。使用簡單的嚴重度評估意味著可比較性，因此，嚴重度的分類和評估是必需的。

就像之前所討論的，一些研究建議區別自殺意念者、嘗試者和多次嘗試者和三個類別的分別及臨床的重要性是重要的（如 Clark & Fawcett, 1992; Maris, 1992; Rudd, Joiner, & Rajab, 1996）。特別是在多次嘗試者，即使在其**最佳狀況**之下，其基準線風險上也有顯著的不同。與單次嘗試者或自殺意念者做比較，很可能他們的風險評估是始終升高的，呈現在心理病理的種類、慢性化以及嚴重性結果上。相對於自殺意念者及單次嘗試者的基本線風險，小心的記錄慢性高風險者將有助於臨床溝通。

初始基準線以及再發作的自殺風險評估，理想上將會轉換成直接的、臨床上的有效決策。為了要做到這樣，初始的和往後的自殺風險評估需要直接與特定的標準連接，並且對於他們往後的狀態做監控且隨時間修改臨床的病歷。另外，臨床決定和介入需要針對風險的變化，也就是說，這些變項連結到狀態的改變，就像下面簡短的臨床描述。

Z 先生的案例

一個二十五歲的單身白人男性與前女友發生衝突之後，被轉介做精神評估，病患在他前女友的房屋內被警方逮捕。發現他時，他有一把裝上彈

藥的手槍，且威脅要殺掉自己和前女友。病患陳述自從與前女友分手後，已經有兩個月的時間經驗到強烈的憂鬱症狀。他明確地陳述了持續的憂鬱情緒、情緒低落、體重下降十公斤、失眠、有些躁動不安、沒有活力且感到疲累、無價值感以及喪失注意力／集中力，並且每天都有自殺想法出現。就自殺意念而言，他表示有過射殺自己的念頭，就頻率來說，是一天十到
142 十五次。他說這樣的想法是無法抗拒的；他已經買好手槍，並且到前女友的房子（他被逮捕的地方）來實現他的想法。在被逮捕的時候，他是處於急性中毒的狀態，他說在過去兩個月內酗酒。他表示在過去兩個星期中，幾乎天天呈現「酒醉」的狀態。結果，他最近丟了他的工作。當問及他的意圖，病人表示：「當我走出這裡的那一秒，我就會殺了我自己。」病人報告了他先前的自殺行為歷史，在十八歲有一次用藥過量的自殺企圖，第二次在二十歲。這兩次都需要住進急性病房，但他拒絕進一步的精神科治療。他表示沒有任何的支持資源，且跟父母及手足之間關係緊張，他說：「我已經有兩年的時間沒有跟他們說話了。」

- **風險分類：**慢性高風險伴隨急性惡化。
- **風險指標：類別一：**先前的精神病史，之前的自殺嘗試需要藥物治療，混亂的家族史。**類別二：**多重的失落（一些關係和工作）和家庭的不穩定。**類別三：**診斷為復發的重鬱症、酒精依賴及人格疾患的可能性。**類別四：**顯著的無望感。**類別五：**頻繁、特定且強烈的意念。有自殺的方法且行動積極，沒有可辨識的制止物。**類別六：**多次的自殺嘗試，有潛在致死性需藥物治療。不尋求幫助且持續地拒絕幫助。**類別七：**現行的物質濫用行為，明顯的衝動，包括主觀與客觀。主動的藥物濫用。**類別八：**沒有可辨識的保護因子。
- **嚴重度評估：**10。應立即送醫住院，如果有必要，必須強制執行。
- **治療反應：**住院以減少煩躁、無望感，及相關的自殺。此外，戒除酒精依賴、控制衝動，啟動社會支持系統，以及開始建立個人化的心理治療關係。

這個個案簡介雖然很簡短，但強調了之前所提到的八項評估類別中每

一項的風險變項。因此，這個個案的臨床資料會從每個分類中被記錄為啟動風險標示（即評估值大於 1）。因此，需要去處理所有隨後的臨床接觸和緊密的監控，且每一個風險標示皆需有一相符的治療計畫。此外，每一個風險標示也需要被一致性地處理，直到每一個標示成功地被「關閉」（即評估值等於 1 或是 0）。舉例來說，病人呈現出酒精依賴的問題，因此治療
程序中需要考量其酒精濫用狀況，且需要積極監控與記錄此問題與自殺風 143
險之關係，直到有效地解決這個問題為止（即終止所有的酒精使用）。上述目標的達成可以藉由納入一標準化的風險評估於所有的臨床介入中，而變得較為容易。介入的組成要素在先前的例子中有提到（即風險分類、橫跨各個評估類別的風險指標、嚴重度評估，及治療反應）。

如果自殺風險是極小的，這些註記會是簡短的，而且後續註記只需要在上面註明「風險極小且跟上次評估相比沒有改變」即可。當風險標示浮現時，它們只需要被「開啟」、評估和監控，直到它們被解決，然後再次被有效率地「關閉」。很明顯的，在病人之自殺風險評估與隨後的治療計畫之間，應該是有共識的〔例如，治療計畫需要有清楚的步驟（就像服藥一樣），來處理越來越嚴重的憂鬱症狀，或是再復發且嚴重的恐慌發作〕。在臨床表單部分，使用風險監控卡提供了可以使過程效率提升且簡單就能達到更細節的自殺風險評估的方法。在許多影響變項當中，表單中的這個部分可以自行根據需要而擴充，像是使用於專業諮詢、電話監控、用藥檢核表，和家人的投入。

慢性化與時間在風險評估中所扮演的角色

自殺風險評估由於兩個時間的問題而複雜，首先，對於可確認的風險期間有不一致的定義。其次，慢性自殺或是 Maris（1991）所提的「自殺生涯」使風險的評估變得更複雜。因此，在臨床實務上對於時間短促、而具有臨床意義的情況下決定什麼變項在風險評估中是重要的。在此建議，風險評估在整個治療中是持續且規律的任務，且臨床上的回應是直接依賴所

指定的分類和所評估的嚴重度而定。風險在本質上是搖擺不定的，例如在一段期間迅速惡化，像是意念、企圖、自我控制、壓力源和保護因子等，在各段時間皆有不同。

臨床決策、處置及治療

一個清楚的風險評估計畫，理想上可以轉化為直接的、具臨床象徵的和有效的決策。圖 6.4 提供了風險類別的總結，和必要的臨床反應或是選
144 擇。這些針對極端或是嚴重自殺風險的照顧管理標準是不容質疑的，需要立即做住院治療的評估（即依照情況自願或是非自願入院）。另一方面，某些被評為中等（且有可能為嚴重）風險的門診自殺病人的管理，可以被安全及有效率地完成，這些證據已被記載於近期的文獻中（如 Linehan, 1993; Rudd, Rajab et al., 1996）。如果一個中等風險的病人是被指定在門診接受治療，在治療計畫中將會有一些項目需要持續考量，直到風險消退為止：(1)
145 入院需求的經常性評估；(2)門診病人看病的時間及期間的增加；(3)家人的主動投入；(4)經常性地對治療計畫目標再評估（例如，症狀減輕；頻率、強度及期間或是清楚的自殺意念的減少；無望感的減少；自我控制的改善；和建立一可得的支持系統）；(5)病人能有一個二十四小時的風險或是緊急事件的服務；(6)經常性地再評估自殺風險，註記清楚的風險減低或是升高的改變（如：沒有持續的自殺意念、社會支持系統內的關係變好，及改善問題解決能力）；(7)如果症狀一直存在或是變得更糟，則考慮藥物治療；(8)使用電話保持聯絡；(9)經常從家庭成員得到回饋，特別是有關風險的指標（例如，在家實行「自殺監控」）；(10)需要時或必要時給予專業諮詢。那些被確定為輕微風險者，在持續治療中並不需要做特別改變，除了經常性的評估，確保任何對自殺意念上以確定是否有上升或下降的風險。

完成了正確的風險評估之後，臨床決定與自殺處置上就非常地直接了。處於嚴重或是極度的風險情況之下，門診管理是有限的選項，而住院治療常是唯一的選擇（或是延長的居家照顧）。重要的是，越來越多的文獻載

144

風險類別		必要的反應
嚴重或極嚴重風險	⇨	A. 立即做精神科住院評估（自願或非自願視情況而定）。病人需全時間有人陪伴及監控，以及家人或警察（在授權下）的積極投入。
中度風險	⇨	A. 重複評估住院的需求。 B. 增加門診頻率或期間以討論特定的、確認的壓力源，並促進症狀的解決。 C. 若可能的話，家人應積極投入。 D. 經常性地評估治療目標（例如：症狀復發，減低頻率、強度或特定自殺意念，減少無望感、增進問題解決能力，調適因應，增加希望感，增進自我控制，建立或活化可得的支持系統）。 E. 病人二十四小時可接觸到急診或風險服務。 F. 經常性的自殺風險再評估，注意到有無特別的改變或升高／減少的自殺風險（例如：不再有自殺意念）。 G. 若還沒使用藥物，可以考慮使用來減輕症狀。 H. 使用電話來監控進展。 I. 在做風險評估及治療計畫時，若需要的話，可給予專業諮詢。 J. 經常從家庭成員得到相關風險指標的資訊（例如：實施在家自殺監控）。
輕微或無存在風險	⇨	沒有特別的改變。視病人呈現的臨床症狀及情況做經常性的風險評估。

圖 6.4　風險類別及必要的反應

145 明，門診病人的管理及治療可以用安全及臨床上有效率的方式來完成（Linehan, 1993; Rudd, Rajab et al., 1996），打破了一些對自殺病人的實務工作上持續存在的迷思。

治療結果的持續監控及評估

就像先前所討論的，監控治療結果對有效的照護是極為重要的。臨床工作者可以考慮藉由直接與間接的自殺標記來監控治療結果。自殺和自殺相關的行為就只是一行為；因此，自殺的唯一直接標記，根據定義是「行為的結果」。依照 O'Carroll 等人（1996）所提出的架構，行為的結果包含自殺的嘗試與工具性的行為。就像圖 6.5 所顯示的，這兩者可以進一步分類為「有受傷」或是「未受傷」。與稍早所提供的自殺概念化架構一致，間接表現包含相關症狀、可辨識的技巧不足，和適應不良的特質。我們可以清楚看到，不論是短期的或是長期的治療，這些都與病人的特定呈現有關，且需要在整個治療中去監控 。

146 在努力促進結果監控時，臨床工作者被鼓勵使用或是發展一監控表格，也就是之前在圖 5.1 所呈現的。這一表格完整且直接，並用簡單通用的臨床評估來追蹤和統整病人的進展，此表格可以依照臨床工作者或是機構的需要來調整。其他的評估工具可以對於症狀強度做更精確的評估（像是《貝克憂鬱量表》、《貝克焦慮量表》、《貝克自殺意念量表》，且有一欄位記載總和分數並整合在此監控量表中。此表格也可以與那些在其他章節所討論過的內容一起使用。不論臨床工作者是否選擇這裡所提供的表格，或是修改、發展自己的表格，重要的是要記住下面幾項關於監控治療結果的要點：

- 治療結果的監控需要使用標準化的表格，特別是當同一個治療團隊有多位臨床工作者的時候。
- 表格在性質上必須是全面性的，包括直接或是間接的自殺表現。

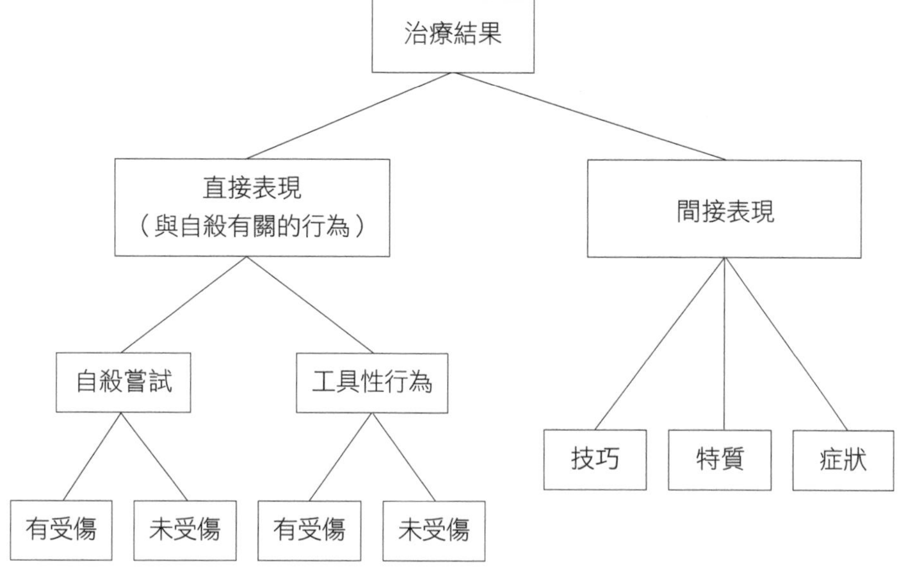

圖 6.5　概念化治療結果

- 表格必須相當簡潔，目的是提供簡易可得的總結。 147
- 表格必須在可預期的時間表下完成，如果是短期治療的話，至少要每個月一次；如果治療超過十二個月，表格至少每六個月要完成一次。
- 監控表格要被保存作為永久的臨床紀錄。
- 監控表格要定期的被審視，這是治療團隊在標準實務程序上需要做的標準作法。

監控治療結果的表格是再重要不過的了，我們已經提供我們所認為的簡單和直接的概念化模式來完成這個目標。監控治療在於可以改善整體的品質以及提供照護的性質。

持續存在的自殺想法：治療結果潛在的誤導指標

我們需要認清，自殺想法的頻率、特異性、強度和持續時間對治療結果並不總是好的指標，必須依賴病人的診斷呈現。通常自殺想法會與相關行為一起消弱或是不見。然而，對於有人格困擾的病人與複雜共病的病人，則不一定如此。他們可能持續地有自殺意念，並維持很長一段時間。一個比較好的進展上的指標是看行為的結果，也就是病人是否確實採取自殺嘗試，或是出現其他的自我毀滅行為。

第七章

危機介入和初期症狀管理

Slaikeu（1990）將危機定義為「暫時不安和混亂的狀態，主要特徵為 148
個體無法運用其慣用之問題解決方式來因應某個特定的情況」（p. 15）。如第六章中所述，自殺危機不可能是完全一樣的。為了能夠捕捉危機本質上的差異，我們將症狀穩定（symptom stabilization）、症狀自我管理（symptom self-management），以及急性自殺危機期間的症狀應用（symptom utilization）做區別。如前所述，危機不只在不同個體身上會有不同的表現，即使是同一位病人，危機的表現也會因時間的不同而有差異，這尤其會發生在治療過程中。隨著治療的進展，治療師直接介入的頻率可望降低，而危機持續的時間長度和嚴重度也會相對下降。

危機的表現有各式各樣的形式，可從短暫、非特定的自殺想法，到低致命性的第一次自殺嘗試，再到慢性、多次嘗試者之經常性、高致命性的自殺嘗試，這些全都需要密集的醫療照護。而其臨床表現的特性皆包括急性不安和不同程度的混亂。不論其具體的臨床表現方式為何，自殺危機指出了一個不可否認的事實，那就是在治療室內這個正在考慮或是支持自殺的個體，正處於急性（即暫時性的）狀態中，**無力因應**，而這也和 Slaikeu（1990）所提出的定義一致。但個體終將好轉；對有些人來說，這段時間可能只有幾個小時，但對其他人來說，這段時間可達數天、數週或甚至數個月。不論此危機是病人的第一次，或只是多年來慣性行為模式中的一次，
常見的臨床特徵需要被確定和處理，才能有效解決危機，為後續的心理治 149
療奠定良好的基礎。

讓有自殺傾向的病人來到診所的因素通常是錯綜複雜，且一開始會令

人感覺困惑。病人對問題的癥結往往只能提供非常有限的理解、洞察或覺察，而這在治療的初期並不令人意外。煩躁不安的狀態有撲朔迷離的特質，此點可由一位急性自殺危險病人（在第一次晤談中）所提供的自述得到證明：

「我真的不知道我在做什麼。我把槍拿出來，看著它。我不太記得自己有在思考。我放了幾顆子彈進去，把它指向我的頭，然後就坐在那兒。我只知道我很想死……我想把所有的事情都結束掉。我朝地上開了一槍。槍聲嚇得我跳起來。我不知道，好像這讓我醒過來。我不記得我是不是真的想開那一槍。它好像就自己發生了。我已經想做這事很久了。我真的感到很害怕，然後就打了電話給我朋友 Tina。這也是為什麼我會打給你的原因。」

Shneidman（1993）將這種急性的煩躁不安稱之為**擾亂**（perturbation），並說明擾亂意指「個體不安（心亂的、焦躁的、神智正常—不正常、煩亂的）之程度」（p. 138）。Shneidman（1993）進一步指出，自殺基本上是由**擾亂**和**致命性**（lethality，即個體可能自殺的可能性）所決定的。

危機介入的關鍵任務

在自殺危機的狀態下，關鍵的治療反應為詳擬一個明確的**危機反應計畫**，用以化解急性的情緒不安。雖然聽起來還算具體，但是從一開始便和病人討論危機的標準是很重要的。換言之，什麼類型的危機需要使用危機反應計畫？是任何當病人想要自殺的時候嗎？我們建議對病人所使用的定義和前述之定義相似。自殺危機並非單指個體有自殺想法的狀態，而是指個體無法有效因應，因而產生無助感和無望感的狀態。自殺危機發生在當個體有明確的自殺想法，且身陷急性的煩躁與情緒不安，且他（她）相信自己可能會付諸行動的時刻。危機反應計畫應當包含三個關鍵的要素，而這也是本章的重點：

1. 病人需要他人的協助以認清引發自殺危機的事件為何，並增進他（她）對相關想法（即自殺信念系統）和感覺的理解。 150
2. 病人的處理方式必須以解除自殺模式和促進情緒的恢復（即加強痛苦忍受力和改善情緒調適的技巧）為目標。
3. 如果無法成功停止自殺模式，病人需求助於緊急醫療服務，但仍需促進技巧之建立，並將病人之依賴與操弄降至最低。

就現實的層面而言，病人的外在環境不可能在一次或兩次的晤談內便有大幅度的改變，但是情緒上的急迫性、煩躁不安或是擾亂卻可藉由**積極**、**明確**的介入有效化解。危機反應計畫應有具療效的反應性（therapeutic responsiveness）和彈性，並將焦點放在病人的無望感和無助感、立即症狀解除、病人安全保障、積極的問題解決，以及支持資源之安排等層面。這樣的計畫通常可以降低危險，並讓病人在危機過後返回傳統的心理治療。這就是自殺危機——急性、劇烈的情緒不安、煩躁或擾亂——的獨特之處。

在對自殺危機作反應時，對治療師而言，重要的是能夠區辨短暫、急性、高自殺意念的危機，和慣性、不斷發生、低自殺意念的危機。如第六章所述，我們必須將慢性、多次自殺嘗試者和其他類型的病人（即僅有自殺想法者、僅有一次自殺嘗試者等）作區別。雖然在治療初期，所有的危機處理方式都很類似（可能都假設病人有高自殺意念），但在治療關係穩固，且對自殺模式有更深的理解後，此時對多次自殺嘗試者的治療重心和目標便會有所不同（見第八章）。如圖 7.1 所示，有低自殺意念的慢性或慣性危機，和有高自殺意念的急性危機之間，存在著一些重要的差異。

不過在此須指出，我們所討論的差異只是**可能的差異**，並不代表所有的多次自殺嘗試者皆有自殺以外的動機。相反地，我們一部分的研究結果顯示多次自殺嘗試者不可否認地具有高危險性（Rudd, Joiner, & Rajab, 1996）。此外，如第六章所述，多次自殺嘗試者實際上長期處於高危險狀態，且可能會經歷急性惡化。然而，要有效治療此慢性族群，如何適當地評估和處理自殺意念是相當關鍵的。

151

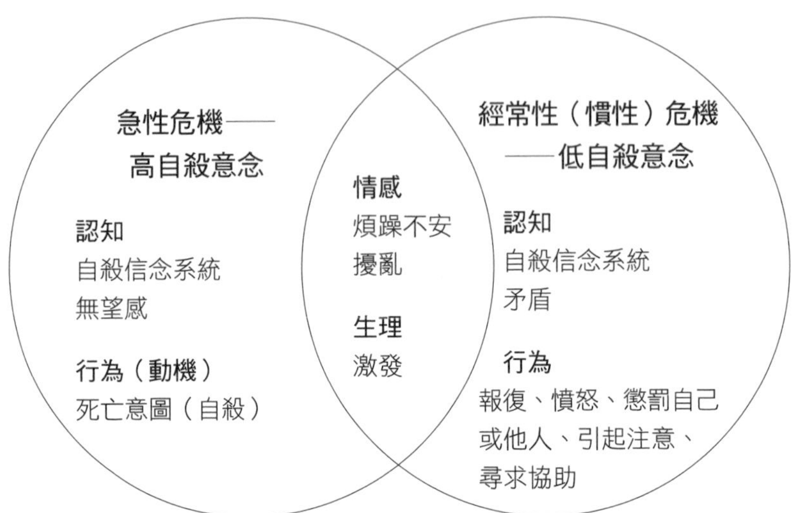

圖 7.1　低自殺意念和高自殺意念危機的特徵

如圖 7.1 和第二章所呈現的，自殺模式依其構成的要素而產生差異：認知的、情感的、行為的，以及生理的。在急性自殺危機發生時，不論是否為慣性模式（低自殺意念）或是問題插曲（高自殺意念），病人都會出現伴隨生理激發的急性情緒不安。但針對慢性、多次自殺嘗試者，其動機或行為上的特性必須被仔細考量。這並不表示僅有自殺意念者和僅有一次自殺嘗試者不可能有死亡以外的動機，或是一個多次自殺嘗試者不可能有時明確地想要以自殺的方式達到死亡的目標。* 這只是指出，有慣性自殺危機者比較有可能有除了死亡以外的動機或目的，尤其是在行為持續許久的情況下。他們的動機往往包括憤怒、報復、懲罰自己或他人、尋求的協助不恰當或不充足，或是想引起他人注意。更重要的是，治療師必須謹記有其他動機的可能性，並在治療過程中持續觀察。在治療過程中，行為的動機與目的對於自殺危險的消除是很關鍵的（見第八章）。再者，如圖 7.1 所
152 示，在有高自殺意念的急性危機期間，自殺信念系統的特徵為明顯的無望

*註：這裡提出來只是為了表示自殺模式的行為／動機成分對後續治療的重要性。

感。而對有低自殺意念的慣性危機者而言，其自殺信念系統的特徵則是顯著的矛盾。欲達到有效和有效率的照護，在自殺信念系統和動機／行為系統中，理解高自殺意念的急性危機和低自殺意念的慣性危機之間的差異甚為關鍵。

當病人處於急性的煩躁不安，感到**煩擾**且有自殺傾向，不論治療時間的長短，都會使被採用的介入方式受到限制（通常會如此）。處於急性的煩躁不安與憂鬱的病人，需要立即的關注。如Shneidman（1993）和其他學者（如Bongar, 1991; Slaikeu, 1990）所述，危機介入和初期症狀管理皆需具體的目標。本章對危機介入和初期症狀管理的目標提供了廣泛的摘要，接著對每個目標做詳盡的討論，並提供一些臨床範例。很重要的一點是，依病人特定的臨床表現而定，可能會需要數次晤談（通常是一到四次）才能達到目標。此外，危機介入和初期症狀管理的焦點為建立一個包含前述三要素的**危機反應計畫**。雖然可能還有其他需要完成的任務，但危機介入的主要任務包含了下列項目：

- 確保病人的安全。移除任何可取得的自殺工具。正如第五章中關於風險評估的部分所強調的，謹慎的、有條理的、詳盡的詢問有其必要性，再加上必要且明確的反應（例如：將槍放在一個安全的地方、在一段時間內嚴密監控醫療用藥的使用，以及家人或朋友的居家監控）。
- 開始實施自我監控，尤其是在急性情緒不安的時期（即增進病人對自己認知、情緒和行為運作——病人的**自殺模式**——的覺察與理解）。如本章後段所述，治療師可以相當簡單且直接的方式介紹自我監控。這通常可以整合到評量的過程中。
- 訂定並達到症狀減輕和症狀穩定的目標（即針對**最破壞性**的症狀）。找到病人認為最具破壞性的症狀，並直接處理這些症狀是很重要的。換言之，哪些症狀會影響到病人的日常生活功能（例如：失眠、恐慌、焦躁）？
- 直接處理病人無望感的**來源**（例如：某個觸發事件、某段關係、某

153 個情境）。在處理病人**無望感的來源**時，積極地解決問題是必要的（見第十章）。最後病人的選擇可能不會大幅擴增，但病人若能認清至少有一個比自殺更好的選擇存在，那便足夠了。

- 立即開始進行活動，以減輕病人的無助感，不論活動的重要性為何。換言之，開始**做些事情**是很重要的，但需要是有策略、具體的、符合長期的治療計畫，且直接針對病人無望感的來源。
- 動員支持系統，以減輕病人的孤立和疏離感，視需要而定，讓病人的家人、朋友或伴侶參與。
- 找出（和釐清）病人當下的自殺模式，並聚焦於認知和行為（動機）的成分。除了直接處理病人的**無望感來源**之外，自殺模式的自殺信念系統（認知成分）和動機成分，亦為急性危機期間恰當的治療焦點。
- 找出和自殺危機相關、最嚴重的技巧缺失。病人最無法做到的是什麼（例如：有效地調適情緒、在一段關係中自我肯定、忍受痛苦，或是以有建設性的方式來表達憤怒）？病人做了什麼讓問題變得更糟（例如：藥物濫用）？病人做了什麼有益的事情而不自知或是刻意不承認？
- 提供一個危機反應計畫。對病人而言，有一份清楚、具體的**危機／緊急反應計畫**是很重要的，此計畫讓病人擔負的責任乃越多越好。
- 清楚說明（並視情況修正）介入的初期概念模式，也就是**自殺循環**。
- 不斷增強病人對治療許下的承諾，參與治療是比自殺更為理想的選擇。治療師可以不斷地在晤談中強調，但通常是以微妙但重要的方式來傳達。
- 藉由保持彈性和可及性，以及對病人所提出的需求有所反應，有效鞏固治療關係。如第九章所述，治療關係是治療的基石。謹慎地追蹤和處理治療信念系統，對於有效的治療甚為關鍵。

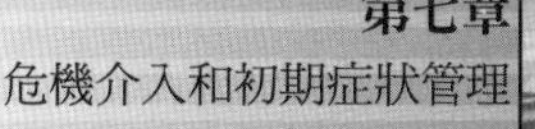

確保病人的安全

如同 Shneidman（1993）與 Bongar（1991）及多位學者所提到的，自殺危機的首要目標，就是要**讓這個人活下來**。要有效達到此目標，我們必須確保病人的安全。如第六章中所述，臨床的決策和病人的危機類型之間有直接的關聯。在急性自殺危機發生時，須採取以下步驟：

- 如果病人有明確的自殺意念，便須立即將病人轉診做精神評估，或 *154*
考慮住院治療。在這樣的情況下，病人身旁應隨時有人陪伴或監視。家人須積極參與；視情況而定，可能亦需尋求警察的協助。
- 不論危機的類別為何，移除任何可取得的自殺工具是很重要的（例如：槍枝或藥品，在危機期間應該要被嚴格監控。這或許可以透過家人的協助來達成）。
- 如果病人沒有明確的自殺意念，且繼續接受門診治療，建議遵循第六章中針對中度風險病人之管理的相關建議。

危機發生時的自我監控

在危機狀態下，以某種形式將結構納入是很重要的。如前所述，活躍的自殺模式的特性為無望的認知，以及強烈的無助感和煩躁。有結構的介入提供了一些方法，讓病人得以：(1)分散或解除自殺模式；(2)抑制情緒惡化；(3)發展出一些基本技巧；(4)改變自殺信念系統的無望本質；(5)提供永續人格發展所需之基礎。最容易和最有效率的介入方式便是運用自殺想法紀錄，並搭配症狀和感覺的主觀評量（見圖 7.2）。最終目標是藉由自殺想法紀錄和主觀評量來描繪自殺循環，並為病人具體指出需要介入和改變之處。

觸發事件[A]	自殺想法[B]	嚴重度[C]（1-10）	持續時間[D]（1-10）	情緒[E]	嚴重度（1-10）	持續時間（1-10）	行為反應[F]	改變[G] +/−
1998年7月3日，星期五，下午7點35分。我男朋友在吵架後離開，只有我跟他在場。之後我獨自一人在家。	我有想過服用過量的抗憂鬱劑。這些藥丸當時在我的皮包裡。	9	20分鐘	憤怒、挫敗、悲傷	9	約15分鐘	我後來聽了一些音樂，想過要喝罐啤酒，但後來沒有這麼做。	++

[A] 盡可能地提供細節。描述事情的來龍去脈，哪一天、幾點鐘、現場有誰、發生了什麼事、你做了什麼？

[B] 描述你當時具體的想法。例如：「我有想過服用過量的藥，我不值得活下來，我死了對大家都好。」

[C] 從 1 到 10，1 代表輕微，10 代表極端，描述你想法的強度或嚴重度。

[D] 記錄想法持續的時間，幾秒鐘、幾分鐘、幾小時或幾天。請盡可能地準確。

[E] 描述你的感覺，例如：憤怒、哀傷、罪惡感、焦慮等。請記得，你可以同時擁有多於一種感覺。

[F] 描述你對觸發事件做了什麼反應，以及你的自殺想法。請記得，不做任何事也是一種反應。

[G] 請指出你在做了這些行為反應之後，你的想法或感覺有沒有任何改變。只要記錄正（+）或負（−）即可。

圖 7.2　自殺想法紀錄／自我監控表的完成範例

關於自我監控的提升，共有三個明確的目標（見第三章）。第一，純 154
粹讓病人更能覺察（即歸類）他們的感覺和想法是很重要的。第二，他們需要準確地理解自己的感覺（亦即在目前危機的情境下，將自己的感覺常態化）。第三，他們需要學習如何更有效地反應（即表達和調適）。這些技巧的培養在第十章中會有更詳盡的討論。接下來，我們回顧幾個在急性危機期間有助於自我監控的技巧或工具。

教導病人如何評量痛苦：自我監控的任務

在急性危機發生時的晤談初期，完成自殺想法紀錄是不太可能的事（見
圖 7.2）。治療師必須多加留意，自殺想法紀錄和自殺循環的運用，最好是
等到最強烈的煩躁和不安已有效化解之後，而這有時會需要數次的晤談。 156
但是，通常在第一或第二次晤談快結束時，治療師應可輕易地和病人**共同**完成自殺想法紀錄。自殺想法紀錄便可用來描繪自殺循環，為病人提供一個簡要和清楚的危機摘要。我們建議治療師拿一張紙（或是使用黑板），將自殺循環畫出來，並清楚描述和治療計畫一致的各個介入點。如本章稍後所述，這為先前**混亂和失序**的情況提供了顯著的結構和清晰度。因此，治療師常會聽到病人說：「我終於了解我到底發生了什麼事。」幫助病人提升對自己行為模式的覺察和對典型**自殺循環**的理解，此點甚為重要。

自我監控可以藉由定期在晤談中讓病人表達對各種感覺和症狀的**主觀評量**（如：從 1 到 10）來達成（此和第六章中所提供的評量架構一致）。以這種方式來啟動自我監控，提供了一個機會來完成細微但卻重要的工作。首先，它將結構和可預期的章法注入心理治療。也就是說，它清楚地表達一個始終如一的治療任務，那就是長期監控情緒的強度和相關的症狀。因此它讓病人感覺自己有控制感、力量和影響力。第三，它提供了一個直接處理病人無望感和無助感的方法。在急性自殺危機期間，病人常常表示他們的**感覺永遠不會終止，也不會改變**，而他們**無法忍受這些感覺**。這樣的說法顯示病人對當下的情緒混亂感到無望，同時有無力改變的無助感。使

用主觀評量的方式來執行自我監控，可讓病人知道他們可以直接影響和有建設性地改變他們情緒經驗的強度。有時候，在一個四十五到五十分鐘的晤談過程中便會有顯著的改變。以下的對話呈現了在短時間內發生的改變。

病　人：我再也受不了了。這是我最後一次讓他對我做這樣的事。我實在很受傷，也很厭煩。我能想到的就是乾脆自我了結好了。我以後絕對不想再有這樣的感覺。

治療師：你聽起來對這件事真的感到很憤怒和受傷。你可不可以幫我更了解你憤怒和受傷的程度？你能否以一個 1 到 10 的量尺來評量，10 代表你所經歷過最嚴重的憤怒？

157 病　人：我想應該是 10 吧。我真的覺得我需要做些什麼事來傷害他。可是我又做不到，所以我只想自殺。

治療師〔接近晤談的尾聲〕：我們現在已經談了三十分鐘左右。你聽起來已經沒有那麼憤怒、受傷或難過了。你能不能以 1 到 10 的量尺，再評量一次你憤怒的程度？

病　人：嗯，我想你可能是對的。因為我們討論了一些我可以做的事情，我真的好像沒那麼生氣了。我想現在應該只有 7 或 8 吧。

治療師：如果這是真的，那你之前所說的看來可能不一定是對的。之前你說你不認為你有可能停止你剛來時的感覺。

病　人：你可能是對的。我現在真的覺得好一點，不是非常多，但我的確感覺不一樣。

治療師：我們做了什麼讓這件事發生？

病　人：我們真的好像沒做什麼。我們談了發生什麼事，還有或許有一些事情可以有不同的做法。

治療師：所以我們是不是可以這麼說，用有建設性的方式來表達，再加上問題解決的方法，你是可以減少你的憤怒的。

病　人：嗯，我想是的。

治療師：當你這麼生氣時，你通常都做些什麼事？

病　人：我通常都是喝酒……喝很多。

治療師：那你酒喝多時通常會發生什麼事？

病　人：我想我最後都是在家亂丟東西。在最近的這兩次，我最後都割腕。

治療師：聽起來你做的這些事只會讓情況更糟。我們剛剛在這裡做了幾件不一樣的事，看來它們對你有幫助。我們談論這件事，讓你有個宣洩的管道，也考慮了一些其他的選擇，因而你的憤怒減輕了，事實上在半小時內便減輕了幾乎 20%。

如同前段所述，急性自殺病人常常不知道情緒的強度會隨著時間而自然地改變。他們沒有想到**只要再等一小段時間，他們的心情便有可能好轉**。此外，正如上述範例所呈現的，他們普遍的無望感和無助感會遮蔽任何他們可能發揮的影響力和控制感（例如：簡單並合宜的情緒表達和問題解決）。再者，自殺病人往往未意識到，他們所採取的步驟只會強化而非改善他們的煩躁與不安。

完成自殺想法紀錄 *158*

在病人已熟悉情緒不安和煩躁的主觀評量系統後，這些資訊可以直接轉換成自殺想法紀錄（見圖 7.2）。完成自殺想法紀錄是相當簡單的過程（圖中的欄位 A 至欄位 G）：

1. 找出觸發事件。盡可能地提供細節，並描述觸發事件的背景和來龍去脈。病人想死的原因為何？為何病人現在想死？發生在哪一天？幾點鐘？現場有誰？發生了什麼事？最後，病人做了什麼？
2. 描述病人所表達出來的具體自殺想法。當病人想自殺時，他（她）如何形容自己？病人如何形容他人？盡可能地提供細節。當病人在提供具體細節時，想法或意圖的改變並不罕見。例如，病人可能會

說：「我一開始並不是真的想自殺，我只是不想再受傷了」，之後又補上：「我只有在喝酒之後才會開始想要自殺。」這樣的細節說明了在危機發生時的雙步驟過程，自殺傾向不是立即出現的，此點對於危機反應計畫的編製是很重要的。

3. 讓病人以 1 到 10 的量尺來評量自殺想法的嚴重度或強度。
4. 讓病人估計想法持續的時間。這也是越詳細越好，是幾秒鐘、幾分鐘、幾小時還是幾天的時間？自殺想法的嚴重度和持續時間能讓我們進一步洞悉復原所需的歷程。
5. 讓病人敘述**所有**相關的感覺，像是憂鬱、哀傷、憤怒、罪惡感或焦慮。要隨時提醒病人，他們可以同時有不同的感覺。
6. 讓病人敘述他們對觸發事件和後續產生的自殺想法做了什麼反應。病人認為什麼會讓他（她）感覺好過些。同樣地，要提醒病人，不做任何事也是一種反應的方式。
7. 最後，讓病人描述在這些行為反應後，他（她）的想法或感覺有沒有任何改變。這些改變可以很簡單地在自殺想法紀錄中以正向（+）或負向（−）來表示。

在自殺想法紀錄完成後，它可以用來描繪自殺循環。不過，自殺想法紀錄本身即為一個重要的自我監控工具。

159 描繪自殺循環：進行中的自殺模式

前述之步驟皆可幫助病人用很具體的方式來理解自己的危機——且可以很輕易地轉化為第三章中所述之治療目標。時限治療的要素是它必須是可以理解的；其治療工具和方法必須讓病人認定為是重要且有效的。基本上，描繪**自殺循環**的過程就是整合那些在晤談中所得到的紛亂和難以理解的資訊。自殺循環簡單來說就是**進行中的自殺模式**。它為危機介入晤談提供了精簡的摘要，且能導向具體治療目標的討論，特別是短期的治療目標。舉例來說，治療師在晤談快結束時，或許可以說以下這段話：

「我們今天談了不少事情。你描述了許多不同的想法、感覺，以及一些你所做的反應。但是我想我們談到最重要的一件事，是你一直想著自殺是你面對目前問題唯一的解決之道。讓我們試著把這些事情整理一下，看看我們能不能將它們套入一個概念化的模式，這樣或許可以幫助我們了解問題的癥結所在、你在何處卡住，以及在接下來這幾週內，我們需要努力的地方。」

我們可以藉由回答和整理一些簡單的問題來完成自殺循環。這些問題來自自殺想法紀錄（見圖 7.3）：

- 什麼引發了危機？
- 病人的自殺想法為何？
- 他們的感覺為何？
- 有沒有任何生理上的症狀？
- 行為反應為何？
- 動機為何（死亡或另有其他目的）？

160

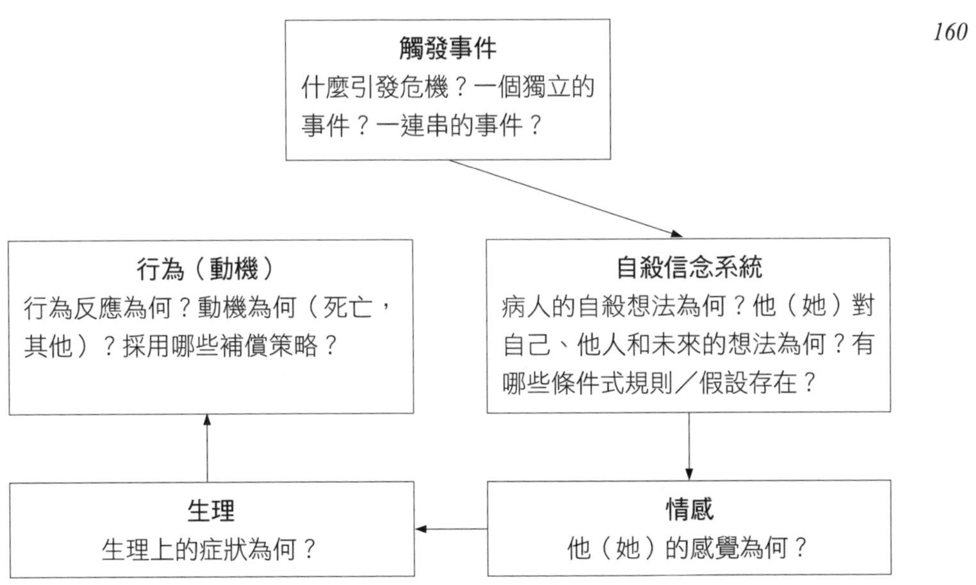

圖 7.3　進行中的自殺模式：完成自殺循環所需回答的問題

159 如第五章所述，D 小姐對她自殺循環的反應是：「那就是我！我不敢相信我們真的可以像這樣在紙上呈現出來。」另一位病人常常提到他的概念化模式，他說：「每當有某件事情引發自殺想法時，我腦中就會浮現這個模式的圖樣。這讓我比較容易想到，我需要做什麼才能讓自己感到好過些。」我們發現以具體的方式來描述病人的自殺危機，不但在臨床上有效，
160 且病人的接受度也頗高。最重要的是，自殺循環以簡單扼要的形式來總結治療的議程。在循環中的每個步驟即代表一個治療目標，而所有的步驟加起來即為治療議程。這是一個簡單的方式，可讓病人理解自殺行為的心理治療所包含的項目。

使用心情追蹤圖

圖 7.4 中所呈現的心情追蹤圖對於那些自我監控能力不佳、對自然的情緒起伏覺察力不足，以及充滿無助感（例如：「我會一直這樣，而我完全無法做任何事」）的病人特別有幫助。依目標而定，此圖的追蹤期可以是幾個小時（例如：十二到二十四小時）、幾天或是幾個月。我們建議讓那些在做自殺想法紀錄時難以辨認情緒波動的病人使用心情追蹤圖。最簡單的方式就是指定追蹤幾個小時、一整天或是兩三天的時間。要完成心情追蹤圖所需的只是讓病人在幾個小時或是一至兩天的時間內**記錄**一下自己的
161 **心情**。病人只需要在一天中的幾個時間點，以 1 到 10 的量尺來評量他們的心情。為了使用方便，我們讓病人在早餐、中餐、晚餐和睡前評量他們的心情。他們可以使用索引卡或小筆記本，隨身放在口袋或皮包內。

一旦治療師有了這些評量後，他（她）便可和病人一同將這些評量轉換為心情追蹤圖（見圖 7.4）。治療師若能將負向和正向的心情做區別，病人會最容易理解。因此治療師可以把 1-10 的量尺轉換為-5 到+5 的量尺，在中間畫一條線來代表不顯著或中立的心情（即圖中量尺所標示的 0）。將幾個小時或一天的時間內所記錄的每個點畫在圖上，再串連起來，治療師可以證明給病人看，他（她）的心情的確有起伏，即使有時並不太明顯。

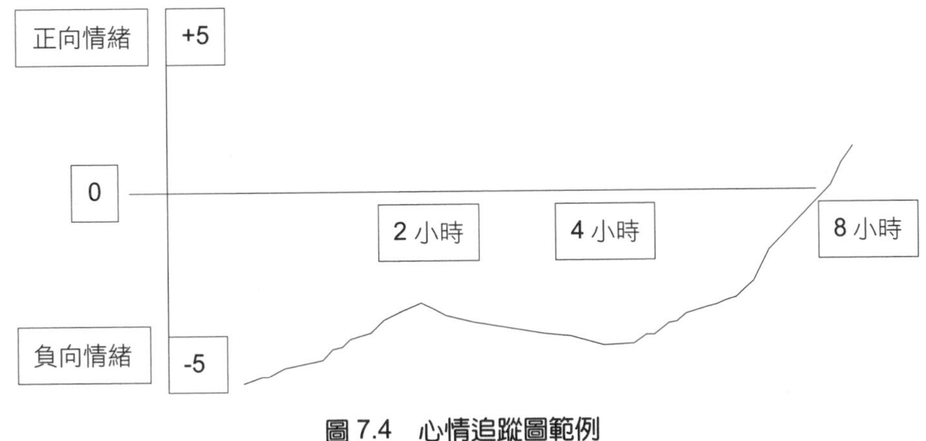

圖 7.4　心情追蹤圖範例

治療師僅需依其所需的時間長度來調整圖表上所顯示的時間範圍。如果治療師的目標僅為幾個小時，那麼 X 軸的單位就是小時。如果他（她）的目標是幾天，那麼單位就是天數。不過，用心情追蹤圖來監控短期間內的情緒變化是最有用的，例如，幾個小時或幾天。這會讓病人習得重要的一課：**壞心情不會永遠持續下去**。事實上，病人會了解到，心情往往在一個早上或下午內就會有所起伏。除了完成心情追蹤圖之外，治療師應和病人一同檢閱心情追蹤圖，發現心情的起伏，且辨明那些可能影響情緒的行為、事件和情境。重要的是，不僅要讓病人認清自我毀滅和自我挫敗行為，更需多加留意那些有建設性和穩定作用的行為。 162

改善痛苦忍受力和降低衝動：不斷強調「壞心情不會永遠持續」的重要性

如 Shneidman（1993）所述，「自殺是自我加諸的、自願終止（即意識的永久終止）的人類舉動」（p. 137）。其目的不一定是死亡，卻往往是很單純地想要停止再有如此糟糕的感覺。對很多有自殺傾向的病人而言，「**壞心情不會永遠持續下去**」這一個簡單的事實會遺失在痛苦、受傷、罪惡感和煩躁的困境之中。危機介入的主要目標之一便是幫助病人改善整體的**痛**

苦忍受力。最關鍵的就是讓病人習得這個簡單卻強而有力的一課。除此之外，治療可以幫助病人意識到，不只是壞心情不會永遠持續，而且他們也可以採取明確的步驟，積極地促進自己的復原。

誠如Linehan（1993）所述，低痛苦忍受力和衝動性是密不可分的。衝動的行為（例如：藥物濫用、割腕／自虐、攻擊性、性表現、自殺行為）往往是為了減輕強烈的情緒傷痛而產生，不一定是為了自殺。如果病人認為一個促發事件（或長期的問題）所帶來的情緒痛苦令人無法再忍受，自殺就會變成一個選項。如第十章所述，不良的痛苦忍受力的特性為低反應閾值、極端的反應性（reactivity），以及復原時間的拖延（如 Linehan, 1993）。

在急性自殺危機期間，上述每一個問題都可以被直接處理。最好的方法就是運用前述之自我監控技巧。然而為了要讓機會最大化，治療師應將此設定為危機介入的主要目標。大部分的認知行為治療師都會同意，若欲達到療癒性改變，一個必要條件為有「**熱認知**」（hot cognitions）的存在。「熱認知」是活躍、充滿情緒、易取得，且可修正的信念系統（如Persons, 1995; Rudd & Joiner, 1998a; Safran & Greenberg, 1986）。依據我們所建議的CBT 取向，自殺模式和自殺信念系統在活化期間（急性危機期）最容易改變。確保病人的重要信念在危機期間被辨明和挑戰，即為治療師的任務。

提升痛苦忍受力的步驟

以下為我們建議的介入指引之摘要：

163
- 在危機發生的初期，使用簡單、主觀的症狀嚴重度評量表來進行自我監控。
- 定期在晤談中評量痛苦、感覺或整體情緒不安的嚴重度。
- 若病人的情緒不安有減輕的情形，宜清楚地指出讓病人知道，即使減輕的程度很輕微（例如：1 分），同時指出任何可觀察到的相對應生理反應（例如：心跳、呼吸速度減慢）。

- 辨明和討論病人用來促進復原和減輕症狀的步驟。
- 將復原的歷程和病人過去所採取的步驟做比較，過去所採取的步驟使得病人症狀和情緒不安的情形更加惡化。對於自我毀滅行為所扮演的角色要說明得很具體（例如：藥物濫用、自我割傷、亂打或亂扔物品、破壞財物、和過去發生過爭吵的對象重新接觸等）。
- 辨明和討論病人在痛苦忍受技巧方面有無任何可觀察到的改變，以及其意涵為何。病人的忍受力是否超乎他（她）最初的預期？這對於病人技巧水準的意涵為何？
- 讓病人對自己的危機處理和症狀管理之技巧與能力做具體的結論（並記錄在他的日記或治療日誌中）。舉例來說，一位病人在危機晤談結束時做了以下的結論：

> 「當我感到心煩意亂並想到自殺時，如果我停下來寫日記，或許做一份自殺想法紀錄、散個步或聽聽音樂，我只要差不多過了三十分鐘就會感覺好多了。同時，我對我自己也感覺好多了，因為這讓我知道我真的可以把困難的問題處理得很好。我對自己更有信心。隔天我總會很高興我沒有自殺。有時候我對於自己曾離自殺如此接近也會感覺很可怕。」

針對無望感來源：不一樣的問題解決方式

在急性自殺危機期間，直接處理病人**無望感的來源**，進而消除立即性
的危機是很重要的。此乃引發病人自殺的促發事件（precipitating event）或
情境。換言之，什麼是病人在危機期間無望感的根源？為何病人在此時此
刻想要自殺？有不少具自殺傾向的病人呈現普遍且長期的無望感，特別是
慢性、多次自殺嘗試者。常見的是，這個普遍的無望感與明顯的人格障礙 164
相符合。然而，每個自殺危機通常是被一個可識別的事件所引發，不論此
事件是真實的、虛擬的、重要的或甚至可能是微不足道的（由旁觀者的角

度視之）。不論促發事件的本質為何，重要的是要能區辨無望感來源和其他本質上較屬於慢性，且應為長期治療焦點之議題。為解決危機，辨明無望感來源和聚焦的處理是很重要的。這可以藉由找出促發事件和針對此事件的問題解決方式來達成。在急性自殺危機的狀態下，若深入探討其他問題，恐怕只會讓病人難以承受。

對大部分的病人而言，辨明無望感的來源不會是一件困難的事。最有可能的情形是，病人會自己告訴你促發事件或情境為何。換言之，病人一進來便會告訴治療師問題是什麼，為什麼他（她）會想要自殺。如果病人沒有這麼做，那麼前述之自我監控步驟會有所助益。總之，治療師可藉由以下這個問題來找出無望感來源——「是什麼引發病人的自殺危機？」這個資訊可以在自殺想法紀錄中找到。它可能是最近一段關係的結束、爭執、工作衝突、財務問題、學業表現不佳、生病，或是與家人發生口角。不論促發事件的性質為何，積極的問題解決需聚焦於此事件，方能有效解除危機。積極的問題解決在第十章中將有更詳盡的討論，但這需要治療師採取主動、具策略性、有系統和明確的介入方式。以下提供一個直接處理病人無望感來源的範例。

 F 太太的案例

病人是一名成年女性，在經歷一場車禍而對方車主死亡後，有明顯創傷後壓力疾患和憂鬱症的症狀。她過去沒有精神疾患的病史，而且大致而言，她的私人生活和事業兩方面都很成功。在晤談中，病人呈現出急性的自殺傾向。她哭泣，且有輕微的過度換氣，她說：

>「我只想要自殺。我再也承受不住了。我腦中整天都浮現那個女人的臉，她大聲哭喊。我沒辦法不去想它。我是個兇手！我對發生的事有非常深的罪惡感。她的丈夫要告我，我也覺得他應該要贏。昨晚我拿出手槍，差點就對自己開槍。我再也承受不住了。我不值得活下去，因為我就是一個兇手。」

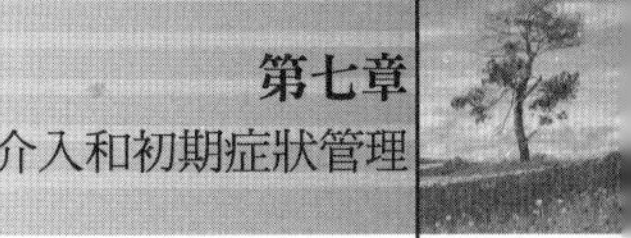

病人無望感的源頭為她對車禍和死者的罪惡感。她斷定自己是個**兇手**。 165
此信念為病人的自殺信念系統奠定了基礎。她說：「我不值得活下去，因為我就是一個兇手」（條件式規則／假設；也可以重新陳述為「如果我是兇手，我就不值得活下去」）。因此，這就是晤談的焦點。病人被鼓勵去定義「兇手」這個名詞，而這麼做最終讓她意識到這個促發事件是一場她**無法控制**的**意外**。最後，她重新把她和死者定義為**受害者**，雖然有不同的遭遇，但兩人皆為這場不幸意外的受害者。正如預期中的一樣，此次介入並未完全減輕病人的罪惡感（無望感來源），但卻足以化解自殺危機，且讓病人投入後續具建設性的治療，處理和車禍有關的哀慟。

 直接處理無望感來源的步驟

在自殺危機期間，要找出並直接處理病人的無望感來源，治療師必須考慮以下幾個具指引性的問題：

- 病人自殺信念系統的結構性內涵為何（見第二章）？
- 為何病人此時此刻想要自殺？
- 促發事件對病人的意義為何？
- 哪些條件式規則／假設正在運作〔即病人用哪些假設來支持他（她）的自殺〕？例如：「如果我一直有這種感覺，我就必須自殺」；「如果我的丈夫離開我，我就活不下去，所以我必須自殺」；「如果我失業了，我會自殺」。
- **引起**病人不安和煩躁（例如：失眠、焦躁、焦慮、恐慌、罪惡感、羞恥）的明顯症狀為何？
- 哪些具策略性和具體的步驟可用來：(1)反駁病人的條件式假設；(2)重建促發事件所代表的意義；和(3)消除最明顯的症狀？

症狀配對：短期內改善整體功能

為了要幫助病人快速復原和維持穩定的情況，依病人最具破壞性的症狀量身訂作介入方式，是很重要的（即開始進行**症狀配對**）。具自殺傾向的病人會呈現許多症狀，也會有共病的情形。其症狀的廣度與強度可能會
166 讓治療師感覺困惑且難以招架。我們建議治療師找出對病人最具破壞性的症狀〔那些使他（她）的功能受限，並在主觀評量中得到最高分的症狀〕，然後視不同的症狀進行合宜的介入。舉例而言，如果病人表示有嚴重的失眠，進而引起疲勞和整體功能的降低，那麼可以用行為治療的步驟來改善睡眠衛生，抑或考慮短期的藥物治療。同樣地，如果病人有提到嚴重的恐慌發作，那麼治療師在晤談時可以花一些時間在恐慌的 CBT 治療上，抑或考慮讓病人使用藥物。

症狀配對的步驟

關於急性危機發生時應如何完成症狀配對，以下為我們所建議的步驟：

- 完成簡短的症狀清單，也就是把病人最明顯的症狀都列出來。
- 讓病人指出那些為最具破壞性的症狀，也就是影響他（她）日常功能最大的症狀。這可以藉由主觀評量或是簡單的敘述來完成。大致而言，最後的結果就是產生症狀配對階層。將此階層寫在紙上或黑板上，以便後續的檢視和修改（見圖 7.5）。如此圖所示，失眠和恐慌造成最具破壞性的損傷，因此治療師需將焦點放在這兩個症狀上。
- 依那些最具破壞性的症狀，量身訂作介入的方式。
- 在每一次晤談中，回顧症狀配對階層，並視症狀減緩的情形，來決定是否需要修改階層的內容。同時要檢討介入方式的療效如何。若療效佳，便繼續使用；若只是部分有效，便依需求而修改。但若完全沒效，則需採用新的介入方式。

症狀	受損程度評估（1-10）／描述	167
失眠	10，我過去五天都失眠。我一個晚上睡不超過三小時，這真的讓我覺得很累。我想這也讓我的憂鬱惡化。	
恐慌	8，我的恐慌上個星期又發作了。因此我好幾次都必須提早下班，也請了兩天病假。	
罪惡感	6，我對結束這段感情真的感覺有罪惡感，不過我幾個月來都是這麼覺得。	
憂鬱	6，我的憂鬱滿糟的，而且我認為有越來越糟的趨勢，因為我都睡不著。	
羞愧	5，我對發生這樣的虐待感到羞愧，不過我從小到大都是這麼覺得的。	
擔憂、沉思	5，我還是一直擔心這、擔心那的。這也不是什麼新聞了。	

圖 7.5　症狀階層

結構的重要性：提供危機反應計畫 166

如本章一開始所提到的，擬定一個危機反應計畫相當重要，因危機反應計畫是危機介入和初期症狀管理的焦點所在。在急性危機期間，結構和
明確行動計畫之重要性是不容忽視的。如果治療師是在管理式醫療體系內 167
工作，因而受到時間和其他因素的限制，那麼結構更為重要。如同一位具急性自殺危險的病人在日記中所述：「我進入了一個無時無刻不處於混亂狀態的世界，一個我再也不知道規則的世界。」當病人有這樣的想法時，結構變得極為重要。所有前述之步驟皆為危機介入和初期症狀管理提供了相當的結構。此外，還有一個重點值得特別注意。

因應卡（Beck, 1995）對於**危機反應計畫**極有幫助。基本上，因應卡是一個有具體指示的詳細計畫，教導病人在急性自殺危機發生時應如何回應某個特定的情境。將此計畫以某種方式寫出來是很重要的。可以寫在 3×5 的卡片、名片背面或是紙上。重要的是，因應卡必須方便攜帶，可放在皮

夾或皮包中。在急性情緒不安時，病人無法清楚思考的狀態下，因應卡提供了一些組織和結構，以及具體可行的步驟。圖 7.6 提供了一個危機反應計畫的範例。

如前所述，危機反應計畫需有三個主要的成分。第一，病人必須了解他（她）的情緒不安。換言之，是什麼引發危機，為何他（她）心煩不安，他（她）在想什麼或感覺到什麼？第二，病人必須以良性的方式來反應，
168 盡力解除自殺模式，而非助長情緒不安和煩躁的感覺。最後，如果病人無法成功地解除自殺模式，便需確保病人可以得到緊急醫療協助。

產生危機反應計畫的步驟

一個典型的危機反應計畫必須包含一串連續步驟（見圖 7.6）：

危機反應計畫：當我煩躁不安並想要自殺時，我會執行以下步驟。

步驟一：完成一份自殺想法紀錄，試著找出到底是什麼引發我的不安。

步驟二：寫出並回顧對我自己的自殺想法比較合理的反應，包括對我自己、他人和未來的想法。

步驟三：回顧在我的治療日誌裡所有我過去對這些想法所作出的結論。例如，受虐不是我的錯，我不用為它感到羞愧。

步驟四：試著做一些會幫我感覺好一點的事情，每次至少三十分鐘（聽音樂、健身、打給我最好的朋友）。

步驟五：重複以上步驟。

步驟六：如果自殺想法還是揮之不去，或變得更明確，且我也發現我自己正為自殺作準備，我會打給緊急聯絡人（電話是 xxx-xxxx）。

步驟七：如果我還是覺得想自殺，且不覺得我可以控制自己的行為，我會去急診室。

圖 7.6　危機反應計畫範例

1. 病人必須認清和理解引發自殺危機的事件。同樣的，病人必須知道他們所經歷的具體自殺想法和感覺。這可藉由自殺想法紀錄來達成。因此，步驟一應該是讓病人完成自殺想法紀錄。
2. 病人處理危機的方式必須能解除其自殺模式，且有助於情緒的恢復，而非擴大危機。這最好是以一系列步驟的方式來達成。如圖 7.6 所示，病人可採用自殺想法紀錄，來執行一些基本的技巧。三個最重要的技巧為：自殺信念系統的認知重建、痛苦忍受力和情緒調 169
適。我們建議治療師讓病人以其他替代性的想法（步驟二）來直接回應自殺想法（見第九章）、回顧所有之前對具體自殺想法的結論（步驟三），以及執行可減輕情緒不安的活動（步驟四）（即痛苦忍受力和情緒調適的技巧，見第十章）。因為要減輕急性煩躁和不安需要時間和努力，最好是讓病人再重複步驟一至四（步驟五）。
3. 如果自殺模式無法成功解除，病人便需求助於緊急醫療服務。我們建議採雙層系統，讓病人先以電話聯絡治療師（步驟六），之後再視需要求助緊急醫療服務（步驟七）。使用雙層系統的目的是讓病人盡量能夠獨立運作，同時盡可能減少緊急醫療和住院醫療的使用。

危機反應計畫必須是明確的，詳述每一個步驟（見圖 7.6）。它也必須以病人能夠了解的文字來表達，包括病人自己所提供的步驟。因此，雖然這樣的計畫需要由治療師和病人一同來擬定，但最好是由病人自己寫下來。治療師應該要定期檢視危機反應計畫，或許在治療前期每次晤談都檢視一次，而在治療後期則改為一個月一次。治療師應視需要而修改計畫。如果病人本身的技巧提升，因而不再需要某些步驟了，那麼治療師便應刪除這些步驟。同時也應增強病人對於危機反應計畫之合宜且有效的運用，此外，治療師應將治療的進展和療效視為改變危機反應計畫的推動力（例如：當某些步驟不再需要了）。

使用因應卡有不少好處。第一，因應卡簡單、明確、有效。第二，因應卡有彈性，且是依據特定病人的需求而設計的。第三，在治療過程中，

當病人能力提升或進步時，它可以被修改。這對於具慢性自殺傾向的病人而言特別重要（見第八章）。第四，因應卡提供了病人一個在急性危機期間可以（盡可能地）承擔責任的方式。

本章回顧一個有結構、有組織的危機介入和初期症狀管理取向。有效自殺危機管理的關鍵在於自我監控能力之建立和發展。下一章將探討更多藉由阻斷自殺循環，進而減少自殺行為的短期和長期策略。

第八章

降低與消除自殺相關行為

辨認治療中的目標行為：理解自殺模式 170

理所當然地，自殺病人的主要特徵就是自殺想法和（或）行為的存在。因此，這就是最重要的治療目標之一，特別是在治療有時間限制的情況下。本章著重於探討自殺模式的行為系統，包括自殺相關行為（即自殺行動、工具性行為）及其他可能的自我毀滅行為。治療中的目標行為可分為三個類別（見圖 8.1）：

1. 自殺行動（即自殺嘗試，不論有無受傷）。
2. 工具性行為（不論有無受傷）。
3. 相關的自我毀滅行為，例如：自我割傷／燒炙／穿洞／毆打、物質濫用、危險行為（例如：向他人挑釁／打架、開車超速或過於莽撞、玩俄羅斯輪盤的自殺玩命遊戲等），以及亂交和危險性行為……。

在面對每一個自殺嘗試、工具性行為，或自殺事件時，治療師的首要目標為明確闡述病人的**自殺循環**，也就是代表**運作中**之自殺模式的想法、
感受、行為之序列。治療師需要將明顯的自殺傾向和其他像衝動性和自我 171
控制等相關問題設為目標。我們可以用同樣的概念化模式（見圖 8.1）來處理自殺相關行為和其他自我毀滅行為。治療師會處理自殺相關症狀的認知、

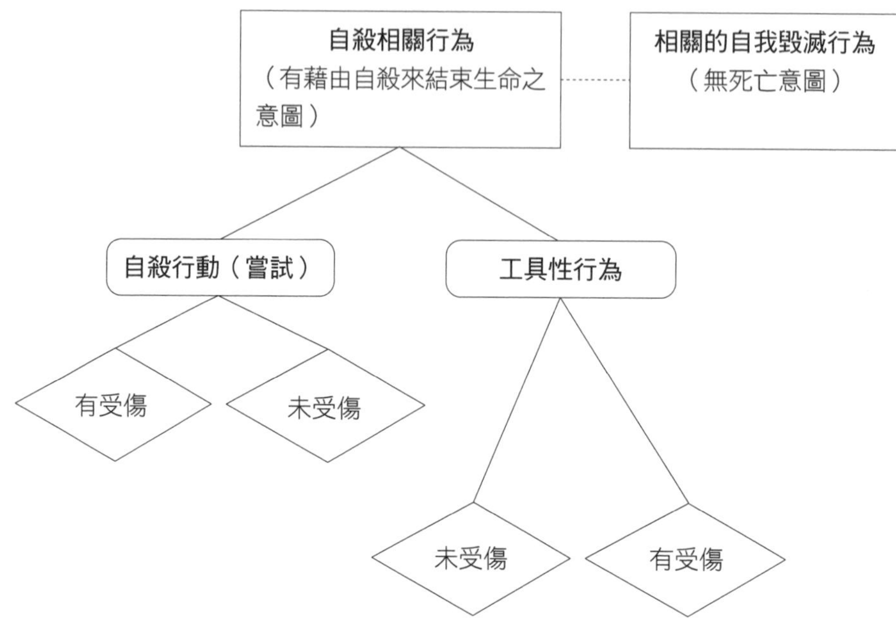

圖 8.1　自殺相關行為治療之概念化

172

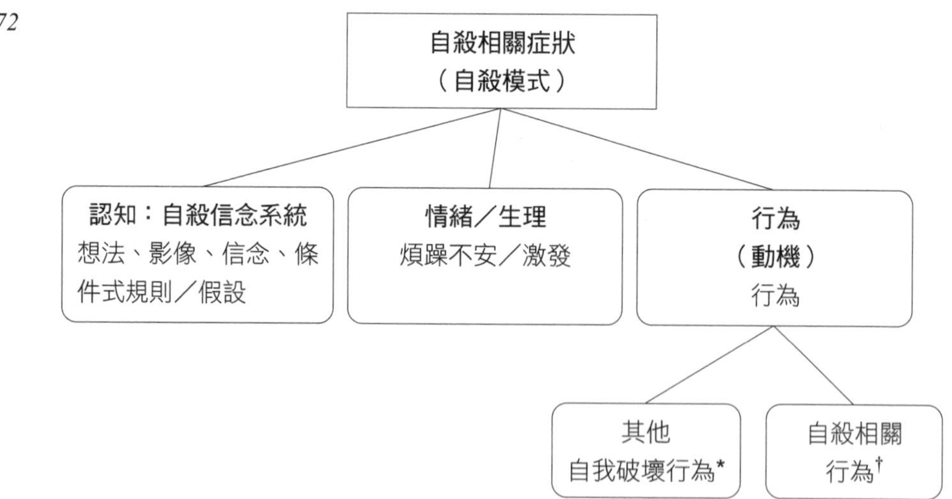

圖 8.2　運用自殺模式進行自殺相關症狀之概念化

*無意以自殺的方式來結束個人的生命。包括自我割傷／燒炙／穿洞、物質濫用、危險行為，以及亂交……）。†有意以自殺的方式來結束個人的生命。關於自殺行動和工具性行為之區別，見圖 6.1。

情緒及行為層面（見圖 8.2），此點和自殺模式的建構一致。數個較廣泛的 171
問題可為如何辨認治療中的行為目標提供一個必要的架構（關於自殺模式的問題概述，見第二章）。

 處理自殺相關行為時可提出的問題

- 病人的自殺行為史為何？曾做過多少次嘗試？各次的情境為何？（生理及心理的）結果為何？
- 病人曾進行哪些準備、計畫或排練行為？
- 病人做了哪些事，來因應他（她）的自殺傾向？也就是說，病人目 172
前是否有做任何事來分散自殺思考，例如：啟動他（她）的支持系統、孤立／退縮、物質濫用等，或者，病人是否只有進行那些會使問題惡化的行為？
- 病人過去在面臨自殺危機時通常會做些什麼事？有沒有任何可以確認的模式或趨勢？情境因素（例如：促發事件、反應、結果）是否每一次皆相同？

 處理衝動性／自我控制時可提出的問題

- 病人是否呈現衝動性或自我控制的問題？若是如此，是以怎樣的形式呈現（例如：物質濫用、決策錯誤、肢體攻擊性、性表現）？頻率如何？
- 不論意圖為何，衝動行為是否是病人自殺傾向的特徵？ 173
- 有沒有任何衝動行為造成受傷或需要醫療照護？
- 病人做了什麼來調節危機中高漲的情緒？
- 當病人處於急性的不安或煩躁狀態時，會花費多久時間**復原**？是幾秒鐘？幾分鐘？幾小時？或幾天？
- 處於危機發生的當下，病人通常會等待多久時間便將他的想法付諸行動？是幾秒鐘？幾分鐘？幾小時？或幾天？

區分自殺行動和工具性行為

當我們概述自殺模式並闡明自殺嘗試及自殺事件的自殺循環時，區分自殺行動和工具性行為是至關緊要的（見圖 8.1）。正如 O'Carroll 等人（1996）所提出的命名系統所述，兩者之間的不同在於意圖（intent）。病人的意圖為何？他（她）是否有意以自殺的方式來達成死亡？病人是否相信他所採取的方法是致命的？病人是否有採取任何步驟，以防被發現？病人是如何被發現的？是意外被發現，或是不可避免地被發現？病人對於生存下來的感覺如何？如果意圖**並非**死亡，那麼病人希望能達成什麼？區分主觀和客觀的意圖，亦能為病人的自殺信念系統提供更為透徹的了解。具體而言，這有助於辨認病人的信念、條件式規則、假設，以及相關的補償性策略，而這些在治療中都會被直接處理。或許最重要的是，這會幫助治療師更清楚地找出病人接受治療的動機以及相關的危險狀態。

如第六章所述，意圖往往是難以判斷的。隱藏的（客觀的）和陳述清楚的（主觀的）意圖有所不同。當表達出來的或主觀的意圖，和被觀察到的及報告的行為（內隱或客觀的意圖）相符時，治療的議程是相對簡單的。當兩者有衝突時，治療的議程會變得較為棘手，也就是治療師需要澄清病人的意圖與復原和改變的動機。明確地說，辨認一個行為背後的目的是最重要的。清楚表達這個目的（例如：情緒調適、尋求協助、報復等），並且幫助病人發展出更健康和有效的技巧，便成為治療的焦點。

當我們概述自殺循環時，重要的是能夠藉由處理主觀報告和客觀的指標來釐清意圖。將焦點置於過去的自殺嘗試或自殺事件尤為重要。病人的
174 家庭成員、配偶或重要他人亦可發揮助益，協助澄清有關工具性行為以及令人質疑的意圖等相關疑問。他們常提供關於那些病人所不願透露的細節，且可能提供關於病人未主動承認慣性行為之證據。誠如第六章所述，治療師可以提出下列的澄清式問題：

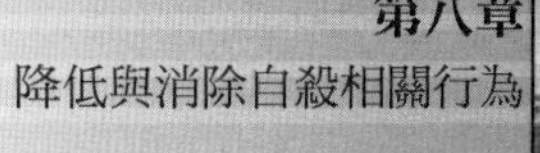

- 「你是否有想到**用藥過量**〔即陳述方法〕會殺死你？」
- 「你希望會發生什麼事？」
- 「當時是否需要醫療照護？若是如此，是哪一種類型的？而你如何取得？」
- 「在自殺嘗試後，你是否有獲得協助？」
- 「你是如何被發現的？誰發現了你？」
- 「你有沒有採取任何步驟，以確保你不會被發現？若有，你採取了哪些步驟？」
- 「你是否曾以任何方式預備你的自殺？若有，你做了什麼？」
- 「你是否曾以任何方式演練你的自殺〔例如：想像或實際的行為〕？」
- 「你對於生存下來的感覺如何？」
- 「你從這次自殺嘗試中學到了什麼？」

和自殺內隱意圖一致的預備行為需要在治療過程中定期被探索，尤其在急性危機期。以下為一位自殺身亡病人的日記內容，其中揭露病人刻意地不提供關於有計畫的預備工作和演練過程，即使在治療師持續不斷的反覆詢問之下。雖然病人刻意隱瞞這部分的資訊長達數個月，但重要的是，他在自殺的當天還是向治療師透露了。他之所以會這麼做，很可能是因為治療師小心且持續不斷的詢問，一如我們所建議的。這位病人自殺的狀況是相當不尋常的。在他自殺當天，他承認已進行的預備動作，也因此立即入院。但在搭乘救護車前往醫院的途中，他攻擊了其中一位護理人員而後逃逸，最後在與警方對峙許久後自殺身亡。

第一筆日記資料

「我前幾天買了一把槍。我因為某些原因沒有買彈藥，但也差不多快要那麼做了。我滿腦子都是我的槍，整天都在想它。」

兩三週後的日記資料 *175*

「我今天用我的槍開槍了，真的很大聲。我開了五次槍。我一直都看到自己這麼做，想著這這件事，也夢到它發生。」

兩三個月後的日記資料

「我今天真的發火了。我在大庭廣眾之下把彈藥丟向某個人。我幾乎完全失控。我知道我必須現在就做這件事，因為我現在無法獲得援助，也無法得到安慰。」

在最後一筆日記的數天後，這位病人用那把槍自殺身亡了。藉由詳盡回顧病人過去和現在的自殺相關行為，以及謹慎地澄清意圖，盼能預防類似悲劇的發生。大部分的時候，介入的工作會是成功的。即使在這個悲劇案例中，謹慎的問話最終還是讓病人吐露出他的高危險狀態，也導向協助他入院的積極努力。

處理混合性訊息

病人表達出來的意圖和被觀察到的行為之間的差異（例如：未表達想死之意圖，但不斷以致死率極高的方式嘗試自殺並因此受傷；或是表達高度想死的意圖，但以致死率低的方式嘗試自殺，且最後被他人發現），可以是數個或多重問題所造成的結果。無庸置疑，**混合性訊息**是一個清楚的指標，指出病人的問題和相當矛盾的心理狀態。這當中每一項都應在治療中直接處理，且也可能意謂病人有長期照護的需要。最常遭遇的問題如以下所示：

- 適當的投契關係和治療工作同盟尚未建立。需要花費更多的時間在建立更好的治療同盟上（見第九章），每次晤談極可能需要將時間投入在此議題上。
- 病人接受治療的動機不足。病人對於治療歷程所付出的承諾需要被澄清，包括病人和治療師雙方的期待與責任（本章之後會有更詳盡的討論）。
- 病人持續對於自殺這個選擇抱持相當矛盾的心態。病人需要對治療歷程許下**承諾**。他所被要求的，只是參與一項**行為實驗**，並在一段時間後，看自己是否**感覺好過一些**。治療師只需要求病人將自殺這個選擇暫時擱置一旁（例如：三個月、六個月，或若有必要的話更 176 久），同時積極地著手於治療議程。

- 病人的技巧缺失使他無法進行必要的人際溝通。如果是這個情況，治療的焦點便為發展溝通技巧，進而建立必要的工作關係和治療同盟（見第九章）。
- 病人的症狀相當嚴重，因此造成認知功能、動機以及決策能力受損。在這些情況下，症狀緩解最為關鍵。這往往涉及更密集的治療（例如：部分住院的療程、 日間治療計畫，或住院）以及藥物。
- 病人呈現顯著的人格障礙。在這些情況下，病人的工具性行為會是治療議程中核心的部分，而治療目標即為建立一個更健康、更有效能的因應技巧資料庫。

辨認自殺循環

要了解行為的先後順序，需將自殺模式轉換為一個特定事件的實例——即第七章中所述之自殺循環。探討最後一次的自殺事件最為容易；如果病人目前仍有自殺傾向，便應探討目前的事件。如第七章所述，治療師需和病人一同找出觸發事件、特定的自殺想法、相關的感受、生理反應，以及最終的行為結果（使用自殺想法紀錄，或單純有治療策略的問話）。盡可能地剖析此事件的細節是很重要的。如前所述，針對意圖和結果的詳細問話，可能會導向某些對於治療成功有關鍵作用的行為目標。隱含在自殺循環中的是治療議程，每個步驟即代表一個特定的介入焦點。一個簡短的臨床範例將有助於進一步說明此要點。

G 先生的案例（見圖 8.3）

前來求助的病人是一位中年的治療師，在經歷了長時間的鬱期後，近

期開始產生自殺想法，且發生一次他自己形容為「很接近的自殺嘗試」。病人陳述這次很接近的嘗試在上週發生。他說他下班後，正在返家途中（觸發事件——和自殺危險開端有關的想法、感受或行為）；開始想到「事情永遠不會變得更好」，隨後決定「如果我自殺，一切都會改善」（他的自
177 殺信念系統中之片斷成分）。他表示自己在接下來的十至十五分鐘內，一面開車，但憂鬱和焦躁程度不斷上升（情感／生理症狀）。被問及他是如何回應時，病人表示他前往一間酒吧，「喝了兩杯」，之後驅車至湖邊（增加危險性的行為，使其孤立，而酒精的出現讓問題變得更加複雜）。他描述坐在湖邊一段時間，最後說他「掏出指示小卡（instruction card），從後車廂內取出所需之物品」（預備行為）。病人顯然已將自殺的「指示」寫在一張 3×5 的小卡片上，並將卡片放在皮夾內隨身攜帶。這張卡片上面記載了病人欲成功殺害自己所需的一連串步驟。他表示當他處於「過度情緒化」的狀態時，會「想要確定自己不會把事情搞砸」。在後車廂內，還有一個裝了藥丸的紙袋。接下來，他敘述自己如何「清點藥丸」（預備行為），但最後「把東西都收起來」，驅車返家。他估計這整個過程耗時約三小時。

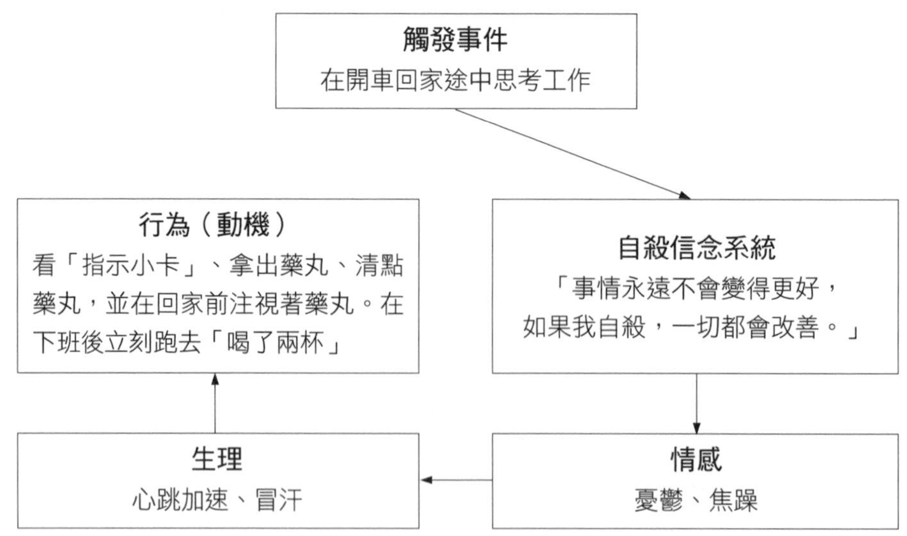

圖 8.3　G 先生的自殺循環

在描繪 G 先生的自殺循環後，治療目標變得清晰了。循環中的每個步驟即為介入點（見圖 8.3）。這有助於理解病人的潛在危險，以及為降低重 178
大的或立即性的危險所需採取之步驟。自殺循環可以將在時限治療中令人困惑之處變得更加具體。

辨認觸發事件有時會有點複雜。以 G 先生為例，他的自殺想法似乎是**突然冒出來，沒有源頭的**。然而，在細探整個事件以及和 G 先生詳談後可知，G 先生在開車回家的途中，回想自己當天的經歷以及他對工作不滿的這個舉動，是導致自殺危險產生的觸發事件。換言之，他在開車回家的途中有時間停下來和思考。因此，這次的觸發事件便是**在開車回家的路上思考和工作有關的事情**。此觸發事件揭露了一個潛在的問題——病人長期以來對他的工作和所選擇的職業心存不滿。

在描繪自殺循環時，辨認那些只會讓自殺危險增加和降低的行為是相當重要的。以 G 先生的例子來說，獨自一人開車去湖邊、飲酒、清點藥丸等只會增加他的危險。他之前曾提及他在獨自一人飲酒後會變得**更加憂鬱**。而藥丸的可得性提升他在酒醉和憂鬱的狀態下，衝動用藥過量的可能性。

G 先生的自殺循環歷時相當長，且未有明顯的衝動性。它持續了將近三個小時。事實上，G 先生有條不紊和強迫性的規劃動作正是高危險行為的特徵。若仔細回顧他的自殺循環，便可發現兩個重要的立即介入點。第一，需立刻去除 G 先生可取得的自殺計畫和方法。這和第七章中提及的危機介入之首要目標之一相互呼應，也就是確保病人的安全。若他為治療許下承諾，便需要和治療師達成協議，**放棄**他的指示小卡和藏藥。取而代之的是發展並寫下一個較為合理且健康的危機反應計畫。第二，G 先生的自殺循環顯示，他有不少時間來施行一系列可幫助他建立技巧並有效回應已啟動的自殺信念系統和急性情緒不安的技術（見第九章）。

行為改變的過程：減少和消除自殺行為

在治療中，減少乃至最終消除自殺相關和其他自我毀滅行為需採取下

列五步驟。每個步驟會詳加描述，並提供臨床範例。

179 1. 病人必須對治療許下承諾，將參與治療視為自殺以外的另一項選擇。若無法適當地投入治療過程（例如：參與晤談、設定目標、在晤談中積極投入、毫不隱瞞地表達想法和感受，以及完成回家作業等），那麼正向的改變便不太可能出現。事實上，若病人無法適當地對改變作出承諾，治療本身在無意間也可能會增強且持續那些失功能的行為。
2. 病人需發展更好的能力，進行自我監控和理解他（她）個人獨特的自殺循環，並將重點置於特定可介入和改變的點上面。
3. 發展出一種能力（或技巧）並用以抑制自殺循環是有必要的。一開始，這可能會需要後期循環介入（即危機介入），但接下來會涉及初期循環介入（即技巧建立）。
4. 如果有必要的話，病人極可能需要進行簡單的替代行為（即短期行為替代方案），以改變或有效抑制循環。
5. 病人需要發展和精進那些本質上較為持久的行為替代方案。為了要永遠改變自殺循環，病人在回應自殺想法時，需要採用那些會消除自殺危險的行為，而非那些會使自殺危險升高的行為。大致而言，這和病人生活方式或性格重大且永久的改變是相符合的。不斷重複和堅持到底，對有慢性自殺危險者尤其重要。

對治療過程許下承諾

在大部分針對各種心理疾患的治療取向中，治療最終能否成功，皆取決於病人改變的動機和病人能否對治療歷程許下承諾（如 Roth & Fonagy, 1996）。這在短期治療中尤其重要。特別是在病人呈現較為複雜的個人史、顯著的共病情形（同時有第一軸和第二軸），以及有慢性症狀的情況下，可以浪費的時間並不多。首要步驟便是取得病人對治療過程的承諾。雖然**矛盾**是有自殺傾向者最明顯的特徵之一（如Shneidman, 1981, 1984, 1993），

這個矛盾顯然較偏向復原這一端，畢竟病人現在正坐在治療室內是一個事實。

我們建議採取一個較為實際和簡單的取向。具體而言，我們建議治療師使用**對治療許下承諾宣言**，特別是針對那些慢性自殺傾向者。如圖 8.4 所示，此宣言基本上詳述病人在治療中的責任——也就是治療師期待病人在短期和長期內所做的事情。很明顯地，我們堅持採取一個實際的治療取向， *181*
讓內隱的事物變得清楚明確。如第九章所述，此取向可預防病人或治療師產生或持續擁有隱密意圖，如此一來，一個健康和可控管的**治療信念系統**便誕生了。

圖 8.4 中所標明的病人責任包括參與晤談；設定目標；誠實且開放地表

我，________同意為治療歷程許下承諾。我理解這代表我已同意積極參與治療的各 *180*
個層面，包括：

1. 參與晤談（若我無法前來，需事先知會我的治療師）。
2. 設定目標。
3. 誠實且開放地向我的治療師表達我的意見、想法和感受（不論是正向或負向的，但最重要的是負向的感受）。
4. 在晤談**期間**積極參與。
5. 完成回家作業。
6. 試用新的行為和**新的做法**。
7. 在有需要時執行我的危機反應計畫。

同時，我理解和承認，治療的成效取決於我付出的心力和努力。如果我感覺治療沒有效果，我同意和我的治療師討論此事，並針對問題和解決之道達成共識。總之，**我同意為活下去許下承諾**。

簽名：________________________

日期：________________________

見證人：______________________

圖 8.4　治療承諾宣言

181 達意見、感受和想法等；在晤談期間積極參與；在晤談結束後進行實驗、試用新的行為和**新的做法**；完成回家作業；以及在有必要時實施危機反應計畫。如宣言中所述，病人是**對活下去許下承諾**。此取向和傳統**反自殺合約**的不同之處，在於它詳述病人**應**做的事情，而非病人**不應**做的事情（即自殺）。我們發現不論是慢性或急性有自殺傾向之病人，皆很清楚自己不應做的事，但對於他們究竟還有哪些選擇感到茫然。清楚地陳述病人的責任有助於治療關係的鞏固，也提高正向結果發生的可能性。

治療承諾宣言應在告知同意的階段提出。這只是此宣言的其中一種版本，視該場所或臨床環境而定，此宣言可加以修改和擴充。事實上，治療師和病人可以坐下來，以積極合作的方式，共同擬定一份屬於他們的聲明。以正向的方式來呈現此聲明是很重要的。治療師應強調闡明期待和責任的必要性，特別考量自殺模式和它的認知成分（即自殺信念系統）的理論意涵。向病人說明的內容相當單純，也應當以單純的方式提出。我們在整個治療歷程中越明確和具體，成功的可能性就越高。此聲明可藉由以下的方式呈現：

> 「我們現在已討論過你的自殺循環，也已找到我們初期的治療目標，我想要和你一同來看這份聲明。它闡述你對治療歷程所作的承諾，並說明你在復原過程中所需採取的步驟。換句話說，它摘要了你在治療中所被期待的、你的責任等等。雖然我的責任沒有涵蓋在這份聲明中，但如果有需要的話，我們可以現在花幾分鐘的時間來討論。你何不看一下〔將宣言遞給病人〕，讓我知道你的想法和感覺。你有沒有任何問題？我們何不花幾分鐘的時間，看看我們能否達成共識？」

182 如果病人不能同意或不同意宣言中概述的責任，那麼改變的動機和對治療歷程付出承諾等議題需要釐清和說明。基本上，治療師是和病人針對治療計畫進行溝通協調，期盼病人在這個過程中擔任一位積極的參與者。如果病人對宣言採取迴避的態度，那麼明顯的矛盾或隱密意圖很快就會浮上檯面。最有可能的是，這是緣於病人的自殺信念系統。第九章會詳述處理自殺信念系統的方法。

除了說明病人在治療中的責任之外，討論治療師的責任也同樣重要。尤其重要的是，治療師應表明並和病人討論其可及性（availability）和可近性（accessibility）等問題，特別在急性危機發生時。同時，如本章稍後所提及的，治療師應以直接的態度告訴病人，若病人未能遵循危機反應計畫（即後效管理），究竟會發生什麼事。舉例來說，如果治療師每週五都無法工作，就應該在一開始便提出來。如果治療師工作的場所有輪班制，這也應該清楚說明。明確的期待可有效減少在後續治療中產生的問題。這對長期治療而言更為重要。如果在治療的過程中期待和責任有所變化，這也需要釐清。治療承諾宣言需要變更、修正，或如果有必要的話，重寫一份並取代之。所有的**聲明**應作為治療紀錄的一部分，永久保存。

確保病人理解自殺循環：自我監控和情緒覺察

大致而言，使用自殺想法紀錄和重複繪製自殺循環會增進病人自我監控的能力，提升他（她）整體的情緒覺察，並加強他（她）對於自殺循環的廣泛理解。最重要的是，自我監控提供了一個方法，讓病人從被觸發的點，到自殺相關或自我毀滅行為發生之間，增加可用的時間。因此，更多介入的機會產生了，病人可試驗新的行為和最終的技巧建立。最後的結果是個人的控制感、力量、影響力等皆會增加，這和病人最初所呈現的無助感和無望感形成鮮明的對比。基本上，自我監控這個動作本身便提供了一個**行為實驗**，可用來挑戰病人自殺信念系統的核心成分（見第九章）。

病人有許多自我監控工具可以使用，包括自殺想法紀錄、描繪自殺循環和心情追蹤圖等，上述工具皆詳述於第七章。一份記錄每天各個小時的 183
活動紀錄表（如 Hollon & Beck, 1979）可派上用場，它會提供病人每日活動的細節。這對於無法辨認特定觸發事件的病人有時會有幫助。同樣地，幫助病人理解觸發事件有可能來自於內在（即想法、意象、感受，或身體的感覺），如同外在（情境或環境）一樣。接下來，可以針對每一個帶給病人情緒波動的觸發事件，完成一份自殺想法紀錄（或自殺循環）。不論採取何種方法，自我監控的首要目標皆為加強病人整體的情緒覺察，並為介入和行為改變創造機會。

在由後期（即危機）轉移至初期循環介入時，自我監控可幫助治療師辨明自殺危機的**初期標誌**（early markers）。初期標誌可能包括特定的想法（例如：「我最好死了算了」）、感受（例如：嚴重的憤怒或盛怒），和特定的預備行為（例如：檢視遺囑、處理財產，以及寫信等）。重要的是，如果我們可以辨明初期標誌，便可採用以下介入：認知重建（第九章）、特定的技巧（第十章），以及會降低整體危險和自殺相關行為的替代行為。

在危機狀態下抑制自殺循環：後期循環介入

在治療剛開始時，介入較可能是針對後期循環的介入，這和第七章中所提到的危機介入相符合。換言之，在病人已然有自殺傾向**後**，治療師可能會花較多時間介入。如第七章所述，**後期循環介入**圍繞在一個特定且詳細的危機反應計畫上。危機反應計畫應詳細描述病人在急性危機期間應採取的每一個步驟。隨著病人的危險狀態、情境和技巧的改變，這個計畫必須不斷地修正。

後期介入的目標很單純——即抑制自殺相關或其他自我毀滅行為的出現。後期介入可能會仰賴外在的支持和直接的臨床服務（例如：緊急情況晤談、電話聯絡，以及與其他治療師的諮詢）。不過，最理想的情況是，隨著治療的進行，後期介入會由病人自己負責（這和症狀自我管理和症狀應用等概念相互呼應）。如果治療真的成功了，那麼後期循環介入的需求便會逐漸降低而後消失，而自殺危機會變成過去式。治療的焦點會變成處理病人的情緒困擾、生活壓力、每天的瑣事等，而這些和技巧建立是一致的。

184 後期循環介入的一般指引相當清楚易懂。介入需要的是**明確的**（即最好能將每個步驟逐一寫下）、**簡單的**（即病人應能在急性情緒不安的情況下完成作業），以及**可行的**（即計畫所需之物品應垂手可得，不論是運動

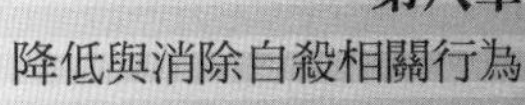

器材、書籍、音響，或是要和病人對話的特定對象）。一個可能的後期循環介入或許和第七章所述之危機反應計畫相互呼應。

危機反應計畫：當我很不高興且想到自殺時，我會採取下列步驟。

第一步：完成一份自殺想法紀錄，試著找出到底是什麼事情讓我不開心。

第二步：把對自殺想法更合理的回應寫下來，再反覆看幾次。此回應包括對自己、他人和未來的想法。

第三步：反覆看我過去在治療日誌中寫下的，對這些想法所做的所有結論。舉例來說，我的工作可能讓我不開心，我也許有時感到疲倦，但過去我曾經讓自己休個假，之後又可以重振精神，重拾動力。雖然工作的某些部分變得越來越困難，但還是有我所喜愛的部分。總之，我選擇這份工作是因為我對於我所做的事情感覺很好。

第四步：試著做一些讓我感覺較好的事，每次至少三十分鐘（聽音樂、健身、讀我最愛的小說、和太太聊天）。

第五步：重複上列步驟。

第六步：如果這些想法仍揮之不去，或變得越來越明確，且我發現自己正在為自殺嘗試作預備（例如：把藥丸拿出來、清點），我會打給緊急聯絡人，電話號碼為×××-××××。

第七步：如果我仍然很想自殺，且我不覺得我可以控制自己的行為，我會前往急診室。急診室的電話號碼為×××-××××。

替代行為和有意的高度警戒：初期循環介入

在清楚辨認出可靠的自殺危機**初期標誌**之後，初期介入的可能性會提高。以 G 先生為例，詳細的自我監控結果顯示，在他的自殺危機發生前，會固定出現一個行為模式。G 先生會在數天內經歷憂鬱程度上升、吃過多的垃圾食物、突然終止他的運動計畫、出現類似「這真的很不值得」的想法，而後慢慢地遠離他的家庭和支持系統，結果即為嚴重的憂鬱和自殺想法的產生。

治療師和G先生找出**有意的高度警戒**（purposeful hypervigilance）這個目標，以利有效的介入。更明確地說，G 先生需要完成每日活動紀錄表，且留意（即保持有目的之高度警戒）任何**初期標誌**的出現。一旦發現初期標誌，G 先生便在因應卡上清楚地寫下初期介入計畫的細節，此計畫包含下列步驟（此計畫也可形成行為實驗的基礎，以測試他的感覺是否有差異）。這個計畫必須是簡單的、明確的，且是可行的。如果病人無法立刻執行此計畫，那麼此計畫在他有需要的時候便會喪失實際的價值。盡量讓它明確且詳盡，在合適的情況下，把日期和時間也寫下來。

初期介入計畫

1. 在有重大壓力的時候，確保自己有花時間（至少三十分鐘），一天吃三餐。盡量不要以垃圾食物作為零食。試著在工作日當中完全不碰垃圾食物。
2. 實施運動計畫，週一、週三、週五到健身房做運動，每次一個小時，最好是從晚上七點至八點。
3. 確保每天至少保留八小時睡覺，晚上十一點上床，早上七點起床。
4. 每天針對任何一個憂鬱或自殺的想法完成一份自殺想法紀錄。我可以在每天午餐結束時花時間做這件事，畢竟只會花大約五分鐘。
5. 定期和支持系統接觸。確定每天都花時間和小孩相處。同時，每週上教堂，找時間和太太約會，可能每二至三週一次。這代表需要找一位固定的保母，而我太太已同意負責處理此事。

由上述範例可見，初期介入計畫必須是明確的（最好是寫下來的），且緊扣著初期自殺標誌。此外，初期介入計畫可以被框視為一個行為實驗，測試病人自殺信念系統中一個可識別的成分（例如：「沒有任何事情會讓我感覺好過一點」；詳見第八章）。再者，所有的病人應該被鼓勵在他們的治療日誌或日記中寫下任何針對行為實驗結果的結論。

行為塑造：一段逐漸改變的歷程

186

大致而言，本章所描述的歷程和**行為塑造**及**後效管理**（如 Craighead, Craighead, Kazdin, & Mahoney, 1994）是相互呼應的。塑造（shaping）是一種逐步的增強歷程，以逐漸接近目標或理想行為（例如：自我肯定、有效的憤怒管理，以及問題解決）。這在處理自殺行為時通常是有必要的。後效管理（contingency management）根植於操作制約原理，意指增強正向行為的歷程，而負向行為的後果則是中性或負向的。治療關係和治療環境本身需要被建構，以利有效能的後效管理（見後續討論）。

自殺相關行為和其他自我毀滅行為乃一連串複雜因素之結果，特別是對慢性自殺傾向者而言。要減少且最終消除自殺反應，需採取一連串的小步驟。對大部分的病人而言，這會需要後期循環介入、運用危機反應計畫，並在有需要的時候，隨著病人的進展而修改。對初期循環的介入會接續，它主要包括行為實驗、技巧習得，以及技巧精進的練習。以上皆對於病人自殺信念系統中的結構化內容有相當程度的影響。

針對呈現工具性行為的病人，治療師需持續探索行為背後的目的或意圖，評估此行為對於達到最終目標的整體效果，和此行為的負向後果。具體來說，展現工具性行為的病人會不斷認清三件和他們的行為有關的事情。第一，此行為並無法為他們達成他們心中擬定的目標。第二，此行為造成負向的人際後果，可能以某種方式損害（如果並未終結）一段已存在的關係。第三，此行為導致相當程度的自我形象破損、增強已持續多年的負向自我形象信念，並形成自殺信念系統的基礎。

針對呈現工具性行為的病人，穩固的治療關係甚為關鍵。治療關係可以成為改變的媒介，治療師應處理和評估前述之三項結論。在每次涉及工具性行為的事件發生時，治療師需提出三個相對簡單的問題，且持續增強那些已得到的結論：

〔數週前已針對某次事件完成了一份自殺循環〕「讓我們來看一下上週發生了什麼事。妳有沒有完成妳所希望完成的事？妳說妳希望能為 Jim〔男朋友〕所做的事向他報復？報復有沒有成功？」〔未能完成陳述的目標〕

187 〔過幾分鐘後〕「聽起來妳後來變成和妳媽媽吵了一架，而不是以某種方式傷害了 Jim？事實上，依據妳所說的，聽起來妳傷害了妳媽媽？是不是這樣呢？」〔負向的人際後果〕

〔接下來，仍在晤談中〕「根據妳所描述的，聽起來妳對於自己有些非常負面的想法。妳也提到非常有罪惡感。妳是否記得一些妳長久以來對自己的信念〔不足、無價值、無能、不被喜愛〕？在某些方面，聽起來這些發生的事情只有更增強這些想法？妳怎麼看的？這聽起來正確嗎？」〔增強負向的自我形象和病人自殺信念系統的成分〕

以暴露為基礎的治療策略：角色扮演、線索暴露，以及行為演練

如第十章所將介紹，數個以暴露為基礎（exposure-based）的策略有助於確保初期和後期循環介入的效果。如果危機反應或介入計畫包含人際的議題，那麼角色扮演（和角色交換）的效果特別好。若有顯著的情緒困擾或衝動性（例如：以自我割傷／燒炙／穿洞來回應知覺到的拒絕），線索暴露或目標行為（也就是重複暴露在某個令病人不安的線索之下，不只可促進情緒反應之去敏感化，更可發展出適切的因應行為）會有所助益。行為演練總是有幫助的，它提供了一個機會，讓病人可以不斷地演練危機反應或初期介入計畫（藉由想像或個人的重複動作，或是角色扮演，如果此議題在本質上是與人際有關的）。上述各個技術的效用可經由錄影或固定的回顧和討論來加強。第十章會詳述上列各技術。

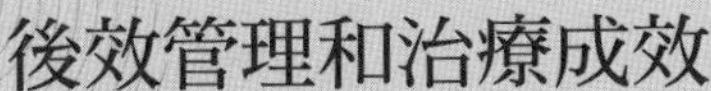

後效管理和治療成效

在最初的知情同意過程和回顧對治療許下承諾宣言的階段，治療師應清楚說明治療中將運用後效管理策略，也就是治療關係的限制和界線。有合理之需要時，這越早進行越好。對有慢性自殺傾向、曾有多次嘗試的病
人而言，這樣的說明尤其重要。基本上，需要回答的問題是：在病人未能 188
遵循他（她）的危機反應或初期介入計畫時，你會如何處理？

在這些情況下，如果治療師已清楚地說明治療關係的限制和界線的話，那麼治療關係本身便可以被有效運用。後效管理在緊急情況發生時最適用，也最有效果。限制通話次數、緊急晤談或追蹤晤談對具慢性自殺傾向，但未能遵循已認定計畫的病人而言，可以作為恰如其分且自然的負向後果。舉例來說，如果一位病人未遵循危機反應計畫，且後來需要住院，那麼治療師暫時限制與他的個別晤談是很恰當的（也讓病人適應住院的環境），或許直到病人出院為止。這和在說明治療計畫時，設定明確的限制和界線此做法是一致的——需在治療期間貫徹始終。若病人濫用與治療師的電話聯繫，限制通話次數會是恰當的（例如：一開始每週一次），最後逐漸減少。若濫用的現象很嚴重，將病人的來電轉給負責處理緊急事件的值班人員是合宜的做法。無論採用何種後效管理策略，重要的是清楚地說明這些策略，且在治療初期即和病人討論。雖然所有的臨床場域都有其特徵，但我們推薦幾個關於後效管理的一般指引：

- 清楚地說明危機發生時治療師的可近性與可及性。這對於有慢性自殺傾向的病人尤為重要。無論治療師本身的可近性如何，需以某種形式提供二十四小時的緊急處理服務。治療師是否會回病人的電話？如果會，在哪個時段？治療師是否會提供緊急晤談？頻率為何？在什麼情況下？若治療師不在輪班的名冊內，他（她）需要讓病人知道此事。

- 為病人清楚地說明危機的定義。這應為**危機反應計畫**的一部分，如前述及第六章所述。隱含在計畫中的包括在哪些特定的情況下，病人需使用緊急服務。
- 針對病人**並非**處於危機的情況時，清楚地定義治療師被聯繫的可近性與可及性。舉例來說，病人也許想要聯絡治療師，澄清關於治療目標或某個特定行為實驗的一部分。這可能是增強正向改變和健康行為最有效的做法。這可以當作病人**初期介入計畫**中設定的標準程序。若病人在初期介入期間卡在某處，打通電話可獲得澄清、動力以及支持，會有非凡的效果。

189

- 將外在的（即來自治療師的）介入或支持的需求減至最低，但同時認清在治療初期，外在的支持可能是不可或缺的。這和症狀自我管理與症狀應用的概念一致。首要目標為幫助病人發展出有效和獨立回應危機的技巧。
- 不斷增強病人獨立運作和病人可能未覺察到的新出現的行為反應。這在晤談中是相對容易的。舉例來說，治療師可以定期告訴病人：「聽起來你又一次地完成你的主要目標之一，也就是靠自己處理危機，而且是用很有效的方式。」治療師可以更進一步指出病人自殺信念系統的具體意涵，詢問病人：「這對於你的能力或是其他你已相信多年的事情說明了什麼？關於你的技能，你有什麼結論？」

理所當然，適切行為的增強是治療過程中的焦點。尤其重要的是病人能獨立發揮功能。這在每次晤談中皆應做到。讓病人針對先前發現的自殺信念系統作出結論，並將之記錄在治療紀錄中，這是特別有效的做法（見第八章）。無論如何，持續不斷地增強獨立運作甚為關鍵。在治療開始前即針對後效管理進行謹慎而全面的思考，有助於獨立運作的發生。

針對治療中斷的處理

要提升病人在治療期間的開放性和整體的反應，可採取幾個步驟。傳統上被稱為移情－反移情的反應，以及病人的抗拒和挑釁，將在下一節中詳述。**治療中斷**是一個更大的建構，需要在初次晤談中即開始處理。初期的治療互動在許多方面會決定後續的成功與否。每當治療師處理一個治療中斷的問題時，他（她）就是在為治療設定基本規則，即便是隱含的而非明顯的規則。如前所述，我們要讓隱諱的事物變得清楚，並明確且具體地談論問題。治療中斷包括任何會導致一種**可預期的、一致的、可靠的、產能的進行門診治療之能力受到阻斷的任何事情**。最常見的問題圍繞在晤談出席率和時間長度、經常性的危機，以及遵循治療議程的困難等。例如：

- 經常未依約前來晤談。 190
- 重新約定晤談時間。
- 簡短的晤談。
- 過長的晤談（例如：兩個小時）。
- 過多的來電。
- 經常性的危機使治療的連貫性受干擾。
- 有經常接受諮詢的需求（即心理或其他諮詢）和經常接受住院評估。
- 經常住院。
- 對治療師持續懷有敵意和憤怒。
- 未完成回家作業。

我們建議治療師追蹤和記錄治療中斷，作為例行的臨床紀錄，寫下問題發生的頻率和嚴重度、此問題是否有被討論、後續反應的性質等。治療師可以用不帶威脅、同理的態度，直接和病人討論治療中斷。直接處理治療中斷不僅會讓問題化解，更會讓治療有效率且有效，且可為病人示範一段健康且具功能的關係。要以不帶威脅的態度來處理這些議題，可採取一

個較有條理的取向：

1. 清楚陳述問題，將它變成治療議題，而非病人的個人問題。
2. 將它框架在病人目前情緒痛苦的脈絡下，即正因此問題存在，病人才會前來治療。
3. 要求病人做必要的澄清，直到病人和治療師都在某個問題上達成共識（即維持同盟）。
4. 提供明確的解決之道。
5. 要求病人做必要的澄清，直到病人和治療師在某個解決之道上達成共識。
6. 增強病人辨認、討論及化解問題的能力。

範例：

治療師：我很好奇你是否有發現我們前三次的晤談都超過約二十
分鐘才結束〔一個特定的問題，不特別歸因於病人〕？
我想這一部分的原因是我們都在處理一些最近發生的問
191 題，都滿緊急的，而且這些問題讓你相當困擾〔提供情
境〕。還有，這當中有些事都在晤談快結束時才被提起。
你同意嗎，還是我說的不太正確〔澄清〕？

病　人：對啊，我想你是對的。我最近都覺得我的時間不夠，而且你感覺上很趕時間。因為這件事我對你真的感到很生氣〔願意討論治療關係〕。

治療師：聽起來也許是因為你目前生活中發生的事情，問題在於我們沒有足夠的時間〔澄清〕。

病　人：我覺得一點也沒錯，我想要有更多的時間。

治療師：也許我們在接下來的三週內，應該一週碰面兩次，直到目前的一些問題被更有效地處理〔明確的解決之道〕。

病　人：我想要那樣〔協議〕。

治療師：好，讓我們找我的秘書來安排。我只是想指出你是多麼

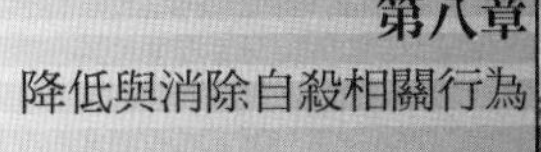

> 有效地討論問題，和想出解決之道，不論是什麼樣的問題。我們剛才所談到的只是一個例子〔增強〕。我來提醒你，那是我們剛開始時所設定的目標之一。同時，就像我們之前所討論過的，許多你曾努力對抗的人際問題，像是表達憤怒等，都會在治療關係中出現。我只是想說，你處理得非常好。

下一節強調的是有效地處理敵意和挑釁，Newman（1997）將之描述為在治療中病人的情緒虐待。有鑑於本書所提出的模式和認知行為治療一致，因此需藉助一個有別於傳統精神分析的移情－反移情建構的取向。傳統精神分析的建構在理論和概念上和我們所提出的模式不協調，在此並不適用。

挑釁：自殺傾向中之人際關聯性

任何和有自殺傾向病人工作的臨床工作者，會很快地認清挑釁（provocation）是處理自殺傾向的心理治療之重要環結。簡而言之，挑釁應該是可預期的。治療師有責任以關懷、敏感、有耐心、專業且有效的方式來處理挑釁。這是信任、堅韌性、耐性和同情心會面臨嚴峻考驗的戰場。對某些病人來說，挑釁不是問題所在；但對其他的病人而言，如有慢性自殺傾向者，這通常是無可避免的**重要儀式**，儘管我們已盡了最大的努力。然而， *192*
這可以被有效率且有效地處理。但這顯然是說的比做的容易。要在治療期間有效處理嚴重的挑釁，治療師必須相當能夠容忍批評、對他（她）的臨床技巧有自信、展現相當的耐性，並在有壓力的情況下讓自己的思考保持清晰、有效。同時，社會支持和獲得臨床諮詢是最重要的。每一位治療師都需要提醒自己，挑釁只是病人正在努力對抗的問題之一，切莫以任何方式將挑釁個人化，歸因為自己的問題。如前所述，要有所**預期**（理解它），**準備好，並化解它**。

Maltsberger與Buie（1974, 1989）描述得很好，有慢性自殺傾向病人的挑釁行為可以是毫不留情的。他們定義和描述三個挑釁的類別（見表 8.1）：

1. 直接用言語貶低治療師。例如：「你真的不知道你在做什麼。我去找我的朋友做治療還會比較好，至少他們不會亂說一些話，把我給毀了！我最好現在就自殺，結束這一切！」
2. 直接的行動或行為，包括發脾氣、不當的來電、失約、醉醺醺的來晤談、寫信、畫圖，或不斷出現低致命性的自殺嘗試。
3. 間接的行動或行為，如沉默或拒絕在晤談中說話、廣泛的不順從或在晤談中爭論瑣事、非特定且不斷的身體抱怨、「忘記」等。

表 8.1　挑釁的類別和範例

類別	範例
直接	**言語貶低：**「你真的不知道自己在做些什麼。你是不稱職的。你怎麼拿到執照的？這個治療永遠不會有效果。我最好現在就自殺。」 **直接的行動或行為：**發脾氣、不斷打電話、未依約前往晤談、經常遲到、經常取消、酒醉、寫信、繪圖，或不斷出現低致命性的嘗試（無自殺意圖的）。
間接	**間接的行動或行為：**沉默、拒絕在晤談中說話、廣泛的不順從、在晤談中爭論瑣事、非特定且不斷的身體抱怨（例如：肌肉痠痛、全身都在痛）、忘記上次晤談的內容、忘記已確認的目標。

193 同樣地，Newman（1997）將病人情緒虐待定義為「一種對治療師滿懷敵意、無法控制或是情緒上挑釁的言語行為和界限超越，即使治療師採取適當的行為也不會因而減少」（p. 4）。除此之外，Newman（1997）也提出警示，持續的虐待行為代表了「治療關係的持續濫用」（p. 5）。這讓病人有機會展現潛在虐待狂的動機，不以有意義的方式來運用治療關係，且無法發現和嘗試新的、更為有效的人際關係技巧。他接著對病人情緒虐待的處理提供了具體的建議，包括認知和想像的演練；對過度自我責備和生氣反芻的合理回應；教學卡片、座右銘和「多用途自我宣言」的使用；諮詢和社會支持；溝通技巧和自我肯定能力的培養；以及在晤談中適當的自我肯定溝通。針對晤談中的自我肯定溝通，Newman（1997）建議採取的步驟如下：

1. 將指責改為請求。 193
2. 對你自己和病人展現尊重。
3. 先反映（reflect），後反駁。
4. 絕不使用不雅或侮辱人的稱呼。
5. 在你的溝通中避免認知扭曲（例如：「這永遠是……」）。
6. 使用「我們」的陳述句。

Newman將他的建議總結如下：「不要為了安撫一位情緒虐待、控制力不足的病人而捨棄你標準的臨床策略；反之，應委婉地說明你維持立場的原因，記錄你和病人的互動，並著重於選擇某個介入方式的損益分析。」（p. 21）

在治療自殺傾向時，挑釁可能有多種形式。如同 Maltsberger 與 Buie（1974, 1989）所摘要的，挑釁可能會以直接或間接的方式展現，從可能致命的到低致命性的自殺嘗試。關鍵的議題為行為背後的動機或意圖（如第六章中所回顧的）。若意圖並非死亡（例如：情緒抒發、憤怒表現、報復、懲罰他人），則此行為可被理解為潛在的挑釁。例如，一位女性病人對本書其中一位作者說，如果他拒絕像上一位治療師一樣在晤談時握住她的手，她就要回家拿一把剃刀來割腕。挑釁也可能以信件、圖畫、詩詞或錄音帶的方式呈現。挑釁溝通的特徵為極度情緒不安或煩躁（例如：憤怒、疲勞 194
和挫折）的表現，且欲從治療師那裡獲得回應。

在治療自殺傾向時，挑釁的重要性應是很明顯的。實際上，每一次的挑釁皆為鞏固治療關係、強調治療議程，和促進病人成長的機會。將挑釁處理融入治療過程中是很重要的，只需將挑釁當作另一個需要處理的技巧缺失。然而，要認清的是，若欲有效處理挑釁，我們絕對不能增強它，不論是隱密的或外顯的增強。

治療中挑釁的處理

我們建議以一個三步驟的方法來處理挑釁。這三個步驟包括：(1)探索

病人的感受；(2)幫助病人了解挑釁溝通的基本模式；和(3)提供病人解決人際問題的替代方案（見圖 8.5）。最重要的是絕對不要以任何形式增強挑釁，不論是隱密的或外顯的。很明顯的，間歇增強可能是對行為塑造最強而有力的方式，因此保持一致性是極為重要的。

195

步驟一：探索病人的感受

1. 採取不評斷、不自我防衛的態度，注意、標記和反映出病人的感受。
2. 讓病人說出更多對於治療師、治療過程或是目前狀況的想法或感受。換言之，確定此次挑釁的情境。
3. 增強負向情感的適當表達，或者如果表達方式不恰當（例如：發脾氣），將此問題置於治療的脈絡之下。

步驟二：幫助病人了解挑釁溝通的基本模式

1. 摘要病人表現負向情感的廣泛模式。
2. 和不斷發生的自殺危機作連結。
3. 找出負向情感背後的目的。

步驟三：提供病人解決人際問題的替代方案

1. 找到一個機制，以利未來問題／衝突的化解。
2. 發展出一個明確的計畫，以利未來面臨挑釁時的處理。
3. 不要增強不良功能的行為。

圖 8.5　回應挑釁的三步驟取向

194 

步驟一的策略：探索病人的感受

1. 採取不評斷、不自我防衛的態度，注意、標記和反映病人的感受（例如：憤怒、挫折和煩躁）。例如：「因為上次必須取消晤談，你聽起來對我非常不滿和生氣」。
2. 讓病人說出更多對於治療師、治療過程或是目前狀況的想法或感受。換言之，確定此次挑釁的情境。例如：「我有沒有說對？還是

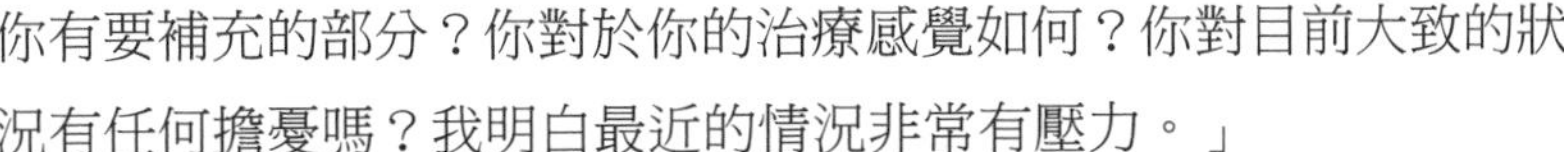

你有要補充的部分？你對於你的治療感覺如何？你對目前大致的狀況有任何擔憂嗎？我明白最近的情況非常有壓力。」

3. 增強負向情感的適當表達，或者如果表達方式不恰當（例如：發脾氣），將此問題置於治療的脈絡之下。例如：「我只是要讓你知道，看到你將困難的感覺和問題以如此合宜的方式表達是很好的一件事。」或是（如果是發脾氣），「這或許不是你希望表達的方式，但這是我們需要努力的。這是你發現的一個存在已久的問題，
那就是能夠以一個讓你感覺好或是驕傲的方式來告訴他人你生氣 195
了。」

步驟二的策略：幫助病人了解挑釁溝通的基本模式

1. 摘要病人表現負向情感的廣泛模式。例如：「我們之前曾談過好幾次，而你在治療一開始時也有提到，你所碰到的一個問題，就是直接表現憤怒，讓我們一同討論和解決問題。」
2. 和不斷發生的自殺危機作連結。例如：「就像我們把模式寫下來時所談到的，你提到當你的怒氣像那樣展現時，你最後總是感覺很難過和內疚，而很多時候你會想要自殺，這麼做才能擺脫那些感覺。」
3. 找出負向情感背後的目的。例如：「在我們更深入討論這個主題之
後，聽起來你真正想要的，就是讓我知道你對於上次取消晤談感到 196
很不高興。這麼說正確嗎？」

步驟三的策略：提供病人解決人際問題的替代方案

1. 找到一個機制，以利未來問題／衝突的化解。例如：「讓我提出一個方法，如果以後你再有這樣的感覺，我們就把它列入那次晤談的治療議程中，也許第一個就討論它。或是如果你想要用不同的方式來處理，就讓我知道。你對於我們可能處理的方式有什麼想法？」

2. 發展出一個明確的計畫，以利未來面臨挑釁時的處理。例如：「若我們討論一下日後處理憤怒的計畫，你的感覺如何？舉例來說，你可能會想要寫在日記中，用你的每日想法紀錄、錄下你的想法和感覺，或有需要的話，寫一封信給我。這樣在你釐清問題後，你就可以把它放入晤談的議程，正如我們處理其他目標的做法一樣。」
3. 重要的是發展出處理挑釁的策略，但不要增強不良功能的因應行為或自我毀滅的行為。反應必須被衡量，視評估的危險而定，有技巧地將病人特定的情況當作治療目標。舉例而言，一位病人在晤談快結束時，在治療師指出他的鬱悶退縮和自我孤立可能有好處之後，憤而離開治療室。

病　人：我對她〔太太〕非常生氣，所以我整天都待在臥室，一句話都沒有對她說。

治療師：她知道你在生氣，或為什麼生氣嗎？

病　人：喔，她有接收到訊息。

治療師：怎麼說？

病　人：每次她進房間時，我就以「那種」眼神看她。一、兩個小時後，她進來，跟我道歉，然後變得很和善。

治療師：聽起來，在某種程度上，你得到了你想要的。你對於這件事這樣發生的感覺好嗎？

病　人：去你的……（衝出治療室）

在上述例子中，治療師選擇不去追病人，也就是不要去增強他的行為。病人目前沒有自殺傾向，他的穩定狀況已維持了一段時間、在治療中有不錯的進展，且治療同盟是存在的。治療師不去追病人，但在第二天打電話
197 給他，確保病人的情況良好（即維持同盟），並採取前述之步驟，表示這個問題基本上會不斷出現，而病人最終感覺並不好受。在一段簡短的對話後，病人同意將這個問題列為下次晤談的議程。

希望之產生和自殺行為之消失：結語

無庸置疑地，隨著病人對未來的希望提升，自殺危險會降低。但是，應特別留意的是，對許多慢性病人而言，這需要建立或改進過去不存在或荒廢已久的技巧。在這些情況下，時間會是關鍵性因素。無論如何，強韌的治療關係和治療同盟會是議題的核心。即使在承受重大壓力，且病人對這個世界不抱太大希望的情況下，治療關係仍需是可預測的、可靠的、穩定的資源。它必須不令人困惑、有清楚的基本規則，且不含任何隱密意圖或相競需求的資源。換言之，治療關係必須和病人的許多其他關係截然不同。在許多情況下，希望通常是建立在可預測性之上。聽到病人說類似「我早知道你會這麼說」並不是一件壞事。光是知道治療師會**在那裡**並不足夠；對病人而言，無論當時的情況如何，他需要知道治療師會做些什麼以及會如何回應。這可藉由闡明對治療過程的期待和責任來達成，再加上運用有效的後效管理策略。

第九章

認知重建：

改變自殺信念系統，建立一套生活哲學

本章的重點在於認知重建，也就是改變有自殺傾向病人的認知結構及 198
內涵，並且改變相關的催化模式。本章的目的乃深入探討重建技巧之議題，
此目的與「**建構一套更具適應性的模式**」之理念相輔相成，且這套模式還
能確保病人產生持續性的改變。本章將介紹多項認知重建技巧，這些技巧
與過去傳統認知治療所使用的技巧相當吻合（如 Beck, 1964, 1976; Beck,
Freeman, & Associates, 1990; J. S. Beck, 1995），這也暗示了認知治療之共同
趨勢——針對問題的變化與調整。

個人意義與自殺信念系統：自動化想法、中介信念及核心信念之角色

在認知治療中，諸多臨床上所使用的技巧皆已行之有年，且經過不斷
的千錘百鍊，它們同時也被廣泛地、有效地應用於各種臨床問題，例如重
度憂鬱症、泛焦慮症、恐慌症、社交恐懼症、物質濫用，以及人格疾患（如
Arnkoff & Glass, 1992; Hollon & Beck, 1993）。雖然這些技巧的用法有諸多
類似之處，然而每項技巧在處理不同問題時，都能展現其獨特的貢獻。儘 199
管它們在應用上各有擅長之處，然而依照過去的文獻指出，它們內在之本
質仍存有一致性，也就是導致心理病理之產生乃透過「認知」所致；也就
是個體所賦予的**個人意義**（private meaning）或解釋系統。

在認知治療中，**個人意義**在病人的自動化想法、中介信念、潛在的核心信念是顯而易見的。關於自殺信念系統，自動化想法是一種「外顯的思考流，它與內隱核心信念的思考流共存」（J. S. Beck, 1995, pp. 10-11），中介信念指的是個人日常生活中的基本規則及假設，而核心信念則反映個體基模裡真實的內容，以及個人成長經驗。如圖 9.1 所示，這三者間有階層性關係，當自殺信念系統很活躍的時候，自動化想法提供個體內在核心信念之線索，同時伴隨著條件式規則及假設出現。我們以 G 先生的例子來說明，當一個病人有自殺的企圖時，他的核心信念會活躍於三個截然不同的範疇（包括自我、他人和未來）。很明顯的，這三個範疇之間彼此相互關聯，並且藉由「無望感」將它們細綁在一起；換言之，病人相信他們的**生活情**
200 **況**不會有所改變，所以沒有任何**活下來**的理由。圖 9.1 的階層關係，呈現了一個自殺模式之認知系統。在這個圖中，我們可以清楚看到，當病人企圖自殺時，他們有哪些可以被觀察到或外顯的負向核心信念。

199

自動化想法：自殺信念系統活躍期間
自我（不被喜歡）：「我是失敗者，我應該去死，我應該自我了斷。」
他人（拒絕）：「巴伯討厭我。」
未來（無望）：「真是感到無望。」

中介信念：日常生活的基本規則及假設
「如果每件事情我都做得好，如果我是完美的，那麼別人就會接納我。」（完美主義）
「如果我是完美的，那麼我才值得活下去。」（完美主義）
「如果我去做符合別人期望的事，他們才會接納我。」（順從）

核心信念：自殺信念系統
自我（不被喜愛）：「我真是沒用，我不配活下去。」
他人（拒絕）：「沒有人真正關心我。」
未來（無望）：「事情不會改變的。」

圖 9.1　G 先生自我信念系統中，其活躍的核心信念、中介信念與自動化想法之間的關係

Beck（1995）介紹了許多自動化想法的特性，包括它們是簡短的，且 200
以速寫的形式記錄了較詳細的信念，同時也說明了如何用「想像形式」（imagery form）替代「語言形式」（verbal form）。大體而言，中介信念指的是病人日常生活中的基本規則及假設，它們反映病人內在的補償性策略（例如：完美主義、順從、逃避、退縮），用語言的形式表徵出來。像G 先生這個例子，其完美主義（這是 G 先生主要的補償性策略之一）的語言表徵形式為「我必須是完美的，才配活下去」。核心信念，特別是負向的核心信念，本質上傾向是一種絕對的信念，它會對個體產生極大的衝擊，甚至摧毀個體的知覺。Beck（1995）將核心信念分為兩大類別：(1)與「**無助感**」有關；(2)與「**不被喜愛**」有關。她進一步指出，所有負向的核心信念，某程度而言皆可以被歸類在這兩大類別之中，同時這兩類核心信念，在自殺 病人的信念系統中也經常出現。以 G 先生為例，他不僅感到**無價值感**（不被喜愛），同時也表現出無力改變周遭環境（無助感）。此外，不要忘記病人的自殺信念系統還包括對**他人**和未來的核心信念。個體對於「未來」的信念可被視為「無望」的特徵，而對「**他人**」的信念則可被視為具有「**拒絕**」（例如：拒絕、放棄、虐待、批評、評斷）的特徵。為此，病人三個核心信念範疇，亦即「認知三角」（自我、他人、未來）都需要被處理，以便有效重建病人的自殺信念系統。

根據上述，在處理有自殺傾向的病人時，我們要去辨認他們的自動化想法、條件式規則及假設（亦即，中介信念）和核心信念（認知三角的三個範疇）。在處理急性自殺病人時，病人的自殺信念系統在治療過程中往往相當活躍且容易被發覺。我們可以從自殺想法紀錄取得相當完整的訊息，因為它詳細說明了病人的自殺信念系統，同時也可以詢問幾個關鍵問題來快速增加其效用：

- 病人尋死的理由為何（認知三角中自我的元素）？為什麼他（她）現在想尋死？舉例而言，「我真沒用，什麼事都做不好」（不被喜愛）；「我太太要跟我離婚，我不如自殺算了，我真是個失敗者」（不被喜愛）；「我生活中不能沒有她，我不能忍受這種感覺」（無

助感）；「我永遠不可能找到新的工作」（無助感）。

201 • 病人吵著要自殺時，他（她）如何描述自己（認知三角中自我的成分）？「我是不配的、無能的，這就是我被炒魷魚的原因」（不被喜愛）；「我為自己做的事情感到羞恥，我不如死了算了」（不被喜愛）；「我是兇手，我最好去死」（不被喜愛）。

• 病人如何描述他人？與他人的關係品質為何（認知三角中他人的成分）？「我永遠不會跟他人有良好的關係，每個跟我約過會的人，到最後都會離我而去」（拒絕、遺棄）。「她的言行舉止都在批評我，並且告訴我，我是一個多麼糟的人」（拒絕、批評、評斷）。

• 要發生什麼事，才能讓他（她）感覺好一點（條件式規則／假設、補償性策略）？「如果每件事我都能做得好，這才表示我是OK的」（完美主義）。「如果我去做別人期待我做的事，那麼他們才會接納我」（順從）。「如果我消失不見一陣子，或許很多事情就會好轉，問題也會跟著消失了」（逃避、退縮）。

由於自殺情況的特殊，當病患進入治療時，他們的自殺信念系統很少有不活躍的。然而，有時候有慢性自殺傾向的病人，當他們的狀況處於相對穩定、短暫平靜時，他們的自殺信念系統往往很難被偵測到。但藉由詢問病人上述幾個問題，我們便很有可能偵測到他們的自殺信念系統。不過，臨床工作者還是需要將焦點放在病人最近自殺的相關事件上，藉此來**評估**病人目前的**自殺信念系統**。以下列出幾點建議的步驟：

1. 請病人詳細描述他最近一次企圖自殺的事件，以及可能的相關因素（亦即，當時他做了**什麼事情**、**什麼時候**做的，在**什麼情況**下），並且說明結果為何（亦即，醫療上和心理上）。基本上，先完成第六章、第七章的自殺循環是相當重要的，因為它可以描繪出自殺模式中相關的行動。舉例而言，病人可能有以下的描述：

「記得我跟他分手後，我開始想乾脆自殺算了，沒有他我活不下去。我們在一起已經有五年了，我不能想像沒有他的日子。

第一天晚上約凌晨一點左右，我吞下了所有的藥。我數著有幾顆
藥丸，喝了三或四瓶啤酒，眼睜睜盯著這些藥丸。然後，我拿出
一張紙來，寫下幾句給他和我父母的話。接著，我吞下了所有的
藥，懶洋洋地躺在沙發上。我聽了一陣收音機，忽然感到天旋地
轉。剎那間，我開始感到害怕，於是我打電話給媽媽求救，接下
來我什麼都不記得了。待我醒來，我已經躺在醫院的急診室了，202
我想他們已經幫我洗了胃，並且喝了那咖啡色黏稠的東西。那時，
我竟然覺得對自己還活著感到失望，很奇怪，是不是？我真的很
想死，不過又感到害怕，而活著又感到失望。」

2. 將焦點放在自殺模式中病人描繪的所有成分，包含想法、情緒、身體相關的感受、行為反應。「妳還記得，當你們分手後的感覺嗎？妳現在還有那些感受嗎？吞了那些藥後，妳的感覺是什麼？妳說妳感到害怕，但又提到感到失望，是什麼意思？稍早妳身體的感覺怎樣，那現在呢？」
3. 一旦「**情感轉換**」（affect shift）的證據被辨認出來後，重新再去看那些先前所詢問的問題。負向**情感轉換**的證據就表示自殺模式已經被啟動了。

在時間有限的治療中，我們需要適當地組織、整理、架構病人關於自
己和他人相關的信念，因為這些信念將在後續的治療過程中被加以使用。
當病人企圖想要自殺時，他們千篇一律地認為未來是毫無希望的。病人對
自我和他人的信念，我們可以將之整理成一個簡單的架構，以便在治療時
輕易地辨認出這些信念**階層**（見圖 9.2）。從圖 9.2 我們可清楚看到，這些
信念皆相當廣泛、過度類化、扭曲，同時也很容易被辨認出來。除此之外，
這些信念亦可藉由一系列的行為實驗及使用具體的認知重建技巧（本章稍
後會提到）來加以挑戰。一旦將這些信念寫在紙上，病人便相當容易察覺 203
到這些特徵。

此外，在治療晤談中持續列出一些具體被辨認出的信念，是促進認知重建的重要方法。列出這些信念的好處是我們可以審視在信念階層之中，

202

關於自我的負向信念	信念的強度（1-10）
1. 我是沒用的。	10
2. 我是一個很糟糕的父親。	10
3. 我是冥頑不靈的。	9
4. 我沒有能力去改變。	9
5. 我沒有什麼創意。	8
關於他人的負向信念	**信念的強度（1-10）**
1. 沒人關心我。	10
2. 每個人都在批評我。	10
3. 我沒有真正的朋友。	9
4. 每個人都離我而去。	9
5. 沒有人喜歡我。	8

圖 9.2　自殺信念系統中，關於自我和他人的信念階層

203 它們對病人造成多麼明顯或嚴重的困擾。藉此，臨床工作者可詢問及評估病人這些**信念的強度**（評分可從 1 到 10 分），以此來建立信念階層。而這些負向信念對病人造成衝擊的強度，可代表它們在信念階層中的相對位置。一旦建立起信念階層，我們可隨著病人每次治療的進展，追蹤評估他們這些信念的強度及變化情形，同時也可以記錄在不同時間點，支持或不支持這些信念的證據。換言之，這些紀錄不僅提供了晤談過程的證據，同時也提供了行為實驗結果的直接證據。

一項簡單易懂的認知改變策略

為了強調其重要性，不管病人目前的信念為何，我們都建議使用一組核心技巧，以及一套標準化的流程來處理病人自殺的信念。這套標準化流程（病人可學習用來因應不同的生活事件）不管在治療中期或晚期都可以使用，以便適時補強、強化及修正治療之效用。我們推薦的這套流程，病人可以用 ICARE（**我關心**）的字眼簡單記住。這套流程共分五個步驟，可以將之寫在**因應卡**上，病人可以將它放在皮夾內隨身攜帶，這樣使用上會比較便利。它可以搭配 STR 一起使用，STR 記錄了病人每次發生的事件以及相關的治療訊息。我們可以將 STR 的功能擴張，納入病人認知重建的想法或信念，以及病人在治療後仍相信原來信念的程度（見圖 9.3）。這套方法不僅能提供病人持續追蹤改變情形，同時還能重新整理他們的自殺信念系統及信念階層。以下的步驟是 ICARE 的介入方法：

1. **指認**（Identify）。指認特定的自動化想法及潛在的核心信念。將想法／信念寫在 STR 上（見圖 9.3）。如前所述，理想上這些被指認出來的想法或信念都會被放在病人的信念階層中。如果不能的話，它應該加入病人的信念階層中並且給予排序。如圖 9.3 所示，病人指出：「我認為自己真沒用，不配活下去。」
2. **連結**（Connect）自動化想法與扭曲。指認病人信念中的扭曲（見圖 9.4）。要病人記住像在圖 9.4 中他們有多少認知扭曲是不合理的與 *205*
不切實際的。就像我們（臨床工作者）也需要有提示，才能夠記得這些認知扭曲的情形。如同在信念階層中，我們可以窺探病人在每次自殺事件中，都可能不斷地出現一些相同的認知扭曲情形。所以，若仔細回顧病人先前自殺的事件，臨床工作者便能輕易發現，過去以來病人常出現哪些認知扭曲。我們建議只要指認出三種認知扭曲就好，盡可能不要超出四種，以便日後進行介入時能順利進行。病人可藉由修改STR的方式，持續追蹤他們最常發生的認知扭曲情形（見圖 8.3 的例子）。以 G 先生為例，病人可被辨認出來的認知扭曲有：**情緒化推理、個人化、誇大化／窄化**。
3. **衡鑑**（Assess，評估）想法與信念。在此，我們要提出一個相當簡便又標準化的方法。你可以詢問病人，有哪些證據支持／不支持這個信念？在此情況下，有無其他可能的理由或解釋？可能發生最糟的情況是什麼？最好的結果又是什麼？哪一個結果最有可能？未來的一年，會產生什麼樣的變化？圖 9.3 提供了評估病人信念的實例：「對於這件事情，**唯一**能找到的證據是，我的太太十分生我的氣，

觸發事件[A]	自殺想法[B]	嚴重度[C]（1-10）	持續時間[D]（1-10）	情緒[E]	嚴重度（1-10）	持續時間（1-10）	行為反應[F]	改變[G] +/−
跟太太吵架。她離開，我獨自待在家裡。	我認為自己真沒用，不配活下去。	9	20分鐘	生氣、挫折、傷心	9	大約15分鐘	我填寫完STR，並完成ICARE反應。	我不是沒用的，只是覺得很煩。

我經常出現的認知扭曲想法：

災難化、情緒化推理、誇大化／窄化、個人化

[A] 盡可能地提供細節。描述事情的來龍去脈，哪一天、幾點鐘、現場有誰、發生了什麼事、你做了什麼？

[B] 描述你當時具體的想法。例如：「我有想過服用過量的藥，我不值得活下來，我死了對大家都好。」

[C] 從1到10，1代表輕微，10代表極端，描述你想法的強度或嚴重度。

[D] 記錄想法持續的時間，幾秒鐘、幾分鐘、幾小時或幾天。請盡可能地準確。

[E] 描述你的情緒，像是生氣、傷心、罪惡感、焦慮。在此提醒，同一時間你可能有不同的情緒。

[F] 完成ICARE步驟。

[G] 重新評量你相信新信念之程度（在1-10量尺上做評量）。

圖9.3　自殺想法紀錄及認知重建的自我監控工作單完成範例

並且對我說了一些不好聽的話〔有限的證據來支持這個信念且可能有其他的解釋〕。現在我回想這件事情，其實在我們的婚姻中，我還做了挺多事情的。我是一個好伴侶，也是一個好父親，我也試著當一個稱職的先生〔不支持原本的信念〕。我覺得，可能發生最糟的情況是，太太會離家出走幾個小時，回來後她還是很生氣。她也有可能睡了一覺後，隔天早上就沒事了，她一向如此〔最有可能的結果〕。不管如何，我想過個幾天應該就會沒事了〔去災難化〕。」 205

4. **重建**（Restructure）認知。有效評估病人的信念後，我們需要做的是重建病人新的信念。換言之，一旦原先扭曲的認知信念被移除或去掉災難化後，我們應該提供給病人其他更合理的替代性想法，協助病人放棄原先不良的自殺信念，讓病人知道這樣做有哪些好處。經過審慎評估病人的信念後，圖 9.3 例子說明了病人所做的認知重建：「我並不是沒有用，只是在氣我太太說了一些不好聽的話，這讓我很受傷。不過，我會沒事的，我與太太的關係還是可以一如往昔，世界還是要運轉下去。我實在沒有理由要去自殺，能這樣寫下來，感覺真是好多了。」
5. **執行**（Execute，反應）。病人需要做出實際的行動，並相信新的信念。如同許多自殺的病人，他們的思考往往缺乏邏輯，推理事情時往往也會傾向有負向的核心信念。他們在成長過程中，可能經歷一些複雜的創傷經驗，以致累積相當可怕的情緒能量。這情形與「**情緒性制約**」（emotional conditioning，亦即，一個自殺、自我毀滅、自我挫敗的行為反應，往往起因於長期負向的情緒所致）的說法相當吻合，有些情緒甚至根深蒂固於他們病態的人格之中。執行新的信念，讓病人有機會重新面對過去的情緒經驗。在此過程中，讓病人察覺他們正在執行新信念有哪些步驟，並且做出哪些對應行為。
上述行動提供了病人行為實驗的基礎，並且可以成為日後使用新信 207
念的證據，同時也可以證明那些過去長期負向的核心信念有多麼不正確。經過行為實驗後，我們可以重新評估病人的新信念（見圖 9.3

206 即使有些自動化想法看似真實，不過仍可能有很多是虛假的，甚至只有部分是真實的。以下列舉幾個典型的認知錯誤：

1. 全有或全無思考（亦稱非黑即白、兩極化、二分法思考）：看事情時，你只用兩種分類系統，而不是連續的向度。
   例如：「如果我沒有相當的成就，就代表我是失敗者。」
2. 災難性思考（亦稱算命仙）：你預測未來的結果是相當負面的，沒考慮到其他的可能性。
   例如：「真是煩，我不可能把事情做好的。」
3. 輕忽或低估正向：你不合理地告訴自己，那些正向的經驗、功績、成就根本都不算數。
   例如：「這個案子雖然我做得不錯，但這並不能代表我就是有能力的，我只是幸運罷了。」
4. 情緒化推理：你認為事情一定是這樣，因為你的「感覺」（真的相信）這麼強烈，而忽略或低估反面的證據。
   例如：「我知道在工作上很多事情我都可以做得好，但我仍然覺得自己是個失敗者。」
5. 標籤化：你對自己或他人貼上一個固定、全面的標籤，並沒有考慮到合理的證據能帶來較不悲慘的結論。
   例如：「我是個失敗者，我真是糟透了。」
6. 誇大化／窄化：當你評估自己、別人，或某個情境時，你以不合理的方式誇大負向的部分，或是窄化正向的部分。
   例如：「只得到一個普通的評價，這證明我有多麼不行。即使得到不錯的成績，也不意味我是聰明的。」
7. 心理過濾器（亦稱選擇性摘要）：你花過多的注意力在負向的細節上，而沒能看到事情的全貌。
   例如：「對於我的表現，我得到一個較低的分數（不過，仍有幾個分數是高的），這意味著我做了一件很蠢的工作。」
8. 讀心術：你相信你知道別人在想什麼，而沒有考慮到其他的可能性。
   例如：「他一定認為，我對這個案子一點概念也沒有。」
9. 過度類化：你做了一個超出現況且全面性的負向結論。
   例如：（因為我在會議中感到不舒服）「我沒有能力交朋友。」

207 10. 個人化：你相信別人表現負向的行為都是因為你的緣故，而沒有考量到他人行為有其他可能的解釋。
   例如：「這個修護工對我很粗魯，一定是因為我做錯了什麼。」

圖 9.4　常見的認知扭曲講義

11.「應該」和「必須」的陳述（亦稱為聖旨）：你有一個縝密、固定的想法，認為你或他人應該如何表現，你往往高估沒達到預期的標準，結果會有多麼糟。
例如：「我犯了這個錯，真是糟糕。我應該盡我的全力。」
12. 視野窄小（tunnel vision）：你只看到事情負向的部分。
例如：「孩子的老師沒有一件事情是做得好的。他總是愛挑剔、感覺遲鈍，而且教得很差。」

圖 9.4　常見的認知扭曲講義（續）

資料來源：摘自 Beck 與 Freeman（1990），經授權同意使用。

的G欄）。倘若還有需要解決的問題，本書第十章將提供一項具體可使用的方法。圖 8.3 所描述的個案決定付諸以下的行動：「當太太回家時，我會邀請她坐下來談談，試著找出我們真正的問題所在。若我做了什麼事情讓她傷心，我會向她道歉的。」

當然，執行這些步驟需要廣泛運用到認知治療中的多項介入技巧（尋找證據、重新歸因、了解個別差異、去災難化、成本效益分析、指認認知扭曲、量化評量指標、思考停止、引導發現、蘇格拉底式對話、自我教導），同時還需費心協助病人發展一套具體的**生活技巧**。如同本書第十章所強調的，我們建議的方法都相當明確、簡單、容易理解，為此我們提出上述五步驟的模式。進一步而言，不管病人的問題有多久或多複雜，我們經常發現有兩個關鍵能預測治療是否成功：「**一致性**」（consistency）與「**重複性**」（repetition）。臨床工作者可能在晤談過程中，使用各樣介入技巧來促使病人產生認知改變，然而認知治療之精髓在於「蘇格拉底式對話」及「引導發現」技巧的運用。在此，對臨床工作者的提醒是，他們不僅要能與病人一起工作，同時還需協助病人連結與覺察不同事件與現在行為之間有何關聯。接下來，我們以 G 先生的例子來說明「引導發現」的技巧。你可使用簡單的問句，如「接下來會發生什麼事呢？」「你腦中閃過什麼樣的念頭？」「你的感覺如何？」「你會做什麼來終止自己這麼做？」

208 病　人〔治療晤談中〕：我不知道。當我離開辦公室時，心裡只想著「我應該殺了我自己」。

治療師：今天有發生什麼不愉快的事情嗎？在這之前，你有感到任何壓力嗎？

病　人：嗯，我沒有特別注意到。不過今天稍早，有位病人告訴我，她覺得治療沒什麼效果且認為應該去找別的治療師。

治療師：當她這麼說時，你腦中閃過什麼念頭？

病　人：我想到，我真的不知道該怎麼做。我想到，離開這個行業算了，我實在沒有什麼能力。我不能忍受自己不能做什麼，我花了這麼多時間在學這個東西，唉，還是去死算了。

治療師：你記得當時你的感覺如何？

病　人：糟透了。我感到相當沮喪。不久我開車離去，直接前往酒吧，稍後就去了湖邊。

如何處理治療動機低且不順從的病人

如果我們遇到的病人沒有什麼動機執行因應卡及完成 STR，或是沒有動機持續完成治療日誌，治療師可以採取以下的步驟來鼓勵病人，幫助他們主動參與治療過程。第一，治療師必須與病人回顧，並討論「治療承諾宣言」（見第八章）。治療師可以探究病人生活及復原過程中，可能出現哪些潛在矛盾的心理狀態。倘若病人沒有強烈的治療動機，那麼治療將無法達到應有的效果。第二，特別將病人不合作的想法或信念標示出來，同時使用本書先前提到的五步驟模式來加以評估（例如：**寫那些東西太麻煩了、我實在沒時間、我太忙了。要去寫那些東西真是愚蠢！**）。更具體來說，需要詳加探討與檢驗，病人若一直不肯合作有哪些優點或缺點。治療師也可自行發揮創意，使用其他技巧來代替書寫方式。我們發現，鼓勵病

人使用錄音帶是相當有效的方式，而且往往可以取代書寫方式。在治療晤談中，我們可以使用影音設備（包括錄音和錄影）來記錄，這樣也可讓病人回家有機會觀看影音帶或錄影帶。

若要能有效評估病人的條件式規則與假設，治療師需要採取一些不同的作法。大體而言，病人的條件式規則與假設形塑了他們的**生活哲學**。自殺個案的生活中往往充斥著不良、苛刻、自我毀滅、自我挫敗的**生活規則**， 209
因此當病人處於高自殺危險期間時，他們往往變得不堪一擊。

建立生活哲學：改變與接納新規則

為了確保能產生持久的改變，病人需要挑戰自己原先的**生活哲學**。本質上，病人的生活哲學往往是不合理、缺乏生活意義的，同時伴隨著一套條件式規則與假設，這些規則與假設往往缺乏彈性、僵化、無效、扭曲，而且經常是相當嚴苛的。一旦這些條件式規則與假設被觸發，或問題突然出現，往往會勾起病人一些情緒和行為，不僅造成病人情緒上的困擾，同時也造成一些身心上的傷害。為此，治療過程中如果病人能持續記錄新的規則與假設是相當有幫助的，因為這麼做便能提供病人一個較有彈性、合理且寬容的新**生活哲學**。倘若病人在治療日誌（或是 STR 上）記錄了新的規則與假設，他們也能隨時溫故知新。

某程度來說，以不同的方式來評量病人的條件式規則與假設有其必要性。具體來說，當病人浮現出規則與假設時，重複對病人進行**損益分析**（以及病人自行界定的補償性策略）會產生極大的效果。詳言之，我們經由回顧、分析病人特定的規則／假設的優缺點，才有機會達到上述效果。以 G 先生為例，他的完美主義造成長久以來的不勝任感及無用感，然而經過仔細評估他的情形，我們可以發現 G 先生的完美主義不僅**無法達成，而且也不切合實際**（缺點）。同時，他的完美主義也**讓他每天感到挫折感，因為他根本無法達到設定的目標**（缺點）。經過我們仔細評估後，G 先生自己也發現，他的完美主義沒有帶來任何好處。起初 G 先生的想法是，他的完

美主義可以「幫助他把事情做得更好」，然而經過仔細評估後，他發現這樣的想法根本行不通。最後，G 先生終於了解到，完美主義所設定的目標不僅影響他的表現，同時還常常讓他**備感壓力**。在此，治療師需要切記且非常重要的是，每次病人回顧自己一項新的規則／假設／標準時，都需要事前執行該行為實驗，因為這樣做除了提供病人直接比較的機會，同時還能立即評估是否有效，以達到立即增強病人行為的效果。在 G 先生的例子中，他指出在使用新的標準一星期後，他感覺到**如釋重負**。他指出，他不
210 僅在工作上感到相當有成就感，同時做事也**更有效率**。

如前所述，發展新的**生活哲學**重點在於如何將之實際應用於日常生活中，並且建立起一套更具功能、健康的條件式規則與假設。任何一套生活規則本質上都需建立在「接納」的基礎上。如同 Hayes（1987）所謂的「**接納與承諾治療法**」（acceptance and commitment therapy），它是一種以**心理接納**為核心的治療取向。這種治療取向乃是鼓勵病人**接納**不可避免的突發性痛苦、負向情緒經驗（例如：成長過程中，痛苦的情緒與回憶，以及不舒服的身體感受）。這個治療取向鼓勵病人體悟過去的「偶發性痛苦經驗」並不能影響他們現在有個快樂、豐富的人生，即便偶爾還會回想到那些過去痛苦的情緒經驗，但並不代表治療是失敗的。

就某個程度來說，將接納納入病人新的生活哲學是相當重要的。對病人而言，接納可以被簡單地界定為一種對事情的了解與體悟，不管是在情緒與行為層面上，我們都無法控制，像是他人的行為舉止及發生一些突發性的事件。簡言之，當人們開始接納某件事後，他們便會停止一些想要去改變這些事情的舉動。如圖 9.5 所示，病人開始為每天的生活闡釋新的條件式規則與假設時，這個議題就很可能會出現。理想上，這些事情會使人們變得更加寬容、理性和具有同情心，其中的主要重點是「接納」。此觀點也是本書第十章技巧訓練所強調的關鍵所在，特別是人們面對困境時的痛苦忍受力及問題解決的能力。從更寬廣的角度來看，本書第十章所描述的技巧訓練，可以協助病人培養並且精進他們對於日常生活事務「接納」的能力。

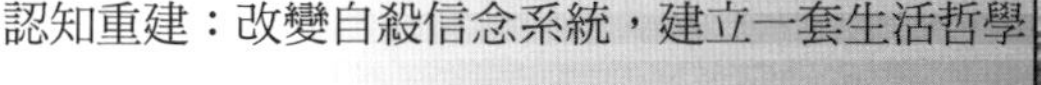

在花了很多時間與心力，並且仔細評估後，我決定實踐以下的生活規則：

1. 接受「我是不完美的，且永遠也不會是完美的」這個事實。
2. 工作全力以赴就好，並為此感到愉悅。
3. 每天生活中，指認出自己做得不錯的每件事情。
4. 了解並接納有些事情是不能改變的，包括自己、他人跟身邊的世界。
5. 接納不好的事情會發生在自己的身上，當發生時，學習怎麼處理會比較好。

圖 9.5　一位病人「生活哲學」宣言的範例

慢性自殺的普遍、催化及補償模式：發展適應模式與了解個人特質 211

對於有慢性自殺傾向的人來說，我們必須切記工作首要的目標在於了解病人「普遍的、催化的補償模式」。催化模式指的是那些會**升高**病人產生自殺模式**危機**的不良認知、情感和行為。上述問題在病人自殺意念不強時，通常會隱身於補償模式中。本章雖然是探討認知重建會促進病人產生改變，不過若要讓病人產生持續性的改變，有慢性自殺傾向之病人必須培養一套**適應模式**（adaptive mode）。這套模式可以在病人「重建後的自殺信念系統」中看到；換言之，我們可以在病人身上看到他們對於自己、他人和未來的信念產生改變。根據現行《精神疾病診斷與統計手冊》第二軸診斷特徵的描述，不同個體其自殺信念系統之內容會因人而異。Beck、Freeman 與其同僚（1990）曾整理出不同的人格疾患會有哪些關於自己或他人的**典型**信念。

我們發現促進病人改變最有效的方法是處理病人的「自我意象」，同時培養一套具適應性的模式。為此，我們需要請病人在治療日誌中，持續記錄腦中有哪些常出現關於自己或他人的信念。適應模式指的是那些可以**促進復原，以及帶來成功適應**的方法，像是鼓勵病人一天花五到三十分鐘記錄自己的生活日記，在記錄過程中，鼓勵病人**覺察**這些日常生活中大大小小的事情，哪些證據支持原先的信念，哪些證據則是不支持的。這作法與 Beck（1995）所提出的**核心信念工作單**十分相似。一般而言，要改變這些信念通常需要花相當久的一段時間，有時需要幾個月，甚至幾年的時間，然而有策略地規劃行為實驗可用來增強特定行為特徵的出現（見第十章）。

根據第三章所提到的治療計畫矩陣，自我意象的改變常需要花費相當久的時間。然而，如果要讓自我意象產生持久性的改變，就需要在技巧建立的過程中下一番苦工。本書第十章將會討論，大多數技巧的應用都需要有實際人際互動的場域，在互動過程中病人才有機會覺察有關自己、他人的信念，此情況點出每個治療成分都是彼此相互重疊及影響的。雖然臨床工作者可能在**某一時間點**著重在處理**某個特定目標**，然而整個治療過程中仍是不斷在處理病人有關自我、他人、未來的議題，只是程度不同罷了。

212 治療信念系統：與治療有關的信念

治療信念系統可以讓治療師在認知行為治療的架構下，去了解、組織、討論以及呈現最終的治療關係，此作法與 Clark（1995）所整理的認知治療之基本原則相符。換言之，治療信念系統可以讓治療師組織與討論「治療某特定信念」，其中又可分為三大範疇：(1)關於治療師的信念；(2)關於治療歷程的信念；以及(3)關於病人在治療中的信念。簡言之，此系統可提供治療師：(1)了解病人（與治療師）在治療歷程中主要的信念、假設、自動化想法；(2)描繪病人（與治療師）外顯與內隱的情緒及行為反應；以及(3)辨認特定的治療目標，以促進良好治療關係的產生，並且達到更佳的治療效果。此方式與 Beck（1995）及本書第一章所述的認知治療個案概念化架構是一致的。

如果病人的治療信念系統能被清楚地界定，那麼理想上治療關係本身便可成為促進治療改變強而有力的工具，在治療過程中隱藏的抗拒（和挑釁）反應也可以公開而有效的減弱與回應。抗拒的情形通常會出現在處理病人核心的認知結構及內隱的認知基模時（見第二章）。當處理自殺病人

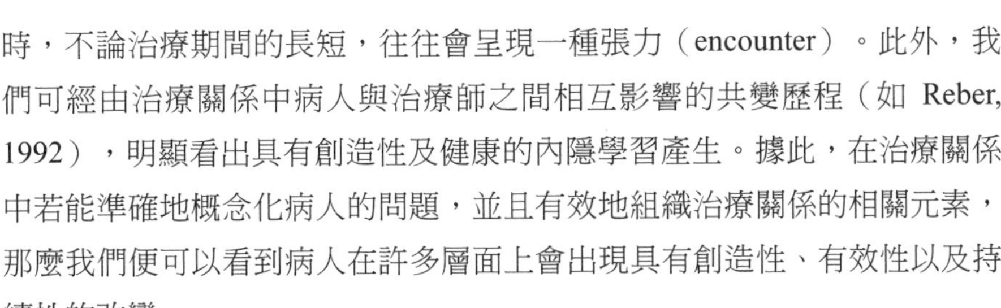

時，不論治療期間的長短，往往會呈現一種張力（encounter）。此外，我們可經由治療關係中病人與治療師之間相互影響的共變歷程（如 Reber, 1992），明顯看出具有創造性及健康的內隱學習產生。據此，在治療關係中若能準確地概念化病人的問題，並且有效地組織治療關係的相關元素，那麼我們便可以看到病人在許多層面上會出現具有創造性、有效性以及持續性的改變。

在治療歷程中，治療信念系統伴隨的信念會環繞在三個可以被辨識的元素：(1)治療師；(2)病人；(3)治療的本質。換言之，治療信念系統圖的每個治療成分都可以用圖文框的方式表示。當然，有關治療信念系統的概念化，病人與治療師之間可能有所差異，不過理想上兩者之間應該是相輔相成的。倘若我們發現兩者之間有很大的差距，那麼很明顯的兩者之間對於治療的看法有很大的歧異，這可能發生在兩者對於治療的目標或見解在認知上有所不同。如圖 9.6 所示，治療師本身（以病人的觀點來看）不同的信念、假設、自動化想法會產生不同的情緒與行為反應，上述每個成分也反映不同的治療目標，這與本書第二章所要傳達的自殺模式概念化的理念是一致的。圖 9.6 乃呈現病人本身的信念，以及病人對於治療歷程的看法。由於臨床病人繁多且個別差異也很大，因此他們牽涉的範圍種類或變項也相 218
當多元（例如：第一軸與第二軸的診斷、共病、目前的問題、發展史、教育程度、職業史、先前的治療經驗）。這些例子皆提供了一般自殺病人常會遭遇到的主題或事件，下一節我們將有更深入的探討。

概述治療信念系統

治療師很容易完成一份「治療信念系統」，只需要蒐集以下訊息：列出病人有關治療（包括對治療師、治療歷程，以及自己的角色）核心信念、關於治療主要的假設、補償性策略、可被辨認的自動化想法、一般情緒反應，以及常出現的行為反應。以上大部分的訊息都可輕易從已評估完成的「自殺模式」中獲得，不過有些時候仍有必要詢問病人想要治療的某特定

213 A. 治療成分：治療師（以病人的觀點來看）

1. 關於治療師的主要核心信念：
主題：
受害者：「他（她）會傷害我、拒絕我，或是放棄我。」
合作者：「他（她）會跟我一起做事、幫助我。」
拯救者：「他（她）會保護我、救我。」

2. 關於治療師的主要假設：
主題：
受害者：「如果我開放心胸，讓他（她）接近我，那麼我就會受傷、被拒絕，或放棄。」
合作者：「如果跟他（她）一起做事，我會變得更好。」
拯救者：「如果我接受治療，他（她）必定會保護我、救我。」

3. 主要的補償性策略：
主題：
受害者：主動抗拒。
合作者：主動參與。
拯救者：被動抗拒。

4. 可辨認自動化想法的例子：
主題：
受害者：「沒有人關心我，每個人只關心自己。」
合作者：「也許有人可以幫助我。」
拯救者：「我需要有人來關心我。」

5. 情緒反應：
主題：
受害者：生氣、敵意、恐懼、暴怒、過度驚恐、憎恨。
合作者：有希望、焦慮。
拯救者：擔心、憂鬱、焦慮。

6. 行為反應：
主題：
受害者：懷敵意的、攻擊／挑釁爆發出來（例如：爭辯、自我毀滅行為）。
合作者：主動參與。
拯救者：被動、尋求再三保證、明顯過於依賴。

圖 9.6　治療信念系統範例

B. 治療成分：病人本身

1. 關於自己的主要核心信念：
主題：
受害者：「我是脆弱的、無助的。」
合作者：「我可以和別人一起工作來改善，使自己變得更好。」
照顧者：「我不值得幫忙，別人比較值得幫忙。」

2. 關於自己的主要假設： 214
主題：
受害者：「如果我不要那麼脆弱的話，我是很 OK 的。」
合作者：「如果我可以和別人一起工作來改善，會變得更好。」
照顧者：「如果我關心別人，我會覺得比較好。」

3. 主要的補償性策略：
主題：
受害者：被動或主動抗拒（例如：退縮、被動 vs. 爆發挑釁）。
合作者：主動參與。
照顧者：關心、將焦點放在外界、他人（例如：治療師）。

4. 可辨認自動化想法的例子：
主題：
受害者：「如果我開放心胸，反而自己會受到傷害。」
合作者：「如果我們一起工作，我可以變得更好。」
照顧者：「其他人比我更值得幫助。」

5. 情緒反應：
主題：
受害者：無望的、無助的、憂鬱、焦慮、過度驚恐。
合作者：有希望、焦慮。
照顧者：擔心、憂鬱、焦慮。

6. 行為反應：
主題：
受害者：被動抗拒（例如：退縮、部分參與）vs. 主動抗拒（例如：表現衝動行為）。
合作者：主動參與。
照顧者：關心、欣慰。

圖 9.6　治療信念系統範例（續）

C. 治療成分：治療歷程（以病人的觀點來看）

1. 關於治療的主要核心信念：
主題：
　毫無希望：「治療是無望的。」
　停滯不前：「治療會維持現狀，還算過得去，但我不會變得更好。」
　積極改變：「治療能幫助我改善、解決問題，讓我變得更好。」

2. 關於治療的主要假設：
主題：
　毫無希望：「如果我去嘗試，事情也不會有任何的改變。」
　停滯不前：「如果我去嘗試，事情只會維持現狀而已。」
　積極改變：「如果我去嘗試，我能夠改善、解決我的問題，而且變得更好。」

215 3. 主要的補償策略：
主題：
　毫無希望：提早退縮、原地不動（例如：不執行家庭作業或其他治療活動）。
　停滯不前：投入有限的力氣。
　積極改變：主動參與。

4. 可辨認自動化想法的例子：
主題：
　毫無希望：「這是無意義的，沒有任何的幫助。」
　停滯不前：「事情不會有什麼改變的。」
　積極改變：「有其他的選擇及解決辦法。」

5. 情緒反應：
主題：
　毫無希望：絕望、無望、無助、憂鬱、焦慮。
　停滯不前：悲觀主義、憤世嫉俗、憂鬱、焦慮。
　積極改變：有希望、焦慮。

6. 行為反應：
主題：
　毫無希望：終止治療，不執行家庭作業。
　停滯不前：投入有限的精力。
　積極改變：主動參與。

圖 9.6　治療信念系統範例（續）

D. 治療成分：病人（以治療師的觀點來看）

1. 關於病人的主要核心信念：
主題：
敵意攻擊者：「他（她）是個麻煩，對我的專業是一種威脅。」
合作參與者：「他（她）有能力且願意跟我一起工作，來幫助他（她）自己。」
無助受害者：「他（她）無法照顧自己，或是無法主動去解決問題。」

2. 關於病人的主要假設：
主題：
敵意攻擊者：「如果我治療他（她），可能損害我的專業表現。」
合作參與者：「如果我和這個病人工作，他（她）有可能改善。」
無助受害者：「如果我對這個病人不付出多一點，他（她）可能會惡化。」

3. 主動的補償策略：
主題：
敵意攻擊者：拒絕、放棄（例如：進行轉介）。
合作參與者：主動積極的治療。
無助受害者：過度保護、關心、干預治療。

4. 可辨認自動化想法的例子： 216
主題：
敵意攻擊者：「他（她）可能損害我的專業表現。」
合作參與者：「他（她）正努力地嘗試。」
無助受害者：「他（她）現在不能承擔太多。」

5. 情緒反應：
主題：
敵意攻擊者：生氣、憎惡、暴怒、恐懼、擔心、焦慮、無望。
合作參與者：有希望、焦慮。
無助受害者：擔心、焦慮、傷心、憂鬱。

6. 行為反應：
主題：
敵意攻擊者：終止治療、進行轉介、挑釁行為（例如：約診遲到、取消、面質、責怪病人）。
合作參與者：主動積極治療。
無助受害者：過分小心監控、關心、頻繁見面、降低住院標準、頻繁進行治療工作。

圖 9.6　治療信念系統範例（續）

E. 治療成分：治療師本身

1. 關於自己的主要核心信念：
主題：
受害者：「我是脆弱的、不夠格的、無能的。」
合作者：「如果我們一起工作，我可以幫助這個病人，我是有能力的，可以勝任。」
拯救者：「只有我才能幫助這個病人。」

2. 關於自己的主要假設：
主題：
受害者：「如果自我保護，我會是 OK 的，因為別人就不會看到我的無能、不勝任。」
合作者：「如果我做我所知道的，就可以促進一個良好的治療關係，產生不錯的療效。」
拯救者：「如果我不做點什麼，對於這個病人的治療終將會失敗。」

3. 主動的補償策略：
主題：
受害者：主動抗拒、表現防衛的姿態（例如：爭辯、面質、責怪病人）、完全拒絕、以拒絕治療的方式放棄病人、進行轉介。
合作者：主動參與。
拯救者：關心、過度積極、干預治療、不必要的嚴格監控。

217 4. 可辨認自動化想法的例子：
主題：
受害者：「如果我跟這個病人工作，我會受到傷害。」
合作者：「我能跟這個病人有效地工作。」
拯救者：「沒有我，他（她）不會成功。」

5. 情緒反應：
主題：
受害者：無望、無助、憂鬱、焦慮、過度驚恐、生氣、憎恨、暴怒、恐懼。
合作者：有希望、焦慮。
拯救者：擔心、憂鬱、焦慮。

6. 行為反應：
主題：
受害者：終止治療、進行轉介、挑釁行為（例如：約診遲到、取消、面質、責怪病人）。
合作者：主動參與。
拯救者：過分小心監控、關心、頻繁見面、降低住院標準、不必要的干預治療。

圖 9.6 治療信念系統範例（續）

F. 治療成分：治療歷程（以治療師的觀點來看）

1. 關於治療的主要核心信念：
主題：
毫無希望：「治療是無望的。」
停滯不前：「治療會維持現狀，還算過得去，但他（她）不會變得更好。」
積極改變：「治療能幫助他（她）改善、解決問題，變得更好。」

2. 關於治療的主要假設：
主題：
毫無希望：「如果我去嘗試，治療也不會有任何的改變。」
停滯不前：「如果我去嘗試，事情只會維持現狀而已。」
積極改變：「如果我去嘗試，治療會有改變。」

3. 主要的補償策略：
主題：
毫無希望：終止治療、轉介給其他治療師。
停滯不前：投入有限的心力（例如：不良的概念化，以及沒有清楚的治療目標）。
積極改變：主動參與。

4. 可辨認自動化想法的例子： 218
主題：
毫無希望：「這是無意義的，沒有任何幫助。」
停滯不前：「事情不會有什麼改變。」
積極改變：「有其他的選擇及解決辦法。」

5. 情緒反應：
主題：
毫無希望：絕望、無望、憂鬱、焦慮。
停滯不前：悲觀主義、憤世嫉俗、憂鬱、焦慮。
積極改變：有希望、焦慮。

6. 行為反應：
主題：
毫無希望：終止治療、轉介給其他治療師。
停滯不前：投入有限的心力（例如：不良的概念化，以及沒有清楚的治療目標）。
積極改變：主動參與。

圖 9.6　治療信念系統範例（續）

資料來源：摘自 Rudd 與 Joiner（1997），經 Springer Publishing Company, Inc. 授權同意使用。

信念為何。治療信念系統提供了一個簡易的方法，讓治療師能輕易整理並且組織病人的自殺模式和催化模式，這兩個模式在治療關係與歷程中都扮演著舉足輕重的角色。

讀者可以根據以下三個簡單步驟來完成「治療信念系統」（其中每一
219 類核心信念都有其相對應的圖文框，裡面包含對於治療師、自己、治療歷程的核心信念）：

1. 評估病人先前所描繪的自殺模式。
2. 如果無法取得某特定治療相關的信念，那麼與病人討論一下，他們對治療歷程的知覺，以及治療師和病人在治療中所扮演的角色。
3. 以階層的形式，組織整理各個成分，依序為：核心信念、主要的假設、補償策略、自動化想法、情緒反應、行為反應。

我們可以採取不同的方式善加運用治療信念系統圖。其中，最重要的運用在於促進治療關係的討論，因為該系統具體描述了治療相關的信念如何影響病人的行為，以及最終造成的療效為何。在此，我們建議在使用該系統時，所有的紀錄都可以成為永久臨床紀錄的一部分。

圖 9.6 舉例說明自殺病人在治療信念系統中會出現的主題內容有哪些。如圖所示，治療師的主要信念，可被視為一連續的向度：從「受害者」到「合作者」到「拯救者」。每一種角色的轉換都伴隨著獨特的核心信念、假設、自動化想法以及有關的情緒與行為反應。一般而言，最理想的狀況是病人視治療師為「合作者」，這才與認知治療的基本規則及有療效的治療歷程之理念吻合。然而，治療的改變是透過雙向的互動而形成的，藉此我們需要不斷追蹤病人的狀況，並透過治療信念系統了解病人相關的治療素材及目標。關於病人的看法，也可被描述成一個連續向度，從「受害者」到「合作者」到「照顧者」。同樣的，每個主題在治療信念系統中都會伴隨著特殊的情緒與行為反應。最後，治療歷程本身的概念化，也可被描述成一個連續向度，從「毫無希望」到「停滯不前」到「積極改變」。圖 9.6 摘要了病人對於治療歷程中每個可被辨認之治療成分的反應，以及在精神分析中被視為移情的反應。不過，本架構本質上與認知治療的個案概念化

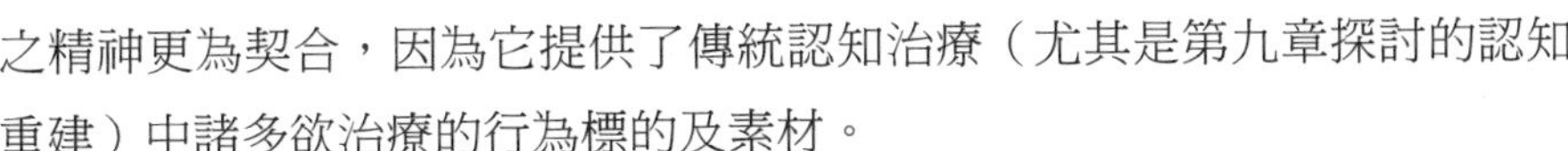

之精神更為契合，因為它提供了傳統認知治療（尤其是第九章探討的認知重建）中諸多欲治療的行為標的及素材。

治療師也可以自行完成「治療信念系統」，內容可以詳述治療師對各個治療成分的反應。如圖 9.6 所呈現的，治療師對於自殺病人的反應也會在
一連續向度上產生變化，從「敵意攻擊者」到「合作參與者」到「無助受 220
害者」。每個病人會有不同的假設、自動化想法，以及相關的情緒和行為反應，這都與臨床介入有關。同樣的，治療師本身的看法也可分為「受害者」、「合作者」和「拯救者」。最後，治療師對於治療歷程的看法，也可從「毫無希望」到「停滯不前」到「積極改變」。

在臨床實務工作中，大多數的病人都認為他們能從治療中獲得希望、樂觀、正向經驗，以及豐富的收穫，較少病人會因為治療帶來嚴重的情緒不適、不舒服，以及難以進入治療關係之中。上述情形很有可能與治療歷程中，治療關係的親密度與強度所引發的內隱信念（tacit belief）和情緒有關。內隱信念被界定為病人在意識層面上無法覺察到的。舉例而言，有自殺傾向的病人早年的受虐經驗，在治療情境中將可能觸發病人「不信任」、「脆弱的」的內隱信念，同時病人也會伴隨著出現相關的焦慮、憤怒、憂慮、羞愧和不舒服，這情況會導致病人放棄繼續進行治療（即補償策略）。Rudd 等人（1995）發現提早放棄治療的病人大都是因為有「人際過度敏感」的問題，即便病人的症狀或困擾依然十分嚴重，病人還是會選擇放棄繼續接受治療。雖然病人可能無法描述該信念，或是察覺到如此細微的補償性退縮策略的產生，但是他們會用表淺的方式來表達強烈的情緒反應，使得治療師有時難以理解個中原因；為此，治療師若不去理會病人的移情反應，那會像在處理邊緣性人格疾患一樣，錯失臨床介入、活化信念、認知重建的關鍵機會。

在進行認知概念化時，若能同時兼顧治療師或病人的**內隱信念**及相關反應，那麼治療師便能做出有效的臨床介入。像是先前的例子，病人臨床的表現可能混雜著治療師本身不適切的內隱信念；例如，治療師一旦發現病人憤怒、不舒服、退縮行為，治療師便很快與病人討論後，將他（她）轉介給其他的治療師。上述治療師的反應混雜著不信任感，以及怕被遺棄

的脆弱感。從另一方面來說，一個清楚的概念化可以幫助治療師了解病人的情緒與行為反應，並以此作為治療**進展**的指標；換言之，藉由那些被激發的關鍵核心信念及內隱基模的改變，我們可以了解病人目前治療的進步情形。據此，治療師應該選擇有條理的、耐心的、持續不懈的、不情緒化
221 的、重複性的方式來面對病人。換言之，治療師將會更有效率地處理先前所提到的「反移情反應」之問題。與其將病人的反應病態化，認知學派的治療師不如將抗拒視為病人過去創傷經驗所遺留下來的一種「自然、健康、有效的反應」（Mahoney, 1988b）。雖然達到具體療效可能較為費時，但認知治療的焦點在於將信念「從內隱轉為外顯」，為此不論信念有多麼隱晦，都要把握關鍵機會對病人進行認知重建。

對於每個有自殺傾向的病人都應詳述他們的治療信念系統，尤其是那些較具有攻擊性和抗拒治療的病人。治療信念系統可與第二章的概念模式做比對。廣泛來說，詳細列出病人的治療信念系統可以讓治療師清楚看到病人主要的、潛在的，或是有哪些抗拒治療的內隱信念，以及與治療師互動過程中，有哪些是不利治療效果的信念。同時，治療信念系統也提供一個概念化的架構，以回應 Newman（1994）所提出關於抗拒的問題：

1. 個案的抗拒行為有何功能？
2. 個案目前的抗拒是否與成長過程中出現的抗拒行為有關？
3. 個案哪些特殊的信念可能與他（她）的抗拒行為有關？
4. 如果個案順從的話，他（她）害怕什麼事情會發生？
5. 個案誤解或錯誤解釋治療師的建議、方法、意圖的典型反應有哪些？
6. 個案缺乏什麼樣的技巧，使得他學習有困難，或是覺得做不到，而無法在治療中積極合作？
7. 個案的環境中有哪些因素會阻止個案想要改變的企圖心？
8. 個案的概念化是否需要被修正或調整？

簡單而言，治療信念系統提供了一個可以橫跨多面向、多範疇的具體治療目標；理想上，治療信念系統可以說是在認知治療中少數考量到移情

－反移情作用，且富有概念與理論相通的作法。更具體而言，治療信念系統提供以下幾項功能：

1. 確保個案在治療過程中能主動參與。
2. 確保相關的認知訊息是可理解且可獲得的。 222
3. 強調認知是治療改變歷程的核心。
4. 創造機會使內隱轉為外顯，幫助病人辨識內隱信念，以提供認知重建之機會。
5. 確保將過去的議題帶到「當下」來進行治療（亦即，內隱信念、潛在基模如何導致目前的障礙產生）。

治療師在治療自殺時的治療信念系統：監控治療中的想法、感受與行為

圖 9.6 提供一些應用在自殺病人的治療信念系統之範例，其主要目的是了解這群有自殺企圖的病人，他們在治療過程中的「治療關係」之重要性，同時還能了解某特定問題之範圍。如同 Maltsberger 與 Buie（1974, 1989）對於「**反移情之恨**」的討論，他們認為臨床工作者對於自殺病人的治療信念系統，會無可避免產生明顯的個案管理問題，像是治療師把個案視為有敵意的攻擊者、認為自己是受害者（或潛在的受害者），並且認為治療歷程會毫無進展。在治療師對自己的看法中，活躍或內隱的主要信念經常與「脆弱、不適任、沒能力的」有關，而治療師伴隨的感情或情緒反應則往往是生氣、嫌惡、憤怒、不安、焦慮、無望的。若治療師這個情況沒有被辨識出來，並且未處理那些內隱的信念，那麼最終的結果將可能是那些自殺病人會害怕被治療師拒絕或遺棄，同時也增強病人視自己是不勝任的、有缺陷的或不被喜愛的信念。治療師應該提醒自己是否對病人有可能出現「潛在拒絕或遺棄之補償策略」的典型行為，包括沒有適當地嘗試其他可替代的治療方式，便草率中止病人的治療；輕率地將病人轉介給其他治療師（例如：當第一次出現困難，或者在治療中病人還是嘗試自殺的時候）；

或者面對病人諸多潛在的挑釁行為（亦即，破壞治療）時，像是遲到、不斷取消或更改治療時間，以及在治療過程中以對抗或責備的方式來回應治療師的處理。

如同 Maltsberger 與 Buie（1974, 1989）強而有力的描述，具有慢性自殺傾向與具有挑釁行為的自殺病人，他們往往表現出不輕易退讓的情形。治療師（尤其缺乏經驗的治療師）最常出現的反應是，把病人視為具有敵
223 意的攻擊者，而認為自己是受害者，且認為治療不會有進展。微妙的是，在治療過程中也許會有一些事情的發生阻礙了治療的進展；更具體而言，治療師有時會把個案視為無助的受害者，把自己視為拯救者，而把治療當成是唯一能解決病人問題的方法，這情形最終會導致治療師過度保護個案，以及表現出照顧者的行為、降低住院標準，並且不當干涉與介入不屬於治療師職責的問題。最後可能會輕易地讓個案產生過度依賴，而不能發展出適應的因應技巧。此外，也可能衍生出「界線不清」的問題，例如過多的電話聯繫、頻繁的晤談、較長的治療時間等等問題；而且，當治療師嘗試要重新調整合宜的治療界線時，病人可能會出現反常或激烈的攻擊行為（例如：自殺嘗試與自傷行為）（如 Linehan, 1993）。

在治療自殺意圖之病人時，治療信念系統提供了一套架構，讓臨床工作者可以去組織、整理病人潛在有毀滅性的核心信念（即包含活躍的、內隱的信念）、相關的自動化想法、補償性策略以及情緒與行為之反應。經過組織整理之後，理想上不論在進行心理評估或諮商輔導，都能促進有效的臨床管理。至少，治療信念系統提供了臨床工作者一個有關治療關係中相關變項之清楚架構，以及治療自殺病人之關鍵方法，同時這套架構也與認知治療之基本原則相符。

總結而言，我們建議臨床工作者以下列方式使用治療信念系統：

1. 為每一位正在處理中的自殺病患完成一份治療師自己的治療信念系統，此系統將因病人而異。
2. 檢查這個治療信念系統是否與治療師對該位病患問題的概念化模式相符合，兩者間應有一致性。

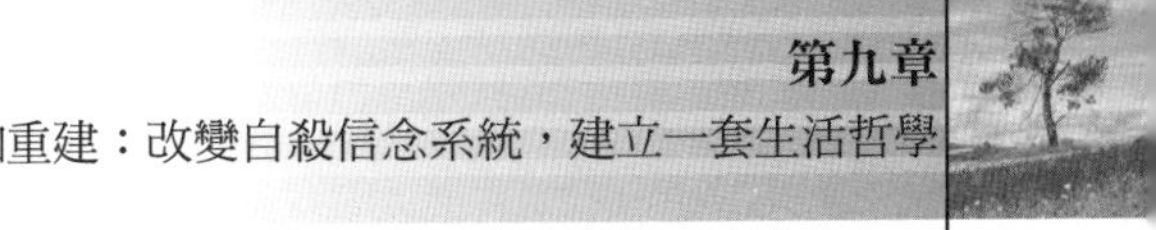

3. 指認出任何潛在有問題的信念（例如：治療師視自己為病人的**拯救者**）、情緒與行為反應。
4. 使用傳統認知行為治療技術來設定病人問題的範圍（見第六至第十章）。
5. 視情況需要，把指認出來的問題整合在治療關係之中進行討論；換言之，清楚治療關係中的界線及實際層面之問題（例如：臨床工作者**不能保護或拯救病人，或者解決病人的問題**）。
6. 視情況需要，尋求諮詢或督導。諮詢與督導是相當具有價值且是相當重要的，它是一個很好的資源，但卻不常被使用。

評估治療關係：耐心、堅定與一致性 224

如前所述，積極監控治療關係是相當重要的，而治療信念系統正好能協助臨床工作者達到此目的。此外，臨床工作者可以使用《治療信念量表》（Therapeutic Beliefs Scale, TBS）定期評估治療歷程的內容與品質（見圖 9.7）。《治療信念量表》包含下列三個成分：(1)與治療同盟有關的信念（亦即，概念化與介入方式有關的協議）；(2)與治療技巧熟練度有關的信念；以及(3)與治療師人際技巧有關的信念（亦即，溫暖、誠摯、同理、真誠）。圖 9.7 羅列出每個因素所有的項目。這個圖表容易使用，同時解釋起來也相當簡單，在治療過程中亦可以重複使用。治療師只要把所有題目之分數加總起來即可。此外，治療師也可以把這三個因素分開來看，以了解治療關係與同盟中的不同面向，同時也可以概念化治療師與病人的治療信念系統。我們建議可以策略性地使用這個圖表，例如每個月使用一次。這個圖表其實可以在治療初期便開始使用，甚至在第一次晤談結束時，如果病人的不舒服或困擾得到適當的抒解之後。

指導語： 請你想想看，在最近的治療過程中，你有多同意以下句子的描述。	0—完全不同意	1—部分同意	2—同意	3—完全同意
1. 我的治療師能清楚知道我的問題所在。				
2. 我的治療師在幫助我的時候用的方法很正確。				
3. 我的治療師與我合作良好。				
4. 我的治療師了解我在說什麼。				
5. 我的治療師不斷幫助我。				
6. 我能明瞭治療師說我的問題在哪裡。				
7. 我的治療師對自己在做什麼很有信心。				
8. 我的治療師能在對的時間做對的事情。				
9. 我的治療師關心我和我的生活。				
10. 我的治療師有熱心幫我解決棘手的問題。				
11. 我可以告訴我的治療師所有的事情。				
12. 我的治療師能接受我所說的事情。				
總分（加總 1 至 12 欄的分數）				總分

治療同盟因素：題目 1、3、4、6
治療技巧因素：題目 2、5、7、8
人際關係因素：題目 9、10、11、12

圖 9.7　治療信念量表

第十章

技巧建立：

發展適應模式與確保持續性改變

以認知行為治療處理自殺之技巧缺失概念化 226

本章將討論六項基本治療技巧，範圍包括第三章所提到的「治療計畫矩陣」，當然這六項治療技巧並不能涵蓋所有的面向，它們只單純反映了我們的發現，亦即不管對慢性或急性自殺病人而言，這些都是不可或缺或相當重要的技巧。治療師使用任一項或全部的技巧主要取決於自殺病人臨床上的表現。此六項技巧彼此之間可視為相互獨立，並且可以分別執行，特別在治療時間相當有限的情況下。然而在一般的情況下，這六項技巧間往往彼此是相互重疊的，甚至可以將其中幾項技巧組合成一套新的技巧。依此觀點，每項技巧之間彼此是相互依賴的，若是少了任何一項技巧都可能影響另一項技巧的有效性。上述觀點，也值得進行相關的研究深入探討；換言之，這套技巧中哪一部分真正有效，亦即哪些是有效治療不可或缺（**必要**）的條件？這些問題截至目前為止，我們仍沒有任何具體的答案，所以要在此提出如何運用在自殺病人中不免有些言之過早。

對於所有的自殺病人，不管他們臨床的問題為何，自我監控、痛苦忍受力、情緒調適等三項技巧都扮演關鍵性的角色，同時也是臨床的**核心介
入**標準步驟。進言之，它們也是認知行為治療理論模式能提供的主要功能。 227
同時，對於有效的危機介入（見第六章）、正確地概念化病人的自殺模式（見第二章），以及對於病人某特定事件的自殺循環（見第七與第八章），

這些技巧也都是不可或缺的。換言之，每項技巧在認知行為治療的架構中，都關乎病人的危機介入歷程及個案的概念化。

有時候，在極度有限的時間內只允許使用一項或兩項技巧。在這樣的情況下，是否能達到有效的介入，尤其能造成持續性的改變，自然會被質疑。治療師在極有限的時間內只能使用最有效的辦法。至於在其他的情況下，這六項技巧對於有效的、持續性的治療都是相當必要的。這也是認知行為治療架構最主要的優勢之一：能夠指認出治療的重要**成分**，並且了解治療的成效及問題再復發的可能性。以下介紹這六項技巧（有些技巧已經在本書的前幾章中提到）：

- 問題解決。
- 情緒調適。
- 自我監控。
- 痛苦忍受力。
- 人際技巧（例如：自我肯定）。
- 憤怒管理。

本書第三章曾提到技巧建立的主要目標之一是辨認病人的技巧缺失，然後將它設定為治療目標。這個作法廣義來說，是藉由修正病人自殺信念系統的內容，來增進病人適應性的因應技巧及堅韌性。不過需要提醒的是，病人的需求會因人而異，有些病人需要每項技巧都涵蓋到，有些病人則只需要涵蓋一或兩項技巧即可（尤其在有限的時間或條件時）。另外，有些病人則需要長時間不斷**重複**練習每項技巧，以便能處理各項問題。儘管現實上，病人不論缺乏哪一項技巧，或是使用何種心理治療模式，在治療情境中大都會探討到病人多方面的內容。目前大部分心理治療的主要目標在本書前幾個章節中或多或少都曾探討過，我們的主張是以明確且具體的方式來處理病人的問題，也就是我們用可監控及可預測的方式來評估病人在某項技巧上的改變程度，後續需要花的治療心力也會跟著改變。

治療病人的技巧缺失 228

確認病人是否了解並產生改變動機

為了促進有效的技巧建立，治療師必須確認一件事情，亦即病人是否能夠了解技巧的建立是一件重要的事，能認同治療的概念模式，並且可以被恰當地引發改變的動機。雖然，與病人一起討論自殺模式及自殺循環，有助於讓病人了解整個歷程，不過治療師還是需要進行一些額外的步驟來提高病人了解自己技巧的缺乏。我們可以根據以下步驟來達成上述目的：

1. 透過檢視病人的自殺循環，協助病人指認出他們的技巧缺失。治療師需要確認技巧缺失的概念，病人本身是否可以了解，且認為是合情合理的。換言之，病人需要覺得這件事情很重要，才願意花時間與精力來進行改變。治療師應該要持續追蹤及整理病人技巧缺失的日誌（亦即，可以使用STR、治療日誌或日記進行自我監控）。例如：

「當我們一起檢視妳的自殺循環時，妳似乎有一些問題需要在治療中加以處理。例如，當妳生男朋友氣的時候，妳似乎缺乏耐性，一股腦兒地將怨氣宣洩出來，這樣做不僅可能讓事情變得更糟（即：喝酒），同時也可能會傷害到自己。事實上，這麼做對妳造成很大的傷害。妳會因此生病〔生理後果〕、關係破裂〔人際後果〕、隔天滿懷羞愧與罪惡感〔情緒、自我意象後果〕。這些都說明了，我們必須加強妳某些部分，包括妳的痛苦忍受力（即容易衝動）、憤怒管理，以及問題解決。」

我們可以視情況需要，為病人量身制定他們哪些方面需要加強，同時提供具體的例子作為參考依據。事實上，檢核病人是否確實明瞭，最有效的方法之一是請病人舉出一個實例。例如：

「聽起來你似乎已經掌握了問題出在什麼地方。可否請你想想看，過去哪些時候你同樣表現出較低的痛苦忍受力？請你告訴我發生了什麼事。」

229 2. 將病人缺乏的技巧帶到成長過程，以及目前生活功能的脈絡中來加以討論；也就是說協助病人認清及了解到，他先前的問題與目前自殺表現之間的關聯為何。將病人缺乏的技巧帶入他們的生活**脈絡中**加以探討，病人就更難草率地視其自殺事件只是**一次的危機，以後不會再發生**。這麼做基本上也可以迫使病人認知到一串問題與困難的歷史，即便病人先前並沒有想要自殺，同時也可以讓病人了解有效復原的關鍵因素（亦即，這步驟很弔詭的反而會增進病人的希望感）。例如：

「從你告訴我關於你的成長背景及個人歷史，似乎有一些事情一直困擾著你。我相信你所說的，小時候你好像不太能控制你的脾氣，我覺得你無法控制它，甚至需要立即爆發出來，否則你會受不了。我也相信你所說的，你父母好像也無法控制自己的脾氣，甚至在你成長過程中還出現一些身體及言語的暴力。你覺得這件事情困擾你有多久了？在進行治療的前幾年，你認為這件事情是每下愈況，還是日漸好轉，還是維持原狀？」

3. 指認、探索及強調問題或技巧缺失可能隨時復發的性質。在治療情境中，很重要的是協助病人了解，他（她）重複發生的事件與某個主題息息相關（亦即，技巧缺失及自殺信念系統的相關成分）。這樣做不但可以增進病人對問題的了解，同時還能幫助病人復原及增進希望感。與其讓病人回想**過去五年內發生的十或十五件事情**，不如讓病人找出自己缺乏哪兩項或三項技巧，以至於使他企圖想要自殺。為了讓病人更清楚自己的問題，治療師把問題以病人可以理解的方式整理出來，最終可以增進病人復原的希望及改變的動機。例如：

> 「根據我們的討論，從你的成長背景中了解到，你這樣的行
> 為模式好像已經有好多年了。你告訴我，這六年內你嘗試自殺有
> 十二次。你有沒有注意到有一個模式的存在？你是否能告訴我，
> 所有自殺嘗試之間是否有共同點呢？如果你同意的話，我想把你
> 告訴我的林林總總問題，總結出我所看到的行為模式。我的假設
> 或許有偏頗，但是如果我們一起討論，或許我們可以得出一個好 230
> 的模式來解釋過去這六年內所發生的事。」

4. 辨認、探索病人因技巧缺失所產生的壞處（例如：情緒、生理、人際、財務、自我意象），藉此提高病人改變與治療的動機。

> 「聽起來這幾年你好像很難控制自己的情緒與衝動，這也為你帶來不少麻煩。我這樣說是否正確呢？讓我們來舉你憤怒管理的例子，這幾年內它給你製造了什麼樣的麻煩？」

接著可以與病人討論這項技巧缺失對情緒、生理、人際、財務、自我意象等各方面實際造成哪些影響。舉例而言，「我記得你曾經提過，上一次你因為工作的緣故發了一頓脾氣，甚至對上司說了一些衝動的話，結果導致被開除，因而造成了經濟的拮据〔人際與經濟的後果〕。你也曾經提過，經濟的困難導致你與太太產生爭執，兩人甚至還為此分居了一陣子〔人際與經濟的後果〕。最後你還提到，因這件事情還引發你憂鬱的情緒，讓你對自己相當不滿與自責〔情緒、自我意象的後果〕。」

從諸多方面我們都發現，如果病人在治療中能清楚了解技巧發展的重要性，那麼他們的配合度也會相當高。不過治療師通常會遇到病人產生抗拒的問題，並不能完全解釋病人的技巧發展能否與治療模式相配合。對此處所提的認知治療取向而言，上述問題相當關鍵。前文曾提過，自殺信念

系統的認知重建與技巧建立彼此之間是相輔相成的。技巧的建立只是一連串的**行為實驗**，每次行為實驗都提供病人有機會下結論與重新建構自己的自殺信念系統（甚至只針對某單一情境或事件）。事實上，我們發現「行為實驗」是病人在治療過程中最容易理解且最能融入的部分，同時也是在治療結束或在後續追蹤時，病人回顧起來**最有幫助**的部分。當我們詢問病人：「你認為在治療過程中，最有幫助的部分是什麼？」病人通常會回答：「學習如何自我肯定及處理憤怒。」至少從我們的經驗中可確保一件事情，病人改變的動機有多少，等同於病人被充分告知有多少。

231 治療師在所有技巧領域中要記住的統整工作

關於技巧建立，治療師需要記得三項基本要點。雖然這些要點本身具有相當的結構性，不過治療師不可輕忽它們的價值。對於我們想要處理的技巧，唯一能確保治療具有效果的方法，就是採用有結構性的指導大綱。第一，治療師需要先判斷病人缺乏哪些技巧，這也是初次晤談的主要目標，不過，通常需要經過幾次的晤談（通常是二至三次），才能充分達到此目標。事實上，在整個治療歷程中，都需要不斷地評估病人的技巧缺失。有些對病人很有意義的技巧，可能在治療進行一段時間後才被確認出來。通常，病人會隱藏某些核心症狀藉此來掩蓋他（她）缺乏某項技巧，特別是人際方面的技巧。在自殺急性期時，病人會呈現不同的反應方式；例如，治療師會發現，有些比較被動與壓抑的病人，當危機一旦解除，他們反而變得具有攻擊性或敵意，這提供了「先前未發現的問題」的重要線索。

當指認病人的技巧缺失後，治療師需要採取一些方法將技巧訓練一致性地融入治療情境中。乍聽之下相當容易，但實際執行上會碰到相當的困難，因為關鍵的要素在於「一致性」。我們可以採取很多不同的方式來整合，不過最簡單的方法就是在每一次治療中，具體執行某些特定的治療目標，並在事前將這些治療目標的時間分派好。例如，每次晤談中25%到50%的時間（即十五到三十分鐘）用來處理某項技巧缺失。當然，整個晤談時間也都可以用在技巧建立，當中再視情況需要，將時間分配在訓練不同的技巧上。例如，二十分鐘用來培養憤怒管理，二十分鐘用來培養痛苦忍受力，其餘的二十分鐘用於培養人際互動。相同的道理，我們可以視病人的需要、治療的進展、可運用的時間，在一連串的晤談中（第五到第十次晤談）只用於病人的技巧建立。

不論投入多少時間或採取何種形式，很重要的是需要了解在一次晤談中，病人是否能充分了解到特定技巧缺失所扮演的角色。如前所述，當與病人回顧他（她）的自殺循環，以及確認具體治療目標時，如何建立技巧需要有充分的討論。這點可以與病人進行概念化及設定治療項目時同時進行。例如：

治療師：我們來看一下你的自殺循環，你會發現當你處在憂鬱、
沮喪、憤怒的時候，往往很難用適當、健康的方式表達 232
你的情緒。我這麼說你覺得有道理嗎？

病　人：這聽起來滿正確的，我那時候真的會快發瘋、失控了。

治療師：看起來我們需要設定一項治療目標就是「憤怒管理」；換句話說，我們來幫助你如何用建設性的方式來處理憤怒的情緒。你也可以想想看，是否把這件事情也納入今天要完成的事情？這雖然不是我們今天唯一要討論的事情，不過卻是你最主要遇到的問題。由於我們今天還有一些事情需要討論，你是否介意我們花二十分鐘的時間專心討論你的憤怒管理呢？

第三點也是最後一點是，治療師需要定期回顧與整理病人已指認出的技巧缺失。回顧的主要目的是更新病人目前各項技巧學習的進度為何（也就是第三章中所提到的：技巧習得、技巧精進、技巧類化），並重新設定治療目標。圖 10.1 的階層列表提供給讀者一項相當簡便的使用方法。這個階層列表既簡潔又有效，裡面描述了病人缺乏哪幾項技巧需要處理、哪幾項技巧需要優先處理，以及目前的進度如何。這個圖表也可視為臨床紀錄的一部分，並且視情況需要進行必要的修正或更新。定期與病人一起回顧這個圖表，可以確認彼此是否都同意將它們列為治療項目。

233 技巧階層：G 先生

1. **痛苦忍受力**：當病人表現出不良的痛苦忍受力時，他往往會有自殺的念頭，也會有衝動的行為。此外，當他感到強烈挫折時，他的衝動行為往往會因為酒精濫用而變複雜。同時他也指出，在其他生活情境中也會表現出衝動的行為，例如在工作、家庭中不加思索便與人起爭執，甚至數度與妻子發生肢體衝突。**治療目標：技巧習得**。
2. **自我監控**：當病人表現出自我監控能力不佳時，往往無法覺察到自己的情緒，甚至無法覺察自己有哪些情緒和想法，而陷入自殺的想法裡：「我真不知道該怎麼做。」**治療目標：少部分在技巧習得，大部分在技巧精進**。
3. **情緒調適**：病人表現出情緒調適能力不佳的問題，尤其當有壓力出現時。他描述當感到強烈的挫折及壓力時，他會不知道怎麼做才能讓自己舒服一些。不過在沒有壓力的時候，他的情緒調適能力還不錯，例如他會有運動的習慣、花時間與家人相處、有一些興趣嗜好，並且積極參與社交活動。**治療目標：技巧習得與技巧類化**。
4. **憤怒管理**：病人出現一些憤怒管理的問題。他提到，當與妻子有衝突，甚至出現一些肢體摩擦時，有時情緒會被激怒起來。他也說到，在工作上有憤怒情緒時，也會用言語的方式表現出來。**治療目標：技巧習得與技巧類化**。
5. **問題解決**：病人解決問題的能力相當有限。他說自己有時候會不知所措。最近幾次企圖自殺時，他提到往往不知道問題在哪裡，也無法想到其他解決問題的辦法。**治療目標：技巧習得**。
6. **人際技巧**：病人在人際方面的技巧也十分欠缺，尤其在自我肯定上。他提到當產生衝突的時候，自己往往會表現出被動、自我放棄的行為模式，這情形也累積了一些憤怒的情緒沒有表達出來。**治療目標：技巧習得**。

圖 10.1　技巧缺失階層範例

232 大多數治療師都知道，短期治療有很多的限制。因此，病人技巧的建立也需要依循之前在危機介入及認知重建的章節中提到過的基本原則。通常一個好的模式具有**具體**、**簡單**、**可行**等特性，而本章介紹有關技巧建立的模組，不管其內容或應用也都具有簡單易懂之特性。模式中每項技巧都有內容上的討論，也有實際應用時的一些提醒。

每個模組都可依臨床需要、理論取向、可運用的時間來進行擴充、刪減或修改。不過需要強調的是，每個模組也有**自己明確的治療目標**，我們也會羅列出來。萬一治療目標稍做修正，治療師也需要確認它們是可行的。還有，治療師可能發現我們的主題可能涵蓋得不夠多，想要自行延伸相關的內容。倘若如此，治療師需要謹記在心的是我們先前提到的一些指導原則：素材需要具體、簡單、可行。除此之外，這些素材還需要符合自殺模式的架構，同時提供方法來辨識、描述、修正病人自殺信念系統成分。

這裡要注意的重要一點是，本書第三章所曾詳細討論團體治療可以扮 234
演的角色。上述大部分的模組以團體治療的方式都能大大提升其效用，雖然實際上多數的治療元素也會在個別治療中涵蓋到。如同本書第三章所言，以團體治療的形式來促進技巧建立的好處不勝枚舉。事實上，根據我們治療的經驗發現，採用團體治療的方式進行問題解決與人際技巧的訓練效果相當好，尤其是角色扮演及行為演練更是重要。不過很可惜的是有些治療師並沒有採用這個方式。這裡所提供的模組可以輕易地融入團體治療或個別治療的形式；理想上，病人可以同時以這兩種形式來進行治療，透過在團體裡習得的技巧，可成為後續個別治療強而有力的基礎。舉例而言，人際情境提供一個**觸發**病人自殺信念系統**相關**成分（亦即被拒絕、被虐待、被拋棄，以及被評斷的信念）的機制，這些議題也可能會在個別治療中出現。個別治療可被用來增強、擴展、修正或重複練習團體治療中所學到的各項技巧。簡言之，如果治療師可以進行團體治療，那麼便可以作為後續個別治療強而有力的補充，因為團體治療提供病人相當豐富的自殺信念系統的素材。

問題解決模式：學習辨識、評估和尋找自殺的替代方案

主要目標：教導病人有效問題解決的方法，消除病人極端、衝動、逃避的反應，培養一套有組織、有條理的方法，以及學習彈性的生活技巧（例如：自我肯定及情緒調適）。

對於自殺病人而言，他們往往欠缺許多問題解決的技巧。病人經常不知道問題在哪裡、不知道如何控制衝動、想不出其他解決問題的辦法、無法有效評估其他可行的辦法（不管是長期與短期的方法），無法執行所下的決定，當然也無法評估如果採取行動會有什麼好處與壞處。對此，我們建議使用有結構性、有條理的方法來解決問題。我們採取 Nezu 等人（1989）的觀點，並稍加修正做成以下的建議。

六個依序可行的步驟：

1. 定義問題。
2. 確認治療目標。
3. 產生替代方案。
235 4. 評估替代方案。
5. 執行其中一項方案。
6. 評估效果及修正方案。

我們發現最有效的方法是持續執行一項有結構性的方法。作法很簡單，就是在**因應卡**（見圖 10.2）上提供病人問題解決的步驟，每次針對某項問題加以處理。因應卡可隨身攜帶放在皮包或皮夾裡，成為病人治療日誌的一部分。而且，因應卡提供一系列的提問，藉此來提醒病人整個流程。這個作法也可運用於各種問題，包括人際衝突、經濟問題、身體疾病等等。雖然我們建議這個解決問題的方法在治療初期就可以開始執行；不過，要切記的是整個治療過程中需要**不間斷**、**定期**執行，而不只有在治療的前一兩次執行就好。以下例子具體說明，不管遇到什麼樣的問題，都能夠採用這樣的問題解決方法。

病　人：這兩週以來，我感覺非常棒，連一次自殺的念頭都沒有。不過昨天我老闆告訴我，上禮拜我有一通電話處理得非常糟。有人向他告狀，所以他來找我，要我承擔一切的後果，我感到非常難過。從那時候起，我開始想：「努力有什麼用，還不是失敗了。」之後，我想到死了算了，不過這念頭沒有很強烈，只是閃過我的腦海。

治療師：這或許是個好時機，讓我們來回顧一下上個月我們談到的問題解決方法。你有帶因應卡來嗎？讓我們來看看這個問題，並且解決它。也許我們可以了解到你碰到了什麼困難，為什麼有自殺的念頭浮現出來。最近你有幾次

236

1. **定義問題**：將問題摘要成一句話。如果問題多於一個，那麼選擇其中一個作為目前最優先需要處理的。如果你認為問題範圍太大，那麼將之切分為幾個小部分，然後按照需要處理的優先順序排列。
2. **確認治療目標**：將治療目標寫下來。你希望近期完成什麼樣的目標？長期的目標又是什麼？如果你無法確認治療目標，那表示你可能還沒有清楚定義你的問題。請回到上一個步驟，再試試看怎麼定義問題。
3. **產生替代方案**：你可以找出多少個替代方案？請記得暫時先不要評判這些方案的好壞，盡可能列出所有你覺得可行的方法。如果你碰到困難，那麼可以試著問身邊重要的人，或是與有責任需要協助你的人一起討論你的問題。
4. **評估替代方案**：接下來你需要評估這些替代方案的可行性。你可以問自己以下幾個問題：這些方案是否具體可行？如果要執行這些方案需要有什麼條件配合？需要花多少時間、精力、努力？這些方案跟我的價值觀是否一致？這個方案對我目前與將來會帶來什麼影響，對家庭、朋友又會帶來什麼影響呢？
5. **執行其中一項方案**：選擇一個最好的替代方案，執行它。你可以問自己幾個簡單的問題：執行這個方案需要哪些步驟？哪些部分你可以自己完成，哪些部分需要別人幫忙完成呢？
6. **評估效果及修正方案**：事情有什麼轉變？有沒有效果？如果沒有，是哪方面出了問題？你從第一次的失敗經驗中學到了什麼？如果你學到了一些，可以回到第 4 步驟再試試看；如果沒學到什麼，那麼再回到第 1 步驟重頭再來一遍。不管結果如何，請記得兩件事：第一，你正積極試著解決問題；第二，你沒有表現出衝動行為。

圖 10.2　問題解決因應卡

235 成功地解決你的問題，不過我更想知道，你是否相信你已學會了這個技巧了？

練習問題解決的技巧不管是在大團體或小團體中都很有幫助，這點我們曾在第三章討論過。此外，在晤談中錄影及錄音也相當有幫助。我們發現，病人對於晤談中的例行錄音的反應相當好，因為這可以讓他們在日常生活中有機會重複回顧晤談的過程。晤談過程中定期錄影，並且在後續的治療中觀看錄影帶對病人有極大的幫助，因為他們可以審視及回顧自己有哪些優缺點。錄影帶可以作為問題解決歷程的補充教材，可以讓病人覺察
237 行為演練和角色扮演過程中，哪些反應是適當的、哪些反應則是不適當的。
同時，這也是監控治療歷程很不錯的方法。事實上，很難想到還有其他的方法比錄影的晤談更能具體幫助病人觀察到自己在幾個月內的進展。

情緒調適能力：自殺念頭興起時的情緒管理藝術

主要目標：當病人處於極度壓力、企圖想自殺時，協助他們辨識、表達自己的情緒經驗，並做出有效的反應（亦即，縮短恢復的時間）。

情緒調適可簡單界定為**有能力去辨識、了解、表達以及有效地反應人們諸多的情緒感受**。許多自殺病人不只對自己的情緒需求感到不安，且對大部分的情感經驗都感到不舒服。以 G 先生為例，他在辨識自己某些情緒感受上有困難，也無法用有結構性的方式來表達它們，更無法採取有效的情緒調適步驟來幫助自己，特別是有突發的情緒產生時（例如：當陷入情緒低落時，應該是去運動而不是去酒吧）。自殺病人出現情緒調適的問題往往也會出現情緒辨識（即情緒覺察、接納）、情緒表達（即過度壓抑、過度反應）等相關問題，同時也會出現不適切的反應（亦即，應該做出恢復正向情緒的行為，而不是更增強負面情緒的行為）。據此，治療目標相當顯而易見，就是協助病人辨識其情緒感受，適當地將之表達出來，並且表現減少評斷、自殺的行為反應。

對於所有技巧建立的模組，我們建議一個簡便的方法讓病人可以記住，而且每天使用。如同問題解決的方法，我們當然也可使用因應卡，不過也並非一定要使用這個方法。在此，我們建議病人使用以下三個步驟：

1. **辨識**你的情緒感受：標記自己的情緒感受。你可以問自己：「你的感受如何？」**而不是問**「你是怎麼想的？」嘗試辨認出你有哪些情緒感受與經驗。在治療過程中，盡可能精準地掌握自己有哪些情緒感受。如果你在辨別自己情緒感受上有困難，可以問自己：「如果別人發生同樣的事情，會有什麼感受？」還有，如果你仍無法辨識自己的情緒感受，那麼注意一下你身體有什麼變化？身體的感覺是否與某些情緒相吻合？（例如：憤怒時會握緊拳頭，焦慮、激動、 *238*
害怕時會踱步和身體緊繃。）
2. **表達**你的情緒感受：除了辨識你的情緒感受外，或許你還可以將情緒感受寫在日記上、畫一幅圖，或是尋找其他抒發情緒感受的方法（例如：寫詩）。試著不要局限你的情緒感受，花一些力氣自然、適當地將它們表達出來。尋找一些可以抒發情緒的方法，當嘗試成功時，你可以將這些方法記錄在治療日誌裡，或是將這些方法列成一份清單。
3. 做出正確的**反應**讓自己的心情恢復：做一些事情讓自己的心情能從負面情緒（例如：傷心、憤怒、挫折、懊惱、羞愧、罪惡感）恢復過來。這麼做的意義在於將你從自我挫敗、自我毀滅的行為中轉移出來。如果你仍無法找到好方法讓自己感覺好一點，那也不要做一些讓你感覺更糟的事情（例如：喝酒、封閉自己、逃避退縮）。你可以執行你的自殺想法紀錄！回顧一下危機因應卡的步驟，然後做一些可以恢復心情的行為（例如：散散步、跟好朋友聊天、洗個熱水澡、聽聽音樂、閱讀你的治療日誌、看書）。簡單來說，你要做一些讓自己感覺好一點的事情。如果有問題必須先解決，那麼你也可以先回顧問題解決因應卡，然後按照列出來的步驟加以執行。

情緒調適的技巧需要融入每次的晤談當中。如前所述，情緒調適是三大**核心介入**的方法之一。大體而言，情緒調適幾乎與每項治療議題都有關，不過我們可以用簡單的方式來完成。當病人出現**有效的**情緒調適時，治療師需要清楚、具體地讓病人知道；同樣的，**無效的**情緒調適也是如此。這個歷程，我們可藉由使用先前提到的主觀風險評估（即病人對自己的感覺及症狀，以 1 到 10 分評估）來完成。然後，有效的情緒調適所採用的步驟和技巧可以被辨識、討論，並且加入病人的危機反應計畫和因應卡之中。舉例而言：

治療師：今天一開始時，你提到你感到相當憤怒。你也評估你的憤怒有到達 9 分的水準。你現在感覺如何呢？

病　人：我想現在的程度應該只有 5 分或 6 分吧。

治療師：在這麼短的時間內，改變似乎還滿大的。我想這很重要，因為你原本告訴我，「當你憤怒的時候，通常情緒不會那麼快過去」，而且你認為「你沒有辦法做任何事情讓你感覺好一些」。那我們到底做了什麼讓你憤怒的情緒恢復得這麼快？

239 病　人：我也不知道，我們到底做了什麼？我們不是只有講講話而已。

治療師：你說的沒錯，我們並沒有做太多的事情。基本上，只有兩件事情發生。第一，時間過了三十分鐘或多一點。第二，我們的談話讓你的憤怒有了出口。你以適當且健康的方式表達你憤怒的情緒。你是否可以小結一下，你如何處理憤怒的情緒呢？

病　人：我想我可以下這樣的結論，我只是談了一下我的情緒感受，憤怒的情緒就慢慢消失了，至少我沒有爆發出來。

治療師：對你來說，聽起來是一個很重要的結論！

就某種程度而言，情緒調適涉及到認知重建的歷程。病人似乎對於某些特定的情緒具有某些特定的信念。通常，那些有問題的信念往往與負向情緒相關，例如傷心、挫折、憤怒、羞愧、罪惡感。為此，在治療過程中適時地融入認知重建是相當重要的。這點做起來相對簡單，我們只要協助病人辨識治療過程中**情感轉換**的經驗，然後清楚描繪出病人的中介、核心信念，然後提供病人機會做出新的結論（即新的核心信念）。

這些情緒信念大都圍繞在自殺信念系統中有關**自我的成分**（例如：「我不可能停止這樣的感覺」）。當然，有關**他人**的信念（「我生氣的時候傷了關心我的人」）和**未來**的信念（「我怎麼做，事情都不會好轉的」）也適用。在此，很重要的是要持續記錄與監控新的信念一段時間，且在治療過程中，要蒐集新的證據以便作為支持新信念的參考。如同第九章所言，請病人記錄其核心信念的轉變，可以成為治療日誌及信念階層的一部分，這方法雖然不見得是最有效果的方法，但卻是最有效率的方法。

自我監控

主要目標：協助病人增進他們察覺、領悟、了解、接納他們日常生活中情緒波動的能力。

自我監控乃是讓病人能監控自己的想法、情緒、行為的方法。大多數
內容已在第六章與第七章中介紹過，這裡只稍微重述其中的重點。自我監
控與情緒調適兩者之間是相互關聯的。病人若要扭轉負面情緒，先決條件
是覺察到改變正在發生。如前所述，自我監控在治療過程中需要即時且不 240
斷地進行。諸多現象顯示，單純進行自我監控便能有效減緩衝動的行為。
此觀點與本書先前提到的**有意的高度警戒**之觀點是一致的。換言之，提高
病人的專注力與同時進行自我覺察，衝動性行為便會受到壓抑，這觀點與
交互抑制的概念是一致的。

有許多方法可以增進病人自我監控的技巧，其中既簡單又直接的方法有：

- 規律使用 STR。
- 重複記錄主觀的情緒感覺與症狀。

- 重複描繪與適時修正病人的自殺循環。
- 持續使用治療日誌與日記。
- 針對特定的問題情緒（例如：羞愧、罪惡感、憤怒），畫下每天、每週或每月的心情追蹤圖。
- 善用錄音或錄影，特別在後續晤談的回顧與分析中。

不管選用何種方法，自我監控都能以相當簡單的方式描繪出病人的模樣。大致的原則是增進病人的情緒覺察、理解（即接納）以及有效做出適當的反應（見第三章）。如同本章先前提過的技巧，自我監控也可以寫在因應卡上以方便病人攜帶。如果太多張因應卡顯得累贅，病人可以自行發展一張卡片，上面列有多項技巧（即技巧建立卡）。事實上，最簡單的方式是卡片上同時結合情緒調適與自我監控。稍後我們會提到，最後一步是教導病人執行他們情緒調適的計畫。自我監控卡至少需要包含以下三個步驟：

1. **指認**你有哪些情緒。如果情緒多於一種，嘗試精確掌握自己有哪些情緒。將你標認出來的情緒都列出來。
2. **了解**你的情緒。了解與接納這些情緒是**正常**的反應，這也是為什麼你會擁有這些情緒。雖然你的情緒感受從很多方面來看（例如：成長史、近日的壓力），都不見得那麼合情合理，但這並不是什麼壞事。不過，你若是放著不管，則可能會產生問題。請記住，你可以決定自己情緒的強度及情緒維持的時間。
3. 做出更有效的**反應**來調適情緒。執行你情緒調適的技巧（例如：適當地表達情緒、採取能恢復心情的步驟），然後過幾分鐘再重新評估這些事情。

241 ## 痛苦忍受力

主要目標：協助病人增進他們忍受負面情緒的能力（亦即，表現比較少被誘發和衝動的行為）、提升他們會表現出衝動行為的閾值、淡化情緒不適的突發狀況，以及縮短恢復心情的時間。

自我監控、情緒調適及痛苦忍受力三者之間很明顯相互有所關聯。特別後兩項的能力與第一項的能力息息相關。某程度而言，不良的痛苦忍受力會妨礙有效的情緒調適。同樣的，痛苦忍受力與衝動行為之間也有所關聯。簡言之，痛苦忍受力低的病人，他們往往也會表現出衝動的行為。如同 Linehan（1993）提到，自殺病人（尤其是慢性自殺病人）衝動的閾值往往很低，當碰到突發的情緒困擾時，便容易出現過度的反應。他們過度的反應往往也需要很長的時間才能恢復，通常他們也合併情緒調適困難的問題（亦即，他們會傾向**做一些讓情緒更為負面的行為**，而不是讓情緒抒發的行為）。事實上，我們的研究證實了多次自殺嘗試的病人，他們往往有嚴重、多重的情緒之症狀（Rudd, Joiner, & Rajab, 1996）。

如同自我監控與情緒調適，不管病人或治療師是否有這樣的認知，在每次的晤談中都需要處理病人的痛苦忍受力，特別是病人處於急性危機的階段。培養病人痛苦忍受力的重要性不亞於自我監控及情緒調適。為此，治療師在整個治療過程中，不僅需要覺察並且努力克服病人的問題，更重要的是需要培養病人的痛苦忍受力。

- 如同認知行為治療（CBT）中以暴露為基礎的治療原則，如果病人自我監控及情緒調適的技巧都得到改善，那麼病人的痛苦忍受力也會得到相當的改善。為了監控病人情況的進展，治療師需要提高警覺，與病人一起回顧討論他們先前做了哪些事情。這個步驟可以透過與病人一起回顧他們情緒不適閾值的高低（亦即，**發生多少事情才會造成病人的情緒不適**）、情緒反應強度（亦即，**情緒不適的速度與嚴重度**），以及心情恢復所需的時間（亦即，應該隨著治療的進展而縮短時間）。例如：

「我今天想指出一點，你對太太生氣之前，似乎花了一段更長的時間才慢慢感到生氣，沒有你以前想像中那麼嚴重，而且你心情很快就恢復了。我這樣說對嗎？這點對你培養痛苦忍受力的意義為何呢？」

242 〔同次晤談稍後的時間〕「你知道嗎？今天我們有三次提到你和太太產生衝突時感到不悅。不過每一次你表現得好像不再那麼生氣，你的心情好像恢復得比較快了。你有注意到這點嗎？」

- 藉由與病人定期探討他們的**重要議題**，我們可以有技巧地了解病人，尤其是那些與成長經驗有關的強烈議題（例如：孩童或青少年時期的身體虐待、性虐待、情感虐待）。不過，事前需要與病人充分溝通，且執行時也需要小心謹慎，特別是面對慢性自殺的病人尤其重要。

人際技巧：學習自我肯定、傾聽，以及做出適當的回應

主要目標：協助病人增進人際互動的覺察、適應與技巧（亦即，自我肯定、傾聽、適當的回應）。

大多數人際技巧都可以被教導，不過我們建議將焦點放在病人常出現的少數幾個問題上，這些問題常常與「自我肯定」有關。我們建議有三個治療目標：人際互動過程中的自我肯定、傾聽的技巧，以及回應他人的技巧。將焦點放在上述三項技巧，有助於病人對人際關係中的互動有更高的敏感度。

許多自殺病人都會出現被動、逃避、壓抑的問題。病人長久以來的諸多問題中，人際互動中的自我肯定往往是最難處理的技巧，經常需要以團體治療的方式來達到改變的效果。如同其他技巧的建立，最簡單的方法是發展人際技巧的因應卡。以下列出其中一種參考的形式：

- **自我肯定**（將你的想法、情緒、需求適當地表達出來）。以開放、適切、平靜的方式積極表達出你的想法、情緒、需求。試著注意你

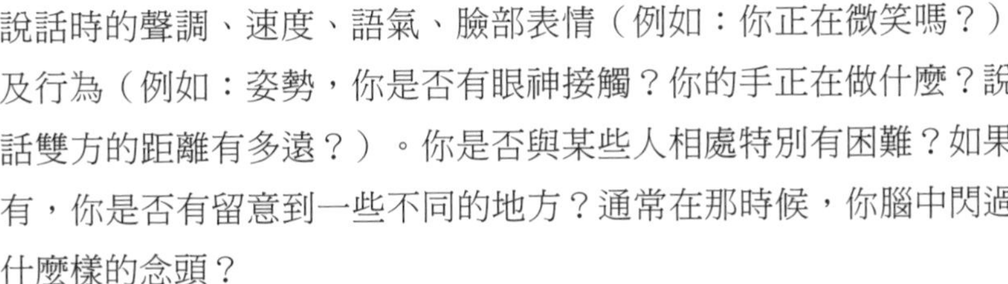

說話時的聲調、速度、語氣、臉部表情（例如：你正在微笑嗎？）及行為（例如：姿勢，你是否有眼神接觸？你的手正在做什麼？說話雙方的距離有多遠？）。你是否與某些人相處特別有困難？如果有，你是否有留意到一些不同的地方？通常在那時候，你腦中閃過什麼樣的念頭？

- **傾聽**（聆聽他人的想法、情緒、需求）。練習傾聽他人正在說什麼。 243
  然後問自己一個問題：你是否確定對方在對你說什麼，以及你是否了解對方想要表達什麼（澄清彼此的對話及互動）。
- **回應對方**（回應他人的需求）。練習回應他人的需求，試著做出你希望別人怎麼做的那個行為。當你與某人意見相左時，特別讓你有很強的情緒反應時，你是否可以不要讓這個衝突升高？是否他的想法中有些部分你也可以贊同？

如同其他所有的技巧一樣，治療目標的重點在於認知重建、辨識、描繪病人自殺信念系統中有關人際議題（亦即，對**他人**的信念）的自動化想法、中介信念與核心信念。有些顯而易見的信念常常與他人的互動有關，這方面若以錄影的方式來進行角色扮演及行為演練效果最好。錄影帶（或是只能用錄音帶）可以協助病人覺察到自己在人際互動中未留意到的行為模式。此外，這個方法也可提供病人細部拆解自己在人際互動過程中的元素，包括說話的聲調、速度、語氣、身體姿勢、手部姿勢、眼神接觸，以及與他人說話時所站的距離與位置。事實上，以團體治療的形式來培養人際技巧是最有效的方法。

憤怒管理：早期辨識、適當表達，以及同理、接納與寬恕的重要性

主要目標：協助病人增進他們覺察憤怒初期的訊號、辨識引發的憤怒情緒是否與觸發事件相稱及合宜，並且藉由建設性、健康的方式，提早處理憤怒的情緒。另外，也讓病人了解到如何以同理心、接納及寬恕的方式

來處理憤怒的情緒。

憤怒管理的訓練有三項主要治療目標。第一，協助病人更能覺察到，開始產生憤怒情緒時有哪些訊號。這些訊號涵蓋在日常生活之中，包括認知、情緒／生理（身體感覺）、行為。每天使用自殺循環及 STR 來進行自我監控，是辨識初期憤怒的訊號最簡單、最有效的方法。一旦辨識出病人
244 初期憤怒的訊號，我們便可以採取步驟來淡化病人憤怒的情緒（這觀點與先前提到減低、消除自殺行為的作法一致）。此目標在於防止病人情緒的快速升溫，其功能在於增加緩衝的時間來進行後續的處理。一旦緩衝的時間增加，便有機會化解病人自殺的企圖，並且增加介入的可能性。

我們再一次推薦使用憤怒因應卡。一般因應卡在使用時內容可以包含任何會觸發憤怒的情境，或是可以成為特定要處理的治療情境（見圖 10.3）。如圖 10.3 所述，執行這些步驟需要簡單易懂。在處理憤怒情緒時，

245 **步驟一**：先停下來，察看一下你在生什麼氣。你正在想什麼？你注意到身體有哪些反應？然後在 1 至 10 的量尺上評估你憤怒的指數。

步驟二：詢問自己以下幾個問題：你現在做的任何反應是否值得？它們有什麼意義？幾個小時後或到了明天，這麼做還很重要嗎？

步驟三：如果這是非常重要的議題，且需要立即做出回應，那麼你可以執行因應卡，選出一個你覺得可行的替代方案，然後做出適當的反應。

步驟四：如果這件事幾個小時後或到了明天就不是那麼重要或沒有意義，倒不如花幾分鐘的時間讓自己的情緒恢復。你可以依照當時的狀況做出適當的反應。例如，適時離開讓自己安靜下來、數到 20、倒背英文字母，或做一些想像或放鬆練習，然後再次評估你的憤怒指數。重複以上的步驟讓憤怒的情緒降到 7 或更低。

圖 10.3　憤怒因應卡

若處理的步驟過於繁瑣會相當不適切，也會增加病人的挫敗感，甚至把問題擴大。大致而言，憤怒因應卡可以說是一種針對特定情境下進行情緒調適的練習。不過，我們需要讓自殺病人學習到，他的問題可以被辨識出來，同時很重要的是需要聚焦在處理病人生氣、憤怒的情緒。憤怒因應卡主要目標在於提早介入病人憤怒的情緒反應、沖淡情緒升溫的可能性，同時降低衝動性、自我挫敗或自我毀滅的行為。如果病人的問題是突然感到相當憤怒，那麼有必要同時使用因應卡，並且配合角色扮演與行為演練，此時使用錄影便具有相當大的價值。 244

除了提早辨識及介入外，很重要的是不僅要協助病人適當地表達憤怒的情緒，同時還要提供病人一個可行的作法。角色扮演的作法（配合自我肯定練習）相當有效，此作法可參照病人的**憤怒日誌**作為角色扮演的素材。我們鼓勵病人書寫憤怒日誌，單純地記錄病人的憤怒階層與項目。病人可以輕易地藉由 STR 或治療日誌了解到引起憤怒的觸發事件、情境或相關議題。一旦建立起憤怒階層，每項事件、情境、議題都可以策略性地進行個別的處理。一般而言，病人需要的是多學點技巧，而非只是想喘口氣而已。所以，我們需要聚焦在辨識病人問題出在哪裡，以確保執行某些治療計畫能達到舒緩病人情緒的目的。再次提醒，這裡的問題解決過程都可透過角色扮演、行為演練及錄影的方式來增強其效果。

我們認為對於自殺病人有一點很重要，就是決定使用問題解決模式之前，需要詢問他們幾個關於憤怒的關鍵性問題。大體而言，這些問題大都與認知重建有關。如果沒有評估這些問題，我們便很難了解病人憤怒的情緒，尋求問題解決自然變得事倍功半。如同本章其他的技巧，這些步驟或需要提問的問題也可以放在因應卡中加速病人的學習。不過，這些提問在 246
整個治療過程中都需要不斷進行。如同**建立更具適應性模式**的目標，同樣要致力於協助病人對於憤怒有**不同的思維模式**。據此，自殺信念系統中某些中介與核心信念需要被辨識出來，並且進行治療。以下為需要提問的問題：

1. 「你到底為什麼感到生氣呢？試著用一句話說出來。如果辦不到的

話，那麼試著分成幾件事情加以描述，然後再用一句話表達出來。」

2.「什麼事情引起你生氣？是一件事情呢，還是累積了過去幾件事情呢？」
3.「引起你生氣的事情，是否跟你現在的反應相稱？是否合適？是否過於激烈？例如，高速公路上某人擋了你的路，你是否會很生氣也想要擋住他的去路？如果你的生氣反應是相稱的、合適的，那麼你可以用合宜的方法來解決問題，或是做出適當的反應嗎？」
4.「如果你的生氣遠超出預期（即過於激烈），你認為問題出在哪裡？區分一下是否是因為過去累積下來的情緒所致。你累積的情緒可能有相當的一段時間，不管是幾個小時、幾天或幾年。通常，這些情緒包含著你成長過程中經歷到的創傷情緒與經驗（身體、性、情緒虐待）。某人是否觸發了你過去生氣的經驗？今天稍早引起你生氣的事情，是否與上禮拜、上個月、去年的事情有關呢？某人是否觸發了你年幼時沒有妥善處理的情緒？」
5.「如果這是過去的傷痛，你是否可以做些什麼來解決它？如果不行的話，就要學習接納、同理及寬恕。」
6.「你是否可以總結一下，你在某特定情況下憤怒的情緒呢？將它們寫在你的治療日誌或平時的日記中。」

關於上述的問題，接納、同理、寬恕通常是處理長期憤怒最有效的方法。我們可藉由許多方式來達成，端看病人的靈性、信仰，以及治療師所採用的治療取向。治療師與病人之間需要有共識：如何將上述的概念**融入**病人憤怒的概念化過程，特別是長期的憤怒。如前所述，專注與回應是人際溝通重要的技巧。不管在面對病人長期或短期的憤怒情緒，這些人際溝
247 通的技巧都提供病人同理心及寬恕介入的開端。無論治療師採取何種方式進行接納、同理和寬恕，很重要的是需要強調，儘管這些概念相當抽象，但是還是有**必要**表露出來；換言之，在個人行為或態度上都需要表現出對應的行為來。如同認知行為治療的架構，治療師需要辨認，並且清楚指出

新的適應模式中每個成分之內涵為何，以確保病人能出現接納、及寬恕的行為。簡言之，當病人達成任何其中一項，他們便會有不同的想法、情緒及行為。

技巧建立與人格改變：還是同一個人？

根據美國心理學會於 1994 年發行的《精神疾病診斷與統計手冊第四版》，人格疾患定義為一種在社交與工作中廣泛、僵化的行為模式，而且造成心理困擾及功能喪失。根據這樣的定義，病人技巧的建立要能與人格改變相呼應。如果病人能成功地發展、精進、類化各項技巧，那麼根據上述對於人格的定義，病人的人格應該要證實有所改變，特別是技巧建立的目標在於針對病人的自動化想法、條件式規則和假設（中介信念），以及核心信念。實際上，如果病人的技巧日復一日都在改變，那麼病人的自殺信念系統很難不受影響而產生改變。病人的自殺模式中，所有的成分彼此都會相互影響，有效的技巧建立乃是協助病人建立一套更具適應性模式的歷程。當每項技巧都可以被類化時，這意味著病人新的適應模式漸漸成形。換言之，也意味著病人第二軸診斷的病徵逐漸好轉。

改變人際互動歷程：結合團體治療

在任何自殺模式中，人際關係都扮演關鍵性的角色，同時也需要某種程度的處理；可能的話，加上一些團體治療的元素會達到更好的效果。在通常的情況下，由於諸多因素的干擾，治療情境往往無法安排進行團體治療。在此，我們提供一個相當可行的治療模式，裡面包含了一些團體的元素及形式。我們先前的療效研究也指出，所有問題解決的訓練都可在團體治療中進行，有些是以大團體的方式進行，有些則是以小團體的方式進行（Rudd, Rajab et al., 1996）。這裡介紹四種團體治療模式提供選擇：(1)心理衛教團[illegible](2)大型問題解決團體；(3)小型問題解決團體；及(4)人際歷程團體。我[illegible]後會有詳細的介紹。如同第三章所述，在個別治療後，再進行幾次[illegible]歷程團體對病人會相當有幫助。

[illegible]合團體的元素於治療中有諸多好處。第一，在治療中融合團體的元素，讓病人有機會接觸到真實的人際互動。第二，提供直接教導與練習因應技巧的機會，這對成功的治療相當重要；理想上，此作法更能產生治療效果與持續性的改變。第三，在一個特定機構中，它提供了一個機會去展現不同治療者之間的共同性與一致性，某種程度下也探討了治療忠誠度的問題。第四，在有限的時間與資源下，此作法可能是最有效率的治療機制。第五，將治療責任分散在每個治療成員上，包括治療歷程中每位治療師，這點對於處理慢性自殺病人更為重要。所有人都需要被支持，治療師也是如此。綜合上述團體治療所帶來的好處，團體有必要先聚在一起討論各個議題如何相互合作、執行，以及如何化解衝突。簡言之，結合團體的元素於治療中有諸多好處，同時也是既有效果、又有效率的處理模式。

心理衛教團體

病人進行個別治療過程中，也可以同時使用心理衛教團體，特別是在資源及時間相對有限的情況下。我們建議的方式，同時也是我們一直沿用的方式，是在有限的期間內，同時執行心理衛教團體及個別治療，例如在二至四個月的個別治療中進行五到八次的晤談。心理衛教團體的內容主要以本章稍早提到的技巧訓練為主，並且包括其他治療師的自殺病人。稍早提到的治療素材需要轉化成課程的形式，每次晤談介紹一個主題技巧（即問題解決、情緒調適、自我監控、痛苦忍受力、人際技巧和憤怒管理）。其他的晤談時間，可以繼續探討相關的主題，例如認知重建、危機處理、成長過程中的創傷經驗，此部分端視治療師的需要及情況。

為了讓心理衛教團體更有效率及效果，我們建議以下幾個基本原則：

249

- 替轉介病人清楚界定團體目標。心理衛教團體的形式需要相當有結構性。主要目標在於**提供病人基本課程及傳達某些特定內容**，而非在團體中提供探索與討論的機會。一開始便清楚結構化團體目標，將可避免許多問題的產生。
- 團體為封閉的形式，所以有固定的時間表。團體以固定的時程（例如：每季一次）進行，讓治療師、病人都可預期團體何時進行、何時需要參加。我們發現，心理衛教團體人數最好不要過多，以四到七人為宜。這樣可以有稍微討論的機會，澄清一些相關的訊息及問題。從一開始便制定固定的時程表，可以讓病人安排好自己的時間，以及調整工作或家裡的事宜。此外，不管團體的教育目標及學習方式為何，人數少都提供了團體的凝聚力。
- 避免心理衛教團體變成心理治療團體。最簡單的作法是團體一開始便清楚說明團體目標。我們稍後會提到，如果有必要進行一般性的團體心理治療，治療師應該另做的安排。有時候，某些團體成員會企圖轉移團體的焦點，但這並不表示團體歷程應該被禁止，相反地應該約束團體在心理衛教的形式上進行。我們可以透過很多方式來達成上述的目的，不過最有效的作法是限制團體進行的時間（例如：一小時），以及在團體中適時做出提醒。
- 發展每次團體的課程大綱。本章稍早提到，技巧建立的內容可以輕易轉化為課程的形式，同時也應該提供認知重建及危機處理的教育內容。事實上，上述提到的元素都已經有相關的課程內容了（例如：危機處理、問題解決、憤怒管理的具體步驟）。

問題解決團體

進行問題解決團體可以帶來非常顯著的效果。在我們的治療方案中，大致可區分為大型團體及小型團體。通常大型團體人數為九到十二人，團體的形式採封閉式的，且有固定的進行時間。為了讓團體達到一定的效果，團體進行的時間需要久一點，通常每次治療約兩個小時。大型團體主要的

目的是希望達到心理衛教之功能。更具體而言，問題解決的基本原則需要在團體中仔細討論（例如：三十到四十五分鐘）。之後我們會將團體拆成幾個小組（亦即，一組最多三至四人），然後請幾位治療師同時帶領團體
250 成員一起練習問題解決的技巧，並且討論他們的問題。所有聚焦的重點都在於減緩病人自殺的危機。通常，病人的問題都可經由他們的自我監控日誌、治療日誌或 STR 中取得。

之後，我們會進行小型團體。每位團體成員需要辨識某一特定問題，然後運用先前提到的問題解決步驟，而治療師及其他團體成員則從旁協助。一旦發現更好的替代方法，便將這個方法實際以角色扮演的方式演練出來。在角色扮演中，如果發現某些技巧缺失、弱點或問題，那麼便可以安排在後續的治療中進行處理。如果某替代方法未能有預期的效果，那麼可以練習其他新的替代方法。一般而言，小型團體提供充分練習的機會，同時也可以精進問題解決的方法。通常這些角色扮演會被錄影起來，在稍後的大型團體中回顧、討論及檢討。其他團體成員的批評也可視為具體的人際互動問題，可稍後在角色扮演中加以演練。接受批評的經驗是練習問題解決很好的機會。最簡單、最有效的方法是輪流播放各個小團體的錄影帶；例如，一週播放一個團體的錄影帶。在大團體中，病人有機會看到**別人是怎麼做的**。此外，這個作法也同時提供病人有機會辨識及討論共同出現的問題。通常，有些技巧（例如：自我肯定）需要在小團體中做更深入的探討。整體而言，大型或小型團體的時間分配都可以視情況彈性做調整。

綜合而言，我們發現大型與小型問題解決團體都是很棒的資源，而且病人也相當接受。它們提供了病人一個主動、實際來解決人際問題的機會。不論是大型團體或小型團體，問題解決的主要目標都在協助病人有機會**練習**人際問題解決的技巧。過程中同時也涉及了其他人際技巧的運用。因此，我們認為人際技巧是一個饒富意義的介入方式，同時也是產生持續性改變的關鍵所在。

Abramson, L. Y., Metalsky, G. I., & Alloy, L. B. (1989). Hopelessness depression: A theory-based subtype of depression. *Psychological Review, 96*(2), 358–372. *251*

Alford, B. A., & Beck, A. T. (1997). *The integrative power of cognitive therapy.* New York: Guilford Press.

Allard, R., Marshall, M., & Plante, M. (1992). Intensive follow-up does not decrease the risk of repeat suicide attempts. *Suicide and Life-Threatening Behavior, 22,* 303–314.

American Psychiatric Association. (1994). *Diagnostic and statistical manual of mental disorders* (4th ed.). Washington, DC: Author.

Arnkoff, D. B., & Glass, C. R. (1992). Cognitive therapy and psychotherapy integration. In D. K. Freedheim (Ed.), *History of psychotherapy: A century of change* (pp. 657–694). Washington, DC: American Psychological Association.

Bandura, A. (1986). *Social foundations of thought and action: A social cognitive theory.* Englewood Cliffs, NJ: Prentice-Hall.

Barnett, J. (1998). Termination without trepidation. *Psychotherapy Bulletin, 33*(2), 20–22.

Battin, M. (1982). *Ethical issues in suicide.* Englewood Cliffs, NJ: Prentice-Hall.

Beck, A. T. (1964). Thinking and depression: II. Theory and therapy. *Archives of General Psychiatry, 10,* 561–571.

Beck, A. T. (1976). *Cognitive therapy and the emotional disorders.* New York: New American Library.

Beck, A. T. (1996). Beyond belief: A theory of modes, personality, and psychopathology (pp. 1–25). In P. Salkovskis (Ed.), *Frontiers of cognitive therapy.* New York: Guilford Press.

Beck, A. T., Brown, G., Berchick, R., & Stewart, B. (1990). Relationship between hopelessness and ultimate suicide: A replication with psychiatric outpatients. *American Journal of Psychiatry, 147,* 190–195.

252 Beck, A. T., Brown, G., Berchick, R. J., Stewart, B. L., & Steer, R. A. (1990). Relationships between hopelessness and ultimate suicide: A replication with psychiatric outpatients. *American Journal of Psychiatry, 147*(2), 190–195.

Beck, A. T., Emery, G., & Greenberg, R. L. (1985). *Anxiety disorders and phobias: A cognitive perspective*. New York: Basic Books.

Beck, A. T., Freeman, A., & Associates. (1990). *Cognitive therapy of personality disorders*. New York: Guilford Press.

Beck, A. T., & Lester, D. (1976). Components of suicide intent in attempted and completed suicide. *Journal of Psychology, 92,* 35–38.

Beck, A. T., Kovacs, M., & Weissman, A. (1975). Hopelessness and suicidal behavior: An overview. *Journal of the American Medical Association, 234*(11), 1146–1149.

Beck, A. T., Rush, A. J., Shaw, B. F., & Emery, G. (1979). *Cognitive therapy of depression*. New York: Guilford Press.

Beck, A. T., & Steer, R. A. (1988). *Beck Hopelessness Scale manual.* San Antonio: Psychological Corporation.

Beck, A. T., & Steer, R. A. (1993). *Beck Scale for Suicide Ideation manual.* San Antonio: Psychological Corporation.

Beck, A. T., Steer, R. A., & Brown, G. (1993). Dysfunctional attitudes and suicidal ideation in psychiatric outpatients. *Suicide and Life-Threatening Behavior, 23*(1), 11–20.

Beck, A. T., Steer, R. A., & Brown, G. (1996). *BDI—II manual.* San Antonio: Psychological Corporation.

Beck, J. S. (1995). *Cognitive therapy: Basics and beyond.* New York: Guilford Press.

Berman, A. L., & Jobes, D. A. (1991). *Adolescent suicide: Assessment and intervention*. Washington, DC: American Psychological Association.

Bongar, B. (Ed.). (1991). *The suicidal patient: Clinical and legal standards of care.* Washington, DC: American Psychological Association.

Bongar, B. (Ed.). (1992). *Suicide: Guidelines for assessment, management, and treatment.* New York: Oxford University Press.

Bongar, B., & Harmatz (1989). Graduate training in clinical psychology and the study of suicide. *Professional Psychology: Research and Practice, 20,* 209–213.

Bongar, B., Maris, R., Berman, A., & Litman, R. (1992). Outpatient standards of care and the suicidal patient. *Suicide and Life-Threatening Behavior, 22,* 453–478.

Bongar, B., Maris, R., Berman, A., Litman, R., & Silverman, M. (1993). Inpatient standards of care and the suicidal patient. Part I: General clinical formulations and legal considerations. *Suicide and Life-Threatening Behavior, 23,* 245–256.

Bongar, B., Peterson, L. G., Harris, E. A., & Aissis, J. (1989). Clinical and legal considerations in the management of suicidal patients: An integrative overview. *Journal of Integrative and Eclectic Psychotherapy, 8*(1), 53–67.

Bonner, R. L., & Rich, A. R. (1987). Toward a predictive model of suicidal behavior: Some preliminary data in college students. *Suicide and Life-Threatening Behavior, 17*(1), 50–63.

Buda, M., & Tsuang, M. (1990). The epidemiology of suicide: Implications for clinical practice. In S. Blumenthal & D. Kupfer (Eds.), *Suicide over the life cycle* (pp. 17–37). Washington, DC: American Psychiatric Press.

Bunney, W., & Fawcett, J. (1965). Possibility of a biochemical test for suicide potential. *Archives of General Psychiatry, 13,* 232–239. *253*

Burns, D. D., & Auerbach, A. (1996). Therapeutic empathy in cognitive behavioral therapy: Does it really make a difference? In P. M. Salkovskis (Ed.), *Frontiers of cognitive therapy* (pp. 135–164). New York: Guilford Press.

Chowdhury, N., Hicks, R., & Kreitman, N. (1973). Evaluation of an after-care service for parasuicide (attempted suicide patients). *Social Psychiatry, 8,* 67–81.

Clark, D. A. (1995). Perceived limitations of standard cognitive therapy: A consideration of efforts to revise Beck's theory and therapy. *Journal of Cognitive Psychotherapy: An International Quarterly, 9,* I153–I172.

Clark, D., & Fawcett, J. (1992). Review of empirical risk factors for evaluation of the suicidal patient. In B. Bongar (Ed.), *Suicide: Guidelines for assessment, management, and treatment* (pp. 16–48). New York: Oxford University Press.

Clark, D., Young, M., Scheftner, W., Fawcett, J., & Fogg, L. (1987). A field-test of Motto's risk estimator for suicide. *American Journal of Psychiatry, 144,* 923–926.

Craighead, L., Craighead, W., Kazdin, A., & Mahoney, M. (1994). *Cognitive and behavioral interventions: An empirical approach to mental health problems.* Boston: Allyn & Bacon.

Craighead, W., & Craighead, L. (1998). Manual-based treatments: Suggestions for improving their clinical utility and acceptability. *Clinical Psychology: Science and Practice, 5*(3), 404–407.

DiBianco, J. (1979). The hemodialysis patient. In L. Hankoff & B. Einsidler (Eds.), *Suicide: Theory and clinical aspects*. Littleton, MA: PSG.

Dowd, E. T., & Courchaine, K. E. (1996). Implicit learning, tacit knowledge, and implications for stasis and change in cognitive psychotherapy. *Journal of Cognitive Psychotherapy, 10*(3), 163–180.

Dublin, L. (1963). *Suicide: A sociological and statistical study.* New York: Ronald.

Durkheim, E. (1951). *Suicide: A study in sociology* (J. A. Spaulding & G. Simpson, Trans.). Glencoe, IL: Free Press. (Original work published 1897)

Ellis, T. E., & Ratliff, K. G. (1986). Cognitive characteristics of suicidal and nonsuicidal psychiatric patients. *Cognitive Therapy and Research, 10,* 625–634.

Fawcett, J., Scheftner, W., Fogg, L., Clark, D., Young, M., Hedeker, D., & Gibbons, R. (1990). Time-related predictors of suicide in major affective disorder. *American Journal of Psychiatry, 147,* 1189–1194.

Freeman, A., & Reinecke, M. (1993). *Cognitive therapy of suicidal behavior.* New York: Springer.

Freud, S. (1957). Mourning and melancholia. In J. Strachey (Ed. and Trans.), *The standard edition of the complete psychological works of Sigmund Freud* (Vol. 4, pp. 237–260). London: Hogarth Press. (Original work published 1917)

Garrison, C. (1992). Demographic predictors of suicide. In R. Maris, A. Berman, J. Maltsberger, & R. Yufit (Eds.), *Assessment and prediction of suicide* (pp. 484–498). New York: Guilford Press.

Gaston, L., Thompson, L., Gallagher, D., Cournoyer, L. G., & Gagon, R. (1998). Alliance, technique, and their interactions in predicting outcome of behavioral, cognitive, and brief dynamic therapy. *Psychotherapy Research, 8,* 190–209.

254 Gibbons, J., Butler, J., Urwin, P., & Gibbons, J. (1978). Evaluation of a social work service for self-poisoning patients. *British Journal of Psychiatry, 133,* 111–118.

Hagga, D. A., Dyck, M. J., & Ernst, D. (1991). Empirical status of cognitive theory of depression. *Psychological Bulletin, 110*, 215–236.

Hatton, C., Valente, S., & Rink, A. (1977). Assessment of suicide risk. In C. Hatton, S. Valente, & A. Rink (Eds.), *Suicide: Assessment and intervention*. New York Appleton-Century-Crofts.

Hawton, K., Bancroft, J., Catalan, J., Kingston, B., Stedeford, A., & Welch, N. (1981). Domiciliary and outpatient treatment of self-poisoning patients by medical and non-medical staff. *Psychological Medicine, 11,* 169–177.

Hawton, K., McKeown, S., Day, A., Martin, P., O'Connor, M., & Yule, J. (1987). Evaluation of outpatient counseling compared with general practitioner care following overdoses. *Psychological Medicine, 17,* 751–761.

Hendin, H. (1964). *Suicide in Scandinavia.* New York: Grune & Stratton.

Hirsch, S., Walsh, C., & Draper, R. (1983). The concept and efficacy of the treatment of parasuicide. *British Journal of Clinical Psychopharmacology, 15,* 189S–194S.

Hollon, S. D., & Beck, A. T. (1979). Cognitive therapy in depression. In P. C. Kendall & S. D. Hollon (Eds.), *Cognitive-behavioral interventions: Theory, research, and procedures* (pp. 153–203). New York: Academic Press.

Hollon, S. D., & Beck, A. T. (1993). Cognitive and cognitive-behavioral therapies. In A. E. Bergin & S. L. Garfield (Eds.), *Handbook of psychotherapy and behavior change: An empirical analysis* (4th ed., pp. 428–466). New York: Wiley.

Jobes, D. A., & Berman, A. L. (1993). Suicide and malpractice liability: Assessing and revising policies, procedures, and practice in outpatient settings. *Professional Psychology: Research and Practice, 24,* 91–99.

Jobes, D. A., Eyman, J. R., & Yufit, R. I. (1990). *Suicide risk assessment survey.* Paper presented at the annual meeting of the American Association of Suicidology, New Orleans.

Jobes, D. A., & Maltsberger, J. T. (1995). The hazards of treating suicidal patients. In M. Sussman (Ed.), *A perilous calling: The hazards of psychotherapy practice* (pp. 200–214). New York: Wiley.

Joiner, T. E., & Rudd, M. D. (2000). Intensity and duration of suicidal crises vary as a function of previous suicide attempts and negative life events. *Journal of Consulting and Clinical Psychology.* In press.

Joiner, T. E., Rudd, M. D., & Rajab, M. H. (1998). Agreement between self and clinician-rated suicidal symptoms in a clinical sample of young adults: Explaining discrepancies. *Journal of Consulting and Clinical Psychology.*

Kendall, P. (1998). Directing misperceptions: Researching the issues facing manual-based treatments. *Clinical Psychology: Science and Practice, 5*(3), 396–399.

Kleespies, P. (1993). Stress of patient suicidal behavior: Implications for interns and training programs in psychology. *Professional Psychology: Research and Practice, 24,* 477–482.

Kraeplin, E. (1915). *Textbook of psychiatry.* (Original work published 1883)

Lambert, M. (1998). Manual-based treatment and clinical practice: Hangman of life or promising development? *Clinical Psychology: Science and Practice, 5*(3), 391–395.

Lambert, M., & Okiishi, J. (1997). The therapist's contribution to psychotherapy outcome. *Clinical Psychology: Science and Practice, 4,* 66–75. 255

Layden, M. A., Newman, C. F., Freeman, A., & Morse, S. B. (1993). *Cognitive therapy of borderline personality disorder.* Needham Heights: Allyn & Bacon.

Lerner, M., & Clum, G. (1990). Treatment of suicide ideators: A problem-solving approach. *Behavior Therapy, 21,* 403–411.

Liberman, R., & Eckmen, T. (1981). Behavior therapy vs. insight-oriented therapy for repeated suicide attempters. *Archives of General Psychiatry, 38,* 1126–1130.

Linehan, M. (1981). *Suicidal behaviors questionnaire.* Unpublished inventory, University of Washington, Seattle, WA.

Linehan, M. (1993). *Cognitive-behavioral treatment of borderline personality disorder.* New York: Guilford Press.

Linehan, M. (1997). Behavioral treatments of suicidal behaviors. In D. M. Stoff & J. J. Mann (Eds.), *The neurobiology of suicidal behavior* (pp. 302–328). New York: Annals of the New York Academy of Sciences.

Linehan, M., Armstrong, H., Suarez, A., Allmon, D., & Heard, H. (1991). Cognitive-behavioral treatment of chronically parasuicidal borderline patients. *Archives of General Psychiatry, 48,* 1060–1064.

Linehan, M., Camper, P., Chiles, J., Strosahl, K., & Shearin, E. (1987). Interpersonal problem-solving and parasuicide. *Cognitive Therapy and Research, 11,* 1–12.

Litman, R. (1990). Suicides: What do they have in mind? In D. Jacobs & H. Brown (Eds.), *Suicide: Understanding and responding* (pp. 143–156). Madison, CT: International Universities Press.

Litman, R., & Wold, C. (1976). Beyond crisis intervention. In E. Shneidman (Ed.), *Suicidology: Contemporary developments* (pp. 528–546). New York: Grune & Stratton.

London, P. (1986). Major issues in psychotherapy integration. *International Journal of Eclectic Psychotherapy, 5*(3), 211–216.

MacKinnon, D., & Farberow, N. (1975). An assessment of the utility of suicide prediction. *Suicide and Life-Threatening Behavior, 6,* 86–91.

Mahoney, M. J. (1988). Constructive metatheory: II. Implications for psychotherapy. *International Journal of Personal Construct Psychology, 1,* 299–316.

Maltsberger, J. (1986). *Suicide risk: The formulation of clinical judgement.* New York: New York University Press.

Maltsberger, J. T., & Buie, D. H. (1974). Countertransference hate in the treatment of suicidal patients. *Archives of General Psychiatry, 30,* 625–633.

Maltsberger, J. T., & Buie, D. H. (1989). Common errors in the management of suicidal patients. In D. Jacobs & H. N. Brown (Eds.), *Suicide: Understanding responding.* Madison, CT: International Universities Press.

Maris, R. (1991). The developmental perspective of suicide. In A. Leenaars (Ed.), *Life-span perspectives of suicide: Time-lines in the suicide process* (pp. 25–38). New York: Plenum.

Maris, R. (1992). The relationship of nonfatal suicide attempts to completed suicide. In R. Maris, A. Berman, J. Maltsberger, & R. Yufit (Eds.), *Assessment and prediction of suicide* (pp. 362–380). New York: Guilford Press.

256 Maris, R., Berman, A., Maltsberger, J., & Yufit, R. (Eds.). *Assessment and prediction of suicide.* New York: Guilford Press.

McLeavey, B. C., Daly, R. J., Ludgate, J. W., & Murray, C. M. (1994). Interpersonal problem solving skills training in the treatment of self-poisoning patients. *Suicide and Life-Threatening Behavior, 24*, 382–394.

Miller, I., Norman, W., Bishop, S., & Dow, M. (1986). The Modified Scale for Suicide Ideation: Reliability and validity. *Journal of Consulting and Clinical Psychology, 54*(5), 724–725.

Moeller, H. (1989). Efficacy of different strategies of aftercare for patients who have attempted suicide. *Journal of the Royal Society of Medicine, 82,* 643–647.

Montgomery, S., & Montgomery, D. (1982). Pharmacological prevention of suicidal behavior. *Journal of Affective Disorders, 4,* 291–298.

Montgomery, D., Roy, & Montgomery, S. (1981). Mianserin in the prophylaxis of suicidal behavior: A double blind placebo controlled trial. In *Depression and suicide* (Proceedings of the 11th Congress of Suicide Prevention, pp. 786–790). New York: Pergamon Press.

Morgan, H., Jones, E., & Owen, J. (1993). Secondary prevention of non-fatal deliberate self-harm: The green card study. *British Journal of Psychiatry, 163,* 111–112.

Motto, J. (1976). Suicide prevention for high-risk persons who refuse treatment. *Suicide and Life-Threatening Behavior, 6*(4), 223–230.

Motto, J. (1979). The psychopathology of suicide: A clinical approach. *American Journal of Psychiatry, 136*(4-B), 516–520.

Motto, J., Heilbron, D., & Juster, R. (1985). Development of a clinical instrument to estimate suicide risk. *American Journal of Psychiatry, 142,* 680–686.

Murphy, G. (1972). Clinical identification of suicide risk. *Archives of General Psychiatry, 27,* 356–359.

Murphy, G. (1983). On suicide prediction and prevention. *Archives of General Psychiatry, 40,* 343–344.

Murphy, G. (1984). The prediction of suicide: Why is it so difficult? *American Journal of Psychotherapy, 38,* 341–349.

Murphy, G., & Wetzel, R. (1990). The lifetime risk of suicide in alcoholism. *Archives of General Psychiatry, 47,* 383–392.

Nathan, P. (1998). Practice guidelines: Not yet ideal. *American Psychologist, 53*(3), 290–299.

National Institute of mental Health (1998). *Suicide facts.* Internet site: www.nimh.gov/research/suifact.htm.

Neuringer, C. (1968). Divergencies between attitudes towards life and death among suicidal, psychosomatic, and normal hospitalized patients. *Journal of Consulting and Clinical Psychology, 32,* 59–63.

Neuringer, C., & Lettieri, D. J. (1971). Cognition, attitude, and affect in suicidal individuals. *Suicide and Life-Threatening Behavior, 1,* 106–124.

Newman, C. (1997). Maintaining professionalism in the face of emotional abuse from clients. *Cognitive and Behavioral Practice, 4*(1), 1–29.

Newman, C. F. (1994). Understanding client resistance: Methods for enhancing motivation to change. *Cognitive and Behavioral Practice, 1*(7), 47–69.

Nezu, A., Nezu, C., & Perri, M. (1989). *Problem-solving therapy for depression: Theory, research, and clinical guidelines.* New York: Wiley.

O'Carroll, P., Berman, A., Maris, R., Moscicki, E., Tanney, B., & Silverman, M. (1996). Beyond the tower of Babel: A nomenclature for suicidology. *Suicide and Life-Threatening Behavior, 26,* 237–252. 257

Orbach, I. (1997). A taxonomy of factors related to suicidal behavior. *Clinical Psychology: Science and Practice, 4,* 208–224.

Orbach, I., Rosenheim, E., & Harry, E. (1987). Some aspects of cognitive in suicidal children. *Journal of the American Academy of Child and Adolescent Psychiatry, 26,* 181–185.

Patsiokas, A., & Clum, G. (1985). Effects of psychotherapeutic strategies in the treatment of suicide attempters. *Psychotherapy, 22*(2), 281–290.

Patsiokas, A., & Clum, G., & Luscomb, R. (1979). Cognitive characteristics of suicide attempters. *Journal of Consulting and Clinical Psychology, 47,* 478–484.

Patterson, W., Dohn, H., Bird, J., & Patterson, G. (1983). Evaluation of suicidal patients: The SAD PERSON scale. *Psychosomatics, 24,* 343–349.

Paykel, E. S., Myers, J. K., Lindenthal, J. J., & Tanner, J. (1974). Suicidal feelings in the general population: A prevalence study. *British Journal of Psychiatry, 124,* 460–469.

Persons, J. (1995). Are all psychotherapies cognitive? *Journal of Cognitive Psychotherapy, 9*(3), 185–194.

Persons, J., Thase, M., & Crits-Christoph, P. (1996). The role of psychotherapy in the treatment of depression. *Archives of General Psychiatry, 53,* 283–290.

Pokorny, A. (1983). Prediction of suicide in psychiatric patients: Report of a prospective study. *Archives of General Psychiatry, 40,* 249–257.

Pokorny, A. (1992). Prediction of suicide in psychiatric patients: Report of a prospective study. In R. Maris, A. Berman, J. Maltsberger, & R. Yufit (Eds.), *Assessment and prediction of suicide* (pp. 105–129). New York: Guilford Press.

Pope, K., & Tabachnick, B. (1993). Therapists' anger, fear, and sexual feelings: National survey of therapist responses, client characteristics, critical events, formal complaints, and training. *Professional Psychology: Research and Practice, 24,* 142–152.

Prezant, D. W., & Neimeyer, R. A. (1988). Cognitive predictors of depression and suicide ideation. *Suicide and Life-Threatening Behavior, 18*(3), 259–264.

Ranieri, W. F., Steer, R. A., Lavrence, T. I., Rissmiller, D. I., Piper, G. E., & Beck, A. T. (1987). Relationship of depression, hopelessness, and dysfunctional attitudes to suicide ideation in psychiatric patients. *Psychological Reports, 61,* 967–975.

Reber, A. S. (1992). An evolutionary context for the cognitive unconscious. *Journal of Philosophical Psychology, 5,* 33–51.

Rice, R., & Jobes, D. A. (1997, April). *Suicide, malpractice, and HMO's.* Paper presented at the meeting of the American Association of Suicidology, Memphis, TN.

Richman, J. (1986). *Family therapy for suicidal individuals.* New York: Springer.

Roth, A., & Fonagy, P. (1996). *What works for whom?: A critical review of psychotherapy research.* New York: Guilford Press.

Rotheram-Borus, M. I., & Trautman, P. D. (1988). Hopelessness, depression, and suicidal intent among adolescent suicide attempters. *Journal of the American Academy of Child and Adolescent Psychiatry, 27,* 700–704.

Roy, A. (1992). Genetics, biology, and suicide in the family. In R. Maris, A. Berman, J.

258 Maltsberger, & R. Yufit (Eds.), *Assessment and prediction of suicide* (pp. 574–588). New York: Guilford Press.

Rudd, M. D. (1993). Social support and suicide. *Psychological Reports, 72,* 201–202.

Rudd, M. D. (2000). Integrating science into the practice of clinical suicidology: A review of the psychotherapy literature and a research agenda for the future. In R. W. Maris, S. S. Canetto, J. L. McIntosh, & M. M. Silverman (Eds.), *Review of Suicidology, 2000* (pp. 47–83). New York: Guilford Press.

Rudd, M. D., Dahm, P., & Rajab, M. H. (1993). Diagnostic comorbidity in persons with suicidal ideation and behavior. *American Journal of Psychiatry, 150,* 928–934.

Rudd, M. D., & Joiner, T. E. (1997). Countertransference and the therapeutic relationship: A cognitive perspective. *Journal of Cognitive Psychotherapy, 11*, 231–250.

Rudd, M. D., & Joiner, T. E. (1998a). The assessment, management, and treatment of suicidality: Towards clinically informed and balanced standards of care. *Clinical Psychology: Science and Practice, 5*(2), 135–150.

Rudd, M. D., & Joiner, T. E. (1998b). Assessment of suicidality in clinical practice: A framework for outpatient practice. In L. VandeCreek (Ed.), *Innovations in clinical practice* (Vol. 17, pp. 1–17). Sarasota, FL: Professional Resource Press.

Rudd, M. D., Joiner, T. E., Jobes, D. A., & King, C. (1999). The outpatient treatment of suicidality: An integration of science and a recognition of its limitations. *Journal of Professional Psychology: Research and Practice, 30*(5), 437–446.

Rudd, M. D., Joiner, T. E., & Rajab, M. H. (1995). Help negation after acute suicidal crisis. *Journal of Consulting and Clinical Psychology,* 499–503.

Rudd, M. D., Joiner, T. E., & Rajab, M. H. (1996). Relationships among suicide ideators, attempters, and multiple attempters in a young adult sample. *Journal of Abnormal Psychology, 105*, 541–550.

Rudd, M. D., Rajab, M. H., & Dahm, P. (1994). Problem-solving appraisal in suicide ideators and attempters. *American Journal of Orthopsychiatry, 64,* 136–149.

Rudd, M. D., Rajab, H., Orman, D., Stulman, D., Joiner, T., & Dixon, W. (1996). Effectiveness of an outpatient problem-solving intervention targeting suicidal young adults: Preliminary results. *Journal of Consulting and Clinical Psychology, 64,* 179–190.

Safran, J. D., & Greenberg, L. S. (1986). Hot cognition and psychotherapy process: An information processing/ecological perspective. In P. C. Kendall (Ed.), *Advances in cognitive behavioral research and therapy* (Vol. 5, pp. 143–177). Orlando, FL: Academic Press.

Salkovskis, P., Atha, C., & Storer, D. (1990). Cognitive-behavioural problem solving in the treatment of patients who repeatedly attempt suicide: A controlled trial. *British Journal of Psychiatry, 157,* 871–876.

Schotte, D., & Clum, G. (1982). Suicide ideation in a college population: A test of a model. *Journal of Consulting and Clinical Psychology, 50,* 690–696.

Schotte, D., & Clum, G. (1987). Problem-solving skills in suicidal psychiatric patients. *Journal of Consulting and Clinical Psychology, 55,* 49–55.

Schwab, J. J., Warheit, G. J., & Holzer, C. E. III (1972). Suicide ideation and behavior in the general population. *Disorders of the Nervous System, 33,* 745–748.

Seligman, M. (1996). Science as an ally of practice. *American Psychologist, 51,* 1071–1079.

Shneidman, E. (1981). Psychotherapy with suicidal patients. *Suicide and Life-Threatening Behavior, 11*(4), 341–348. 259

Shneidman, E. (1984). Aphorisms of suicide and some implications for psychotherapy. *American Journal of Psychotherapy, 38*(3), 319–328.

Shneidman, E. (1985). *Definitions of suicide*. New York: Wiley.

Shneidman, E. (1993). *Suicide as psychache: A clinical approach to self-destructive behavior.* Northvale, NJ: Jason Aronson.

Shneidman, E. S. (1987). A psychological approach to suicide. In G. R. Vandenbos & B. K. Bryant (Ed.), *Cataclysms, crises, and catastrophes: Psychology in action* (pp. 147–183). Washington, DC: American Psychological Association.

Shneidman, E. S. (1996). *The suicidal mind.* New York: Oxford University Press.

Silverman, M., Berman, A., Bongar, B., Litman, R., & Maris, R. (1994). Inpatient standards of care and the suicidal patient. Part II: An integration with clinical risk management. *Suicide and Life-Threatening Behavior, 24,* 152–169.

Simon, R. (1987). *Clinical psychiatry and the law.* Washington, DC: American Psychiatric Press.

Simon, R. (1988). *Concise guide to clinical psychiatry and the law.* Washington, DC: American Psychiatric Press.

Slaikeu, K. (1990). *Crisis intervention* (2nd ed.). Boston: Allyn & Bacon.

Somers-Flanagan, J., & Somers-Flanagan, R. (1995). Intake interviewing with suicidal patients: A systematic approach. *Professional Psychology: Research and Practice, 26,* 41–47.

Stromberg, C., Haggarty, D., Leibenluft, R., McMillian, M., Mishkin, B., Rubin, B., & Trilling, H. (1988). *The psychologist's legal handbook.* Washington, DC: Council for the National Register of Health Service Providers in Psychology.

Tanney, B. (1992). Mental disorders, psychiatric patients, and suicide. In R. Maris, A. Berman, J. Maltsberger, & R. Yufit (Eds.), *Assessment and prediction of suicide* (pp. 277–320). New York: Guilford Press.

Termansen, P., & Bywater, C. (1975). S.A.F.E.R.: A follow-up service for attempted suicide in Vancouver. *Canadian Psychiatric Association Journal, 20,* 29–34.

VandeCreek, L., & Knapp, S. (1989). Tarasoff *and beyond: Legal considerations in the treatment of life-endangering patients.* Sarasota: FL: Professional Resource Exchange.

Waterhouse, J., & Platt, S. (1990). General hospital admission in the management of parasuicide: A randomised controlled trial. *British Journal of Psychiatry, 156,* 236–242.

Weishaar, M. (1996). Cognitive risk factors in suicide. In P. Salkovkis (Ed.), *Frontiers of cognitive therapy* (pp. 226–249). New York: Guilford Press.

Weissman, M., Fox, K., & Klerman, G. (1973). Hostility and depression associated with suicide attempts. *American Journal of Psychiatry, 130,* 450–455.

Welu, T. (1977). A follow-up program for suicide attempters: Evaluation of effectiveness. *Suicide and Life-Threatening Behavior, 7(1),* 17–30.

Yufit, R., & Bongar, B. (1992). Suicide, stress, and coping with life cycle events. In R. Maris, A. Berman, J. Maltsberger, & R. Yufit (Eds.*), Assessment and prediction of suicide* (pp. 553–573). New York: Guilford Press.

索引

（條目後的頁碼係原文書頁碼，檢索時請查正文側邊之頁碼）

A

B

C

F

I

L

M

N

O

P

R

S

T

U

V

W

國家圖書館出版品預行編目（CIP）資料

自殺防治——有效的短期治療取向／M. David Rudd, Thomas Joiner, M. Hasan Rajab 著；李錦虹等譯. -- 初版. -- 臺北市：心理, 2011.08
面； 公分. --（心理治療系列；22129）
含參考書目及索引
譯自：Treating suicidal behavior: an effective, time-limited approach
ISBN 978-986-191-451-0（平裝）

1. 自殺 2. 自傷防制

548.85 100011147

心理治療系列 22129

自殺防治——有效的短期治療取向

作 者：M. David Rudd, Thomas Joiner, M. Hasan Rajab
總 校 閱：李錦虹
譯 者：李錦虹、劉同雪、陳坤虎、葉在庭、王鵬智
執行編輯：林汝穎
總 編 輯：林敬堯
發 行 人：洪有義
出 版 者：心理出版社股份有限公司
地 址：231026 新北市新店區光明街 288 號 7 樓
電 話：(02) 29150566
傳 真：(02) 29152928
郵撥帳號：19293172 心理出版社股份有限公司
網 址：https://www.psy.com.tw
電子信箱：psychoco@ms15.hinet.net
排 版 者：辰皓國際出版製作有限公司
印 刷 者：辰皓國際出版製作有限公司
初版一刷：2011 年 8 月
初版六刷：2023 年 5 月
I S B N：978-986-191-451-0
定 價：新台幣 350 元